DIETMAR BITTRICH
CHRISTIAN SALVESEN

DIE ERLEUCHTETEN KOMMEN

Satsang:
Antworten auf die wichtigen
Fragen des Lebens

Umwelthinweis:
Alle bedruckten Materialien dieses Taschenbuches
sind chlorfrei und umweltschonend.
Das Papier enthält Recycling-Anteile.

Originalausgabe August 2002
© 2002 Wilhelm Goldmann Verlag, München
in der Verlagsgruppe Random House GmbH
Umschlaggestaltung: Design Team München
Umschlagfoto: Wolf Huber
Satz: Barbara Rabus, Sonthofen
Druck: Elsnerdruck, Berlin
Verlagsnummer: 21612
Redaktion: Gerhard Juckoff
WL · Herstellung: WM
Made in Germany
ISBN 3-442-21612-5
www.goldmann-verlag.de

1. Auflage

Inhalt

TEIL I
Die Erleuchteten kommen
Dietmar Bittrich

Was ist da eigentlich los? 11

Erleuchtung für Einsteiger 33
    Die Zeit 33
    Der Ort 35
    Die Spende 37
    Die Leute 39
    Der Thron 42
    Der heiße Stuhl 43
    Der Auftritt 45
    Die Fragen 48
    Die Antworten 51
    Der Blick 55
    Das Schweigen 60
    Die Musik 63
    Der Dank 66

Inhalt

Erleuchtung für Genießer 68
   Satsang-Tourismus 68
   Die Rolle des Lehrers 71
   Abschied vom Verstand 81
   Der Ausstieg aus der Zeit 101
   Letzte Grüße vom Ich 115

TEIL II
Begegnungen und Abenteuer
Christian Salvesen

Begegnungen mit Erleuchteten 129
   OM C. Parkin: Das New Age hat Angst
   vor Erleuchtung 130
   Gangaji: Du bist die Freiheit 146
   Arjuna Nick Ardagh: Spiritualität ist Ehrgeiz 152
   Isaac Shapiro: Auf dem heißen Stuhl 160
   Ramesh Balsekar: Du kannst nichts entscheiden ... 164
   Pyar Troll: Im Retreat 173
   Pyar Troll: Satsang ist kein Konsumartikel 182

Geschichten des Erwachens 185
   Eckhart Tolle: Wie neu geboren 186
   Elke von der Osten: Alles ist so einfach! 189

Karl Renz: Die Hölle akzeptieren 193
Francis Lucille: Der Ich-Gedanke erlosch 196

Wie Satsang in den Westen kam 199
Advaita-Vedanta 200
Ramana Maharshi 203
H. W. L. Poonja 208

TEIL III
Porträts
Dietmar Bittrich und Christian Salvesen

Satsang-Lehrer von A bis Z 213
Andrew Cohen 214
Arjuna 216
Artur 219
Byron Katie 220
Charya 224
Cyrus 226
Eckhart Tolle 228
Eli Jaxon-Bear 231
Elke von der Osten 234
Francis Lucille 235
Gaia 238

Inhalt

Gangaji 239
Gertrud 242
Han 245
Isaac 247
John de Ruiter 249
Karl Renz 253
Madhukar 255
Mikaire 257
OM 260
Pyar 262
Ramesh Balsekar 266
Raphael 268
Samarpan 270
Torsten 273
Tyohar 275
Vijai Shankar 277
Yod 279

Sieben empfehlenswerte Bücher
zum Weiterlesen 281

TEIL I
Die Erleuchteten kommen

Dietmar Bittrich

Was ist da eigentlich los?

Es geht in diesem Buch um Glück. Um Liebe. Um inneren Frieden. Wenn Sie es damit eilig haben, blättern Sie gleich nach hinten zu Teil III. Dort haben wir, Christian Salvesen und ich, alle wichtigen Informationen, Adressen und Porträts von Satsang-Lehrern zusammengestellt. Satsang-Lehrer sind »Erwachte« oder »Erleuchtete«. Leute also, die ungefähr das erlebt haben, was Buddha und Jesus und Lao Tse, vielleicht auch Sokrates und etliche Heilige erlebt haben. Diese Leute haben etwas erfahren oder gemerkt, was wir – Sie und ich – leider noch nicht gemerkt haben. Denn diese Leute strahlen eine erstaunliche Stille aus. Einen unerschütterlichen Frieden. Und dieser Frieden überträgt sich auf alle um sie herum. Diese Übertragung ist Satsang.

Satsang heißt einfach: Zusammensein mit einem Erleuchteten. Mit einem Weisen. Das Wort kommt aus dem Indischen. Denn vor ein paar Jahrzehnten oder Jahrtausenden hat ein weiser Inder damit angefangen. Aber es geht nicht indisch zu bei einem Satsang. Schon deshalb nicht, weil die Erleuchteten neuerdings Westler sind. Sie heißen nicht *Guru* oder *Maharishi*. Sie heißen Artur oder Eckhart. Ja, es gibt seit einiger Zeit sogar deutsche Erleuchtete. Unglaublich. Und von Jahr zu Jahr werden es mehr. Ganz normale berufstätige Leute erleben das, was der Buddha »das Ende allen Leidens« nannte.

Das Ende allen Leidens? Her damit! Wie kommt man da ran? Was kostet es?

Nun, es kostet gar nichts. Oder sehr wenig. Und man kommt ran an das Ende allen Leidens, indem man zum Satsang geht. Indem man sich ganz bequem vom Satsang-Lehrer dessen inneren Frieden übertragen lässt. Eigentlich kostet es gar nichts, weil die Satsang-Lehrer sich nur eine Spende wünschen. Bei einigen kann man tatsächlich dankend den Raum verlassen, ohne auch nur einen Cent in die Spendenbox zu werfen. Bei anderen wird die Spende vorsichtshalber gleich am Anfang erbeten. Da kostet der Satsang also doch Eintritt. Aber mehr als zehn Euro habe ich bislang noch nie bezahlen müssen. Und das sind die anderthalb Stunden allemal wert.

Was läuft da ab? Manchmal überhaupt nichts. Jedenfalls nichts Sichtbares. Ich habe Satsangs erlebt, da saß der erleuchtete oder erwachte Satsang-Lehrer vorne und sagte nichts. Er war einfach still. Und die Leute im Publikum sahen ihn an und sagten auch nichts. Keiner wollte eine Frage stellen. Nach anderthalb Stunden war Schluss. Gott sei Dank, dachte ich. Alle gingen auseinander, die einen ins Kino, die anderen in die Kneipe, die dritten nach Hause. Wie gewöhnlich. Und doch hatte sich etwas verändert: Wir gingen viel ruhiger weg, als wir gekommen waren. Wir fühlten uns kraftvoller, gelassener, ja sogar glücklicher. Und das hielt eine ganze Weile vor.

Und ich habe Satsangs erlebt, da redete der Lehrer die ganze Zeit. Wie bitte, dieser Sabbelphilipp soll ein Erleuchteter sein?, dachte ich. Kann er nicht mal still sitzen wie Buddha, am besten im Lotossitz? Was für ein unruhiger Typ! – Und doch und obgleich er bis zum Ende redete, sickerte auch hier die Stille in alle Teilnehmer ein. Einfach weil dieser Typ, der redselige Satsang-Lehrer, die Stille in sich trug. Diese Übertragung geschieht unweigerlich. Bei jedem Satsang. Satsang ist die preisgünstigste Art, Seelenfrieden zu bekommen.

Es gibt keine Voraussetzungen, keine Verpflichtungen, keine Rituale. Man muss kein Wort sagen. Nichts unterschreiben. Man muss seine Adresse nicht hinterlassen, muss niemanden verehren, muss kein Gebet, keine Lehre, keinen Glaubenssatz übernehmen. Im Gegenteil. In der Stille, die in jedem Teilnehmer lebendig wird, verblassen alle Lehren, alle Glaubenssätze.

Man muss das erlebt haben. Deshalb können Sie einfach nach hinten blättern und nachsehen, welcher Satsang-Lehrer bei Ihnen in der Nähe auftaucht. Dort (in Teil III) können Sie sich darüber informieren, was für ein Mann oder was für eine Frau das ist. Aber egal, wie er oder sie erscheint oder sich gibt: Der innere Frieden ist bei allen derselbe. Und jeder Teilnehmer ist wie eine Art Schwamm, der sich langsam, bei jedem Satsang, mit diesem inneren Frieden vollsaugt. Im Alltag zeigt sich das als eine grundlose Freude, die sich allmählich vermehrt. Vielleicht verändert sich überhaupt nichts in der Umgebung, in der Beziehung, bei der Arbeit. Äußerlich bleibt womöglich alles beim Alten. Und trotzdem wird das alles freudvoller, lichter, leichter erlebt. Das Glück wächst.

Ich bin ein Anfänger. Ich schreibe dieses Buch zusammen mit Christian Salvesen, der sich schon etwas länger im Satsang auskennt. Er hat zahlreiche Erleuchtete besucht und befragt. Er ist dafür nach Australien, Amerika und nach Indien gereist. Ich liebe die Bequemlichkeit. Ich habe gewartet, bis die Erleuchteten in meine Heimatstadt kamen. Und zum Glück ist es jetzt so weit. Satsang-Lehrer kommen sogar nach Osnabrück, Murrhardt oder Stiersdorf, nicht nur nach München, Hamburg, Köln und Berlin. Man kann sich kaum noch wehren gegen die Erleuchtung! Natürlich versuchen wir es trotzdem.

Ich erzähle hier, wie ich Satsang erlebe. Ich sage, was man davon erwarten kann und was nicht. Und warum mir Satsang mehr bringt als alles andere. Und ich habe schon einiges ausprobiert. Vor kurzem hatte ich einen ziemlich großen Bucherfolg: »Das Gummibärchen-Orakel«. Es hat sich ungefähr dreihunderttausend Mal verkauft. Ich bin damit häufig im Fernsehen aufgetreten. Ich habe Geld verdient. Immerhin so viel, dass ich sicher sagen kann: Weder Geld noch die Bewunderung anderer tragen irgendetwas zum Glück bei. Sie haben überhaupt nichts damit zu tun.

Dann passierte mir etwas Entscheidendes. Ich wurde überfallen. Und zwar in Budapest, in der U-Bahn, zwischen zwei Stationen unter der Donau. Eine Schar von

Kindern, Jungen und erwachsenen Männern nebst einer dicken Frau umringte mich. Ein Mann schlug mir auf den Kopf, ein anderer würgte meinen Hals, die Jüngeren leerten unterdessen meine Taschen. Es war so rüde und ging so schnell, dass ich dabei nicht denken konnte. Erst als es vorüber war, bekam ich Angst.

Diese Angst blieb. Eine Art Depression hielt mich in den folgenden Monaten im Griff. Für einen Moment hatte ich gespürt, dass ich sterben würde. Und dass ich überall und zu jedem Zeitpunkt bedroht war. Das war mir bislang allenfalls verstandesmäßig klar gewesen. Deshalb hatte ich den Gedanken an ein Weiterleben nach dem Tod oder an Reinkarnation anziehend gefunden. Jetzt merkte ich, dass so ein Gedanke in der entscheidenden Konfrontation nicht den geringsten Trost spendet. Es war eben nur ein Gedanke gewesen. Jetzt hatte ich meine Sterblichkeit mit jeder Faser gespürt. Da war nichts von mir geblieben.

Gibt es etwas, das sich nicht verletzen oder töten lässt? Gibt es etwas, das unberührt bleibt von allem, was außen abläuft? Etwas, das nicht überfallen werden kann? Das immer bleibt? Das Halt bietet noch in den extremsten Situationen? Wenn es so etwas gibt, hatte ich jedenfalls nichts davon gemerkt. Ich wollte es aber merken. Ich wollte etwas in mir finden, was sich nicht würgen und in Verzweiflung stürzen lässt.

Eine Körperpsychotherapie half. Seminare bei einem amerikanischen Indianer namens Art Reade wirkten Wunder. Am letzten Seminartag sagte ein Teilnehmer: »Übrigens ist gerade ein Erleuchteter in der Stadt, er heißt Isaac. Ich war da, und es lohnt sich wirklich.« Ein Erleuchteter? Ich wollte immer schon mal einen Erleuchteten sehen.

Von diesem Typen namens Isaac mussten andere auch schon gehört haben. Der Gemeindesaal, in dem er auftreten sollte, war voll. Voll mit Leuten, die man auch in einem Eso-Laden oder Öko-Markt hätte treffen können. In einer Trendboutique oder im Mediencafé eher nicht. Die meisten waren zwischen dreißig und fünfzig, und etwa zwei Drittel waren Frauen. Ein Baby krähte, ein zweites wurde gerade gestillt, ein Hund schlief. In der Nähe der erhöhten Bühne spielten einige Mädchen Gitarre und sangen mit sonniger Miene. Dies war das New Age.

Auf der Bühne zwei Wartezimmersessel aus Alu und Kunstleder, mit weißen Decken drapiert, vor jedem ein Mikrofon. Vor dem einen Mikrofon würde der Erleuchtete sitzen. Das andere war wohl Fragestellern vorbehalten. Man musste also auf die Bühne klettern und sich zeigen, wenn man dem Meister nahe kommen wollte. Die Rohbeton-Rückwand war von Stellwänden verdeckt, dahinter hing vermutlich ein Kreuz. Zwei große gerahmte Fotos waren aufgestellt. Auf dem einem erkannte ich Ramana Maharshi, einen indischen Weisen aus der ersten Hälfte des zwanzigsten Jahrhunderts. Von dem hatte ich etwas gelesen. Auf dem anderen grinste ein ebenso betagter indischer Lehrer, den ich nicht kannte. Ahnenfotos bürgen für Tradition und Qualität.

Dann kam der Erleuchtete. Genau genommen wurde er nirgends als erleuchtet bezeichnet, weder auf den Plakaten noch auf den Handzetteln, die seine Tourneedaten auflisteten. Da hieß es immer nur »Satsang mit Isaac«. Hier las ich das Wort Satsang zum ersten Mal. Und nun trat Isaac ein. Nicht von vorn durch eine Bühnentür wie der hoch bezahlte Motivationstrainer, den ich kurz zuvor im Kongresszentrum gesehen hatte. Sondern wie alle anderen durch den Saaleingang. Er sah auch aus wie alle anderen.

Man musste zweimal hinsehen. Ich hatte noch Maharishi Mahesh Yogi erlebt, der weiß gewandet und mit Blumen bekränzt nebst angeborenem Heiligenschein auf das Podium wallte. Bhagwan alias Osho war als spiritueller Star aufgetreten. Den Dalai Lama und alle tibetischen Rinpoches erkannte man auf den ersten Blick als etwas Besonderes.

Diesen Mann hier nicht. Isaac Shapiro, um die fünfzig, trottete wie ein abgeschabter Teddybär nach vorn. Er hätte auch ein bewegungsarmer Computerexperte sein können. Er trug ein Sweatshirt überm Bauch und schlürfte Kaffee aus einem Plastikbecher. Wenn er sich nicht aufs Podium begeben hätte, und zwar schwerfällig, wäre er niemandem aufgefallen.

Oben legte er zum Gruß die Hände zusammen. Dann sank er auf seinen Freischwinger; der weiße Behang verrutschte. Der Mann schloss keineswegs die Augen, um zwanzig Minuten zu meditieren. Er sah sich das Publikum an. Das Publikum sah ihn an. Dann fragte er: »Ist jemand zum ersten Mal beim Satsang?« Er sprach Amerikanisch; jemand in der ersten Reihe übersetzte jeden Satz. Einige charakterfeste Leute meldeten sich. Er sagte etwas wie: »Satsang heißt einfach: Zusammensein in Wahrheit. Wir können sehen, was wirklich ist, jetzt, hier. Der Verstand kann zur Ruhe kommen.«

Unmittelbar vor mir saß ein Mann, der sich bereits auf die vollkommene Ruhe vorbereitete. Seine Beine hatte er zum Meditationssitz verknotet. Jetzt richtete er noch seine Wirbelsäule so vorschriftsmäßig auf, dass ich mich arg zur Seite beugen musste, um noch etwas zu erkennen.

Eine Frau erklomm die Bühne und setzte sich in den freien Sessel. Sie schien aufgeregt. Sie atmete schnell und heftig und bemühte sich um ein Lächeln, während sie den Mann ansah, der da seelenruhig in seinem Sessel saß. Wenn er nicht erleuchtet war oder im buddhistischen Sinne erwacht, dann war er immerhin ein gemütlicher Teddybär. Ihr Lächeln verschwand langsam. Sie atmete langsamer. Und sah ihm immer in die Augen. So blieb das erst mal. Er sah ihr in die Augen oder ließ sich in die Augen sehen. Und die Leute im Saal sahen den beiden zu, wie sie einander in die Augen sahen. Mehr geschah nicht. Normalerweise fanden in diesem Raum Bibellesungen, Solidaritätsveranstaltungen und Podiumsdiskussionen statt. Jetzt zur Abwechslung mal gar nichts.

Endlich sagte die Frau: »Ich habe Angst.«

Der Teddybär klappte zur Bestätigung seine Augenlider herunter.

Sie sagte: »Beinahe immer. Ich habe auf der Straße Angst, zu Hause, einfach so, im Leben. Ich weiß nicht, weshalb.«

Er fragte: »Hast du jetzt Angst?«

Sie nickte.

Er sagte: »Gut. Dann gehe jetzt zu dieser Angst. Versuche nicht, sie loszuwerden. Fühle sie nur. Halte sie aus.«

Man konnte sehen, wie die Frau etwas versuchte, während sie ihm weiter unablässig in die Augen sah. »Jetzt ist die Angst nicht da«, sagte sie schließlich. »Jetzt ist da nichts.«

»Ja«, sagte er. »Da ist nichts. Aber wenn du versuchst, die Angst loszuwerden, beginnt der Verstand zu rattern. Dann verstrickst du dich. Du versuchst, dir die Angst zu erklären, du erzählst dir eine Geschichte dazu. Das gibt ihr Brennstoff. Halte sie stattdessen einfach aus. So verschwindet sie von selbst. Wir alle laufen weg vor der Angst, unser Leben lang. Irgendwann sagen wir: Ich möchte sehen, wovor ich eigentlich weglaufe. Wenn wir ihr dann begegnen, ohne sie verändern zu wollen, ohne sie loswerden zu wollen, dann löst sie sich auf. Wir sind gewohnt, unangenehme Empfindungen zu analysieren. Einfach hinsehen ist genug.«

Das waren hilfreiche Sätze. Doch sie waren nicht das Entscheidende. Das Entscheidende war augenscheinlich schon vorher geschehen, während die Frau ihn ansah. Es war offensichtlich, dass ihre Angst sich aufgelöst hatte. Ihr Gesicht war aufgehellt. Weil sie sich auf die Bühne getraut hatte? Weil sie es ausgesprochen hatte? Weil der Mann suggestive Fähigkeiten hatte? Sie blieb noch eine Weile sitzen, immer den Blick haltend. Dann bedankte sie sich mit zusammengelegten Händen und stieg von der Bühne. Leicht, beschwingt, als seien alle Probleme nur eingebildet gewesen. Mich beeindruckte das. Vielleicht hatte sie geschmeckt, was Erleuchtung ist. Tatsächlich leuchtete sie jetzt selbst ein bisschen. »So etwas hält nicht vor«, flüsterte ich meiner Partnerin zu.

In den anderthalb Stunden des Satsang ging es immer wieder so: Jemand stieg beklommen nach oben und kam nach zehn oder fünfzehn Minuten gelöst und froh wieder herunter.

Zu einem Mann, der mit seiner Partnerschaft unzufrieden war, sagte Isaac: »Eine Beziehung kann dich nicht glücklich machen. Sie macht niemanden glücklich. Wir lassen uns auf jemanden ein und meinen, dieser andere sei der Ursprung der Liebe. Wir bleiben nicht bei der Quelle der Liebe selbst. Wir projizieren sie auf jemand anderen und haben dann Angst, dass sie uns mit diesem anderen abhanden kommen könnte. Solange wir meinen, etwas von außerhalb mache uns glücklich, versuchen wir es für uns zu sichern. Wir nennen es Liebe, doch es ist Brauchen. Wenn du mehr an der Wahrheit interessiert bist als an deinen Vorstellungen von Beziehungen, dann wird die Beziehung dir helfen aufzuwachen.«

So viel geredet wurde selten. Auf die Fragen antwortete Isaac meist mit schlichten Gegenfragen: Was ist jetzt? Wo ist das jetzt? Und auch das nur nach Schweigepausen. Dieses Schweigen, verbunden mit dem Blicktausch, hatte es in sich. Etwas passierte da. Der Mann mochte ein guter Psychologe sein, aber er war kein Hypnotiseur. Er versprühte weder nennenswerten Charme noch Charisma. Trotzdem wirkte etwas, und nach meinem Eindruck auf alle. Obwohl die Stühle unbequem waren, die Luft im Minutentakt schlechter wurde und der Mann vor mir sich hoch und breit machte, sickerten auch in mich Ruhe und Leichtigkeit ein. Als pünktlich nach anderthalb Stunden Schluss war und der Teddybär da vorne sich mit aneinander gelegten Händen verabschiedete, verließ ich den Raum gelassener und froher, als ich gekommen war. Der Weg hinaus führte an einer offenen Spendenbox vorbei. Fünf bis zehn Euro schienen üblich. Aber niemand stand als Kontrolleur daneben.

Ich war sonderbar heiter. Aber draußen wurde es richtig komisch. Da lagen Zettel aus. Und sie zeugten von einer beginnenden Inflation. »Satsang mit Torsten«, »Satsang mit Gertrud«. Torsten! Gertrud! Köstlich! Dass indische Weise Satsang halten, mochte würdig und angemessen sein. Dahinter stand eine uralte Tradition. Einen Amerikaner wie Isaac Shapiro, offenbar direkter Schüler eines indischen Meisters, konnte ich akzeptieren. Dass sich nun auch noch Deutsche mit Erleuchtung hervortun wollten, konnte nur peinlich oder komisch sein. Und ja nicht einfach nur Deutsche, sondern gleich auch noch Gertrud und Torsten! Herrlich! Ich erklärte: »Jemand, der Torsten heißt, kann unmöglich erleuchtet sein!« Den Spaß eines Besuchs bei ihm wollte ich mir jedoch nicht nehmen lassen.

Zehn Tage darauf stieg ich im Univiertel ein paar Betonstufen ins Souterrain eines Gründerzeithauses. Drei Naturheiler teilten sich hier eine Praxis. Keiner hieß Torsten, aber der Zettel »Satsang mit Torsten« klebte an der Tür, die zur Straße hin nur angelehnt war. Sicherheitshalber nahm ich Autoschlüssel und Portemonnaie aus dem Mantel.

In einem Raum von fünfzehn Quadratmetern warteten zwölf Leute. Einige, meist Ältere, saßen auf Stühlen. Andere hockten auf dem Boden, den Rücken an die Wand gelehnt oder, falls sie spät gekommen waren, ohne Rückenlehne. Meditationskissen lagen aus. Für mich blieb nur noch eine einzige Sitzmöglichkeit: auf einem Kissen unmittelbar vor dem freigehaltenen Platz des erleuchteten Torsten. Ein unangenehmer Platz für jemanden, der lieber aus dem Hintergrund beobachtet.

Torsten kam pünktlich um acht aus einer Seitentür. Er war verblüffend jung, etwa Mitte zwanzig. Hatte ich die Chance, erleuchtet zu werden, schon verpasst? Alle Erleuchteten, die mir aus Büchern bekannt waren, hatten den entscheidenden Kick vor ihrem dreißigsten Lebensjahr gekriegt: Jesus, Buddha, Yogananda, Ramana Maharshi. Entweder weil zur Erleuchtung körperliche Flexibilität und Belastbarkeit gehören; ich hatte mal gelesen, die Erleuchtung sei für den Körper wie ein extremer Stromstoß für eine Glühbirne. Oder weil Ende zwanzig die Gewohnheiten noch nicht erstarrt sind. Oder weil der Durchbruch nur in einer jener existenziellen Krisen kommen kann, die man zwischen sechzehn und dreißig erlebt.

Torsten war also Mitte zwanzig. Er hatte etwas von einem Barockengel, war nicht sonderlich groß und ein bisschen untersetzt, mit krauslockigem, hellblondem Haar. Er blickte niemanden an, sondern kniete sich mit dem Rücken zu seinen Besuchern auf den Teppichboden, die Hände vor dem Kopf zusammengelegt, das Gesicht den beiden Fotos zugewandt, die auf einem Tischchen standen. Das eine zeigte wiederum den ernst dreinblickenden Ramana Maharshi, das andere eine lachende, blonde Frau, die ziemlich amerikanisch aussah. Eine Weile kniete Torsten so. Alle anderen hatten vorsichtshalber ebenfalls die Hände vor Kopf oder Kinn zusammengelegt. Dann wandte er sich um, legte die Beine im gemäßigten Lotussitz übereinander und schloss die Augen.

Alle schlossen die Augen. Schön. Viele Jahre zuvor hatte ich eine Mantra-Meditation erlernt; also meditierte ich jetzt. Es war Sommer. Die Kippfenster des Souterrain-Raumes waren geöffnet. Von draußen, von schräg oben, hörte man Schritte auf dem Gehweg, von links nach rechts, dann von rechts nach links, von fern schon vernehmbar, deutlicher und ziemlich laut werdend und mit verändertem Ton sich entfernend, dahinter rauschte gelegentlich ein Auto vorbei. Dann trafen sich zwei direkt vor dem Fenster, Mann und Frau, und begannen eine Unterhaltung. Es war schwer, mit der Aufmerksamkeit im Raum zu bleiben. Schräg hinter mir sonderte jemand einen haarsträubenden Dunst von Alkohol und Zigaretten ab.

Nach zwanzig Minuten sagte eine leise Stimme vorn: »Willkommen zum Satsang.« Das war das Signal zum Augenöffnen. Torsten hatte wieder die Hände aneinander gelegt; diesmal war es der Gruß an die Anwesenden, er sah jeden kurz an. Eine Flasche Wasser stand neben seinem Platz; dazu ein Glas, das bereits gefüllt war. Daraus trank er jetzt mit einer gewissen Feierlichkeit. Dann saß er wieder da, anderthalb Meter entfernt, und sah an mir vorbei, anscheinend jemandem in die Augen. Mit diesem unverwandten Blick vergingen etliche Minuten.

Dann war es, als wenn er erst jetzt zu sich käme. Und er fragte: »Ist Satsang neu für jemanden?« Wenn hier ein Stammpublikum versammelt war, und so schien es, wusste er ja wohl, wer neu war. Ich meldete mich nicht. Schließlich war ich ja schon beim »Satsang mit Isaac« gewesen. Ich war ein alter Hase. Aber eine Frau hob schüchtern den Finger. Er nickte ihr freundlich zu. Sie war etwa fünfzig und sah nach bürgerlicher Familie aus. Kinder aus dem Haus, Mann anderweitig interessiert. Hier saßen vorwiegend Frauen.

Torsten fragte: »Und was hat dich hergebracht?«

Die Frau fühlte sich sichtlich unwohl. Wer hat es schon gern, wenn der Lehrer plötzlich Fragen stellt. Er soll gefälligst Antworten geben oder Vorträge halten! Man will nichts weiter als sich zurücklehnen und Weisheiten genießen.

Torsten fragte: »Was möchtest du?«

»Na ja, vielleicht – Erkenntnisse?« Die Frau war nicht ganz sicher, ob das richtig war. Von ihm war das auch nicht zu erfahren. Er kommentierte die Auskunft nicht, sondern schwieg und blickte sie an. Nicht starr, eher wartend, vielleicht forschend, auf jeden Fall ohne Unterbrechung. Sah er etwa tiefer als das, was sie zu erkennen gab? Würde er auch bei mir tiefer sehen? Eine unbehagliche Aussicht. Dann fragte er: »Erkenntnisse? Wofür?«

Ich begann schon mal selbst nach schlauen Antworten zu kramen, falls ich der nächste Prüfling sein sollte. Die Frau wusste anscheinend kaum noch, wozu sie eigentlich Erkenntnisse haben wollte. Wahrscheinlich ärgerte sie sich, dass sie überhaupt etwas gesagt hatte. Er wandte den Blick keine Sekunde lang ab. »Na ja, Erkenntnisse«, wiederholte sie ratlos.

Insgeheim stimmte ich ihr zu. Auch ich wollte Erkenntnisse bekommen, etwa wie sie in kleinen Geschenkbüchern zu lesen sind: *Östliche Weisheit* oder *Wissen der Sufis* oder *Zen in der Kunst des Bogenschießens*. Wärmende Sentenzen, bei denen man sich in der eigenen Weisheit räkeln kann. So etwas gab es hier nicht.

»Wofür?« Er trank einen Schluck Wasser.

Die Frau versuchte: »Vielleicht für – mehr Zufriedenheit?« Das hörte sich bescheiden an. Er sah sie forschend an. Dann stellte er fest: »Mehr Zufriedenheit.« Sie musste den Eindruck haben, dass bislang keine ihrer Antworten den großen Preis gewonnen hatte. »Ja«, sagte sie leise. Nun klang es schon nach schlechtem Gewissen. Er sagte: »Die Zufriedenheit ist da. Dafür brauchst du keine Erkenntnisse. Das ist Satsang. Wenn du still wirst, merkst du, dass die Zufriedenheit immer da ist. Es sind nur deine Gedanken, die sich davorschieben. Sogar in den Zwischenräumen der Gedanken kannst du die Zufriedenheit sehen.«

Er schwieg. Sie schwieg. Wahrscheinlich suchte sie nach der vorhandenen Zufriedenheit. Er fragte: »Fehlt denn jetzt etwas?« Sie sah ihn stumm an. Im Zweifelsfall fehlte ihr eine Antwort. Es kam nichts mehr. Von ihm auch nicht. Ich befürchtete, dass nun gleich ich erklären müsste, warum ich hergekommen war. Bevor er mich fragen konnte, stellte ich lieber selbst eine Frage. Ich sagte: »Mir fehlt der Zwischenraum zwischen den Gedanken.«

Die ganze Zeit hatte Torsten, leicht vorgebeugt, nur in eine einzige Richtung gesehen, eben zu der unzufriedenen Frau. Jetzt drehten sich sein Kopf und Oberkörper wie eine ferngesteuerte Kamera, die etwas Neues in den Fokus nehmen soll. Er wandte sich mir zu. Das war unangenehm. Es war, als würden Scheinwerfer auf mich gerichtet. Die anderen Teilnehmer waren das schaulustige Publikum, er der Quizmaster, ich der dumme Kandidat. Seine Augen leuchteten ungewöhnlich hell, eisblau, wie Huskie-Augen. Der Blick war nicht stechend, doch so unverstellt direkt, dass ich schlucken musste. Alle hörten mein Schlucken.

»Dir fehlt der Zwischenraum zwischen den Gedanken?«, wiederholte er freundlich.

»Ja, genau«, sagte ich erleichtert. »Ein Gedanke folgt dem anderen, in einem ununterbrochenen Strom.« Er schwieg und sah mich an. Ja, stimmte das denn etwa nicht? Waren die Gedanken etwa kein unablässiger Strom? Jetzt zum Beispiel und sowieso und immer? Er sagte einfach nichts. Es gab nur diesen direkten Blick. War das ein Kräftemessen? Hätte ich zu Hause vor dem Spiegel üben sollen? Normalerweise wird ein Gespräch in ständigem Hin und Her geführt, ohne lange Schweigepausen und bestimmt nicht mit unausgesetztem Blickkontakt. Solche Intimität war Verliebten vorbehalten.

Oder, fiel mir jetzt auf, sah er mich gar nicht an? Sah vielleicht nur ich ihn an? Stellte er sich lediglich dafür zur Verfügung? Während ich mir Mühe gab, dem Blick standzuhalten, und immerzu in seine Pupillen starrte, beschlich mich das Gefühl, ins Leere zu sehen. Ja. Da war überhaupt nichts. Da war keine Persönlichkeit. Es war, als säße da eine Hülle, durch deren Einlässe ich direkt ins Vakuum blickte. Niemand. Kein Anhaltspunkt. Kein Widerstand. Stattdessen ein Sog.

Ich schluckte wieder; es tönte in die Stille. Die anderen waren Wettkampfzuschauer. Sie kannten das Ritual und wussten natürlich schon, wer siegen würde. Sicher waren sie dankbar, dass mal ein Neuer sich hierher verirrt hatte und dann auch noch ganz vorn saß.

»Der Raum ist da«, sagte Torsten. »Bevor ein neuer Gedanke anfängt, ist Stille da. Wenn er endet, ist Stille da. Wenn du willst, kannst du die Stille sogar zwischen den Buchstaben sehen.« Aha, dachte ich. Und stellte mir Druckschrift vor und blickte durch die Buchstaben. Das war die Stille? Er sagte wieder etwas. Ich weiß noch, dass es mir vorkam wie ein Kommentar zu meinen Gedanken. Aber an Genaueres erinnere ich mich nicht. Nur dass es so weiterging: Ich dachte etwas, er sagte etwas dazu. So kam es mir vor. Am meisten aber staunte ich über das Nichts in seinen Augen, sodass ich auf die Worte, die aus diesem Nichts aufstiegen, nicht mehr achtete. Vielmehr ließ ich mich hineinsaugen, fasziniert, wie in einen Strudel, der in schwarze Ruhe übergeht.

»Und es ist nicht nur in der Intensität«, sagte Torsten etwas lauter. Es war das Ende seiner erläuternden Sätze, die ich alle überhört hatte. Schluss mit der Intensität. Das war ein Signal oder sogar eine Warnung. Ende des Sinkenlassens. Ich tauchte wieder an die Oberfläche, etwas enttäuscht. Und saß da nun wieder, so unerleuchtet wie vorher, und nickte höflich. Er nickte ebenfalls und wandte dann seinen Blick ab und den anderen zu. Jetzt wanderte sein Blick, ganz langsam, von einem zum anderen. Einmal kam er wieder zu mir zurück, jedoch nur kurz, Eintauchen ging nicht. Blieb dann lange bei jemand anderem, lächelte. Bei mir hatte er nicht gelächelt. Wanderte weiter. Den Leuten genügte offenbar dieser Blick. Eine halbe Stunde lang wurde nichts gesagt.

Dann fragte eine Frau, warum sie nicht den richtigen

Mann finden könne. Sie schilderte, wie ihre Beziehungen immer enthusiastisch begannen und wie es dann zu Enttäuschungen kam. Ob das nicht mal enden könnte?

»Was willst du wirklich?«, fragte er.

»Ich will einfach nur eine erfüllte harmonische Beziehung«, antwortete sie.

Er sagte: »Wenn du vom anderen etwas willst, ist ein Gefühl von Mangel da. Und damit die Angst, dass du es vielleicht nicht bekommst. Dann erlebst du das Drama. Das kann endlos so weitergehen. Frage dich, was du wirklich willst.«

»Dass mich jemand liebt. Ich will nicht allein sein.«

»Soll ich dir sagen, was du wirklich willst? Du willst die Erfahrung machen, dass du selbst die Quelle der Liebe und des Friedens bist.«

Die Frau sagte nichts. Glücklich war sie nicht mit diesem Satz. Er klang nach Wahrheit, aber auch nach Entsagung und Alleinsein. Und dieser erwachte oder ungewöhnliche Mann hier vorne auf dem Meditationskissen wirkte ja auch ein bisschen allein. Hatte er überhaupt eine Beziehung, wenn er der Ansicht war, dass Beziehungen nicht glücklich machen? Und wenn, sagte er solche Weisheiten auch zu seiner Freundin? Oder machte er unablässig die Erfahrung, selbst die Quelle der Liebe zu sein? Und brauchte also niemand anderen? Oder waren das nur so Sätze, die er sich von verbrieften Weisen ausgeliehen hatte?

Der Abend war zu Ende. Anderthalb Stunden waren

vergangen. Die Flasche Wasser war leer. Torsten schloss die Augen. Die anderen machten das nach. »Mögen alle Wesen in Frieden und Harmonie leben, mögen alle Wesen ihre wahre Natur erkennen«, sagte er und legte die Hände zusammen, um zum Abschluss jeden der Reihe nach anzusehen, von links nach rechts. Und dann wies er daraufhin, dass draußen eine Spendenbox stand. »Ihr seid frei zu geben, was ihr wollt.« Erhob sich und verließ den Raum, langsam und vorsichtig, so als sei ein Bein eingeschlafen.

Von diesem Abend an suchte ich im Internet und in den esoterischen Magazinen nach Satsang-Terminen. Nicht weil die Weisheiten mich so beeindruckt hatten, obgleich die Sätze nicht übel waren. Sondern weil ich mich geistig geliftet fühlte. High. Erfrischt und neu aufgeladen wie nach tagelangen Meditations-Retreats, die ich früher mitgemacht hatte. Oder als hätte ich eine gut gebraute kleine Ecstasy-Pille geschluckt. Dies war hundertprozentig biologisches Ecstasy, gänzlich frei von unerwünschten Nebenwirkungen. Am Abend nach dem Satsang bei Torsten fuhr ich zum ersten Mal seit dem Budapester Überfall wieder ganz entspannt mit der U-Bahn. Ich war froh, einfach so, ohne benennbaren Grund.

Natürlich bin ich auch bei Gertrud gewesen. Meine Erbtante hatte Gertrud geheißen. Und dies war auch eine alte Dame, die in Saris gewickelt ziemlich feierlich Hof hielt. Auch sie gönnte jedem einen langen Blick, obwohl sich fünfzig Leute eingefunden hatten. Als ich mich umsah, fühlte ich mich ein wenig fremd. Hier waren fast ausschließlich Frauen. Der Freund, den ich mitgebracht hatte, störte sich nicht daran. Er schlief einfach ein. Andere auch. So wunderbar beruhigend war Gertrud.

Danach kam der beunruhigende Cyrus, ein Mann mit afrikanischen Ahnen. Er fing gleich an zu reden und hörte bis zum Schluss kaum mehr auf. Aber er ließ sich auch gern mal unterbrechen. Er mochte es, wenn mittendrin Fragen gestellt wurden, einfach so aus der Hüfte geschossen. Er fragte auch selbst: »Was verteidigt ihr?«, und glühte die Leute eindringlich an. Dann wurde er unvermittelt laut. Oder klatschte in die Hände. Setzte sich hin und sprang gleich wieder auf. Und sagte ein paar Sätze, die mir missfielen: »Meditation kann ein Gefängnis sein« und: »Mit dem Erwachen ist die Arbeit nicht zu Ende; dann fängt sie erst an« und: »Konzentriere dich auf einen Lehrer.«

Ich war überrascht, dass meine Begleiterin ihn freundlich, einfach und aufrichtig fand. Ohne Pose. Erst als wir nach Hause fuhren, merkte ich, dass auch bei diesem Unruhestifter offenbar etwas in mich eingesickert war. Obwohl mich das Provozierende in seinem Auftreten gestört hatte, fühlte ich mich mit leuchtender Energie aufgeladen. Satsang funktionierte offenbar auch bei innerem Widerstand.

Ich habe mich dann nicht auf einen Lehrer konzentriert, sondern mir möglichst alle angesehen, die in den letzten zwei Jahren ohne große Mühe erreichbar waren. Es gibt

Satsang-Lehrer, die fast immer an einem Ort zu finden sind wie Torsten in Hamburg, Stephan in Düsseldorf oder Ramasan in Oberhausen. Und andere, die ständig auf Tournee sind, wie Isaac oder Artur oder Samarpan. Es gibt internationale Stars wie Gangaji oder John de Ruiter. Und kleine Lokalgrößen, bei denen die Erleuchtung genauso zu schmecken ist. Wir haben sie in diesem Buch porträtiert und sagen, wie oder wo sie zu finden sind. Ihr Stil ist unterschiedlich. Die Stille ist dieselbe.

Was sie noch gemeinsam haben, sind einige Elemente, die immer wiederkehren. Der lange Blick, der heiße Stuhl, die Sprache, die Bilder, die Musik. Auch einige Ratschläge, Aufforderungen und Antworten kehren immer wieder, egal wer der Lehrer ist.

Hier sind sie: die Zutaten des Satsang.

Erleuchtung für Einsteiger

Die Zeit

Die Zeit ist günstig. Nie war es so leicht zu erwachen wie heute, meinen die Satsang-Lehrer. Und weil die meisten Erwachten – aber durchaus nicht alle – schon bald nach ihrem Erwachen Satsang geben, gibt es nach dem Schneeballsystem immer mehr Lehrer. In den großen Städten findet mittlerweile jede Woche ein Satsang statt. Die Termine werden in den lokalen Eso-Blättern genannt; auch die einschlägigen Buchhandlungen können meist Auskunft geben. Die reisenden Lehrer haben eigene Internetseiten mit ihren Tourneedaten, ähnlich wie Rockgruppen.

Es gibt Termine am Abend. Und Termine tagsüber. Die Abendtermine sind zum Schnuppern geeigneter. Da dauert der Satsang in der Regel anderthalb Stunden, seltener zwei. Allerdings ohne Unterbrechung. Es empfiehlt sich vorher nicht zu viel Tee zu trinken, zumal die Toiletten an etlichen Veranstaltungsorten in beklagenswertem Zustand sind.

Hinter den Tagesterminen verbergen sich häufig »Intensiv«-Satsangs, die länger dauern und zu denen schon deshalb weniger Leute kommen. Diese *Intensives* haben

Seminarcharakter. Da wünscht der Lehrer, dass jeder sich äußert. Meist werden auch Übungen gemacht.

Die Abend-Satsangs sind dagegen unverbindlich. Niemand muss sich äußern oder irgendwie zu erkennen geben. Jeder kann Energie und Stille tanken und sich wieder in seinen Alltag verabschieden.

Die meisten Satsang-Lehrer haben die eigentümliche Angewohnheit, pünktlich anzufangen. Obendrein erwarten sie, dass die Teilnehmer bereits vorher versammelt sind. Es ist ähnlich wie in der Schule. Zuspätkommen fällt auf. Wer auffallen möchte, hat eine glänzende Gelegenheit. »Du darfst gern zu spät kommen, solange du dich richtig schuldig dabei fühlst«, scherzt Samarpan. Doch bei einigen Lehrern geht das nicht. Da wird pünktlich zum Beginn die Tür fest geschlossen, und keinem Klopfenden wird mehr aufgetan.

Bei Massenmagneten wie John de Ruiter, Isaac Shapiro oder Byron Katie herrscht ein ständiges Kommen und Gehen. Doch das ist die Ausnahme. Und auch dort lohnt es sich, ein wenig früher da zu sein, weil die angenehmsten Plätze spätestens zwanzig Minuten vor Beginn vergeben sind. Als angenehmste Plätze gelten Stühle mit Rückenlehne, womöglich mit Kissen. An zweiter Stelle folgen dick gepolsterte Meditationskissen und Sitzmöglichkeiten, auf denen man sich bei Bedarf anlehnen kann, also an einer Wand oder am Fenster. Und grundsätzlich sind alle Plätze begehrenswert, die in der häufigsten Blickrichtung des Lehrers liegen. Jeder möchte wenigstens einmal die

Strahlkraft seines Blickes genießen. Wer weit auf der Seite sitzt, hat da schlechte Chancen. Denn auch ein Erleuchteter verrenkt sich ungern den Hals.

Der Ort

Wenn John de Ruiter eine Stadt besucht, wird eine mittlere Konzerthalle angemietet. Gangaji nutzt den Kongress-Saal eines Hotels. Byron Katie braucht mindestens einen Kammermusiksaal. Das sind die Stars.

Gewöhnlich jedoch findet Satsang in einem Raum statt, der zwischen zwanzig und fünfzig Leute fasst. Also in einem jener Seminarräume, wie sie in Veranstaltungsblättern reichlich zur Vermietung angeboten werden. Sie befinden sich in Schulen für Yoga oder asiatische Kampfkünste, in Naturheilpraxen und alternativen Veranstaltungszentren. Oft liegen sie in einem ehemals gewerblichen Hinterhaus und in trüber oder hundefreundlicher Gegend.

Schon deshalb betritt man den eigentlichen Satsang-Raum nicht mit Schuhen, sondern auf Socken. Schuhe und Mäntel werden in einem Vorraum abgelegt und dort manchmal verschlossen, manchmal auch nicht.

Die meisten Räume sind mit Laminat ausgelegt, dem Nachfolger des Linoleums. Wenige haben Teppichboden. In einigen gibt es bezogene Schaumstoffmatten, von denen man ahnt, dass auf ihnen schon sehr viel und manches Merkwürdige stattgefunden hat. Wer gern so spät kommt, dass die vorhandenen Stühle und Kissen besetzt sind, bringt zur Vorbeugung gegen Verspannungen besser ein eigenes Meditationskissen mit, mit Kapok gefüllt oder mit streng biologisch angebauten Buchweizenhülsen.

Die Profisucher unter den Teilnehmern haben gleich ihren eigenen Stuhl dabei: eine Art tiefergelegten Klappsitz, der auch beim Camping dienlich ist. Er besitzt eine praktische Vorrichtung zum Verstauen einer aufgerollten Wolldecke nebst Halterung für die Thermoskanne. So ein Sitz gewährt eine lässige Haltung und garantiert das schmerzfreie Überstehen jeglicher Erleuchtung.

Die Räume sind notorisch schlecht belüftet. Deshalb entsteht in der kälteren Jahreszeit ein subtiles Ringen um das Öffnen und Schließen der Fenster. Diejenigen, die in der Mitte sitzen, schwitzen und kämpfen um die letzten Sauerstoffmoleküle. Die am Fenster hingegen haben die Macht über die Luftzufuhr. Und sie frieren schnell.

Wer vom Zen oder sonst einer traditionellen Meditationsschule kommt, mag sich wundern, dass nur wenige Teilnehmer mit gerader Wirbelsäule dasitzen. Einige liegen sogar. Das liegt daran, dass der Meditation beim Satsang kein großer Stellenwert beigemessen wird. Und daran, dass die nachahmenswerten Lehrer selbst frevelhaft lässig und gemütlich vorne sitzen.

Manchmal sind die Lehrer die Einzigen, die gemütlich sitzen. Denn zuweilen scharen sich hundert Leute in einem Raum, der maximal für die Hälfte gedacht ist. Es gibt so drangvolle Satsangs, dass schon auf der Treppe ein

Hauch von Titanic-Untergang spürbar ist. Die Vermieter können nur hoffen, dass nie ein Feuerschutzmann von so einer Veranstaltung erfährt. Und die Teilnehmer müssen sich darauf verlassen, dass in Anwesenheit eines Erwachten niemals ein Feuer ausbricht. Und falls doch, dass sie dann schon selbst so erleuchtet sind, dass Sterben für sie ein Klacks ist. Oder dass sie wenigstens als Lieblingsschüler zur Seite des Meisters wiedergeboren werden.

Bis dahin wird dem Lehrer im Raum eine Gasse freigehalten, die sich schließt, sobald er sein Podest erreicht hat.

Die Spende

Bei Byron Katie, Isaac Shapiro und etlichen anderen Lehrern stehen unauffällige Spendenboxen am Ausgang, an denen man sich ebenso unauffällig vorbeimogeln kann. Weil das häufig geschieht oder weil freiwillige Spenden betrüblich gering ausfallen, verlangen die meisten Satsang-Lehrer inzwischen Eintritt.

Wer in den Raum gelangen will, kommt also meist nicht an einem Tischchen vorbei, hinter dem eine freundliche Kassenwärterin sitzt. Gelegentlich ist es die Lebensgefährtin des Satsang-Lehrers, sonst eine treue Schülerin. Kassierende Männer sind selten, ihnen mangelt es an milderndem Charme.

Ein Pappschild besagt: »Spende 10 Euro.« Wer mehr geben will, ist willkommen. Doch das geschieht selten. Die so genannten Spenden, eigentlich ganz gewöhnliche Eintrittsgelder, sind steuerlich nicht abzugsfähig. Quittungen werden ungern ausgegeben. Nur unerleuchtete Materialisten zählen die im Satsang versammelten Häupter und berechnen daraus die steuerfreie Abendeinnahme des Lehrers. »Auch ein Erwachter muss mit Geld umgehen«, teilt der erwachte Nick Ardagh alias Arjuna seinen Zuhörern mit. Das klingt ernüchternd; eigentlich hoffen die Schüler, auch finanzielle Probleme mit der Erleuchtung ein für allemal hinter sich zu lassen.

Tatsächlich ernähren sich einige Lehrer vom Satsang und vom Verkauf ihrer Bücher und Kassetten. Andere haben einen gewöhnlichen Beruf. Mancher ist noch Student. Vor allem den weniger bekannten Lehrern hilft es, wenn dankbare Zuhörer nicht nur den Rest Kleingeld aus der Tasche kramen. Wenn zwanzig Leute kommen und jeder zehn Euro spendet, muss das nicht nur die Abendmiete für den Raum decken, sondern auch die Anfahrt des Lehrers und gegebenenfalls seine Übernachtung. Wenn hundert Leute kommen, ist noch ein Camcorder drin.

Eigentlich schade um die schöne alte indische Sitte, wonach der Lehrer mit Nahrungsmitteln unterstützt wird – etwa mit hart gewordenen Keksen oder einem Rest vom Mittagessen in der Plastikdose. Sie ist aus der Mode gekommen. Der Erwachte will mit Geld umgehen. Natürlich ist das, was er gibt, unbezahlbar und insofern kostenlos. Aber »eure Spenden ermöglichen mir, für Satsang zur Verfügung zu stehen«, sagt er. Gut. »Gebt dem Kaiser, was des Kaisers ist«, empfahl ein Satsang-Lehrer aus Judäa einst jenen Schülern, die ihr Geld lieber für sich behalten hätten. Und vermutlich hatte er mal wieder Recht.

Die Leute

Zu den grundlegenden Botschaften im Satsang gehört es, dass es eigentlich keinen Gegensatz gibt zwischen dem Ich und den anderen. Die Trennung ist eingebildet. Alle sind in Wahrheit eins. Doch bei oberflächlicher Betrachtung sind ein paar Unterschiede erkennbar.

Es kommen mehr Singles als Paare zum Satsang. Oder nur ein Partner von zweien erscheint; der andere sieht Fußball. Frauen bilden eine leichte Mehrheit. Doch außer bei Lehrerinnen wie Gertrud, die gern »das innere Patriarchat« therapiert, bringen die Männer es immerhin auf etwa vierzig Prozent.

Es gibt auch unterschiedliche Erwartungen: Männer wollen Erleuchtung. Das ist ein erkennbares Ziel, die letzte und endgültige Stufe jeglicher Suche, und sei sie mit Einsamkeit verbunden. Frauen wollen Harmonie und Frieden, und das möglichst im Leben und mit anderen. Der Satsang-Lehrer Eckhart Tolle ist der Ansicht, dass Frauen der Erleuchtung grundsätzlich näher sind. Mitunter merken sie das nur nicht, während Männer immer glauben, sie seien der Erleuchtung ganz nahe und beinahe schon Gurus.

Ab und zu sind Kinder beim Satsang, sogar Babys, denen die Eltern zusätzlich zum Biobrei auch allerbeste spirituelle Nahrung eintrichtern möchten. Doch das Gros der Satsang-Besucher ist älter. Die jüngsten sind Anfang zwanzig, die meisten zwischen Mitte dreißig und Mitte fünfzig. Es gibt etliche ältere Frauen und zuweilen richtig alte Männer, die im Leben bereits alles und noch mehr versucht haben.

Natürlich haben alle ihr Glück schon woanders versucht. Zunächst im erreichbaren Rahmen. Inzwischen haben sie den Eindruck gewonnen, dass weder Partnerschaft noch Beruf, noch das Haus mit Garten das Glück, den Frieden oder die Erfüllung bringen können. Sie haben sich bemüht, ihr Leben zu vertiefen oder zu verbessern, durch Yoga, gesunde Ernährung, Energiearbeit, Familienaufstellen oder Umstellen der Möbel.

Jetzt sind sie bei Lehrern gelandet, die sagen: Es gibt nichts zu verbessern, nichts zu verändern. Weder an deiner Umwelt noch an deinem Partner, noch an dir selbst. Es geht lediglich darum aufzuwachen. Klick. Und zu merken: Alles ist optimal, so wie es ist. Und es kann gar nichts schiefgehen.

Diese akzeptierte, wenn auch nicht nachvollzogene Erkenntnis führt zu einer freundlichen Toleranz im Satsang. Dass man sich hier trifft, ist schon eine Auszeichnung. Zwar entsteht keine Nähe, außer in den Crews oder ständigen Gruppen einiger Satsang-Lehrer. Aber es herrscht ein gewisses kumpelhaftes Einvernehmen. Man reicht freundlichst die Kleenex-Packung durch, wenn jemand schnieft. Man steht geduldig vor der Toilette an. Schweigt. Häufig sind das Aufknipsen der Wasserflaschen und das Gluckern beim Trinken die einzigen Geräusche im Raum. Es wird viel Wasser getrunken im Satsang; gegessen wird nie.

Alle sind gewohnt, ihre Schuhe auszuziehen und lochfreie Seminarsocken mitzubringen. Viele Halstücher sind zu sehen, auch bei Männern. Im übrigen vorwiegend helle Sachen aus Naturstoffen, Leinen und Wolle, wollweiß, blaugrau. Manchmal schimmern noch Reste von Bhagwan-Rot durch. Etliche Satsang-Teilnehmer haben eine Zeit als Sannyasins verbracht, was auch dazu führt, dass auf Namenslisten oder Kontaktadressen ziemlich viele Govindas, Prems, Anandas und dergleichen heilbringende Namen auftauchen.

Wenn es sehr voll ist, entstehen auch beim Satsang-Publikum massentypische Stresssymptome; zumindest solange der Lehrer noch abwesend ist. Wer sich also einen guten Platz gesichert hat, mag nur äußerst ungern weiterrücken, wenn ein anderer sich in die Lücke setzen will, und täuscht lieber tiefe Versenkung vor. Wer ein Kissen unter den Füßen hat, damit die Zehen nicht auf dem Fußboden frieren, gibt es nicht unbedingt her, wenn ein Neuankömmling kein Kissen zum Sitzen mehr findet.

Erst wenn die Lehrerin oder der Lehrer auffordert, zusammenzurücken, Platz zu schaffen und überzählige Kissen zu verteilen, tun das alle in aufopfernder Bereitschaft. Der Lehrer soll es sehen.

Der Thron

Selbstverständlich sitzt der Satsang-Lehrer nicht auf einem Thron. Schließlich gibt es keinen Unterschied zwischen einem Erleuchteten und seinen Schülern. Der einzige Unterschied ist, dass der Erleuchtete gemerkt hat, dass es keinen Unterschied gibt, während die Schüler an diesen Unterschied immer noch glauben.

Das ist am offensichtlichsten daran zu erkennen, dass der Lehrer vorne sitzt. Gewöhnlich auf einem Sessel, der mit einem Überwurf drapiert ist, manchmal auf einem Sofa. Der Eindruck von Feierlichkeit wird erhöht durch Blumensträuße und die gerahmten Fotos spiritueller Ahnen. Oft sind das zwei: Ramana Maharshi, der 1950 verstorbene südindische Lehrer. Und dazu ein Foto eines Ramana-Schülers oder Enkelschülers. Isaac Shapiro, Madhukar, Eli Jaxon-Bear und etliche andere stellen daneben noch das Foto des 1997 verstorbenen Ramana-Schülers Poonja, auch Papaji genannt. Bei Samarpan hängt Jesus in einer Reihe mit Ramana Maharshi, Osho und Poonja. Bei Lehrern, die ohne einen Meister erwacht sind, etwa Eckhart Tolle, Byron Katie und John de Ruiter, gibt es überhaupt keine Heiligenbilder.

Die meisten Lehrer legen keinen Wert auf Verehrung. Einige wie der Satsang-Philosoph Raphael reagieren sogar deutlich ablehnend, wenn die Schüler sich verneigen wollen. Anderen wie dem Starlehrer OM C. Parkin gefällt das; er thront gelegentlich unter einem Baldachin.

Auf einem Tischchen neben dem Sessel stehen für den Lehrer ein Becher und manchmal eine Flasche oder Thermoskanne zum Nachgießen bereit. Zuweilen ist noch ein Zen-Glöckchen zu erkennen oder eine Zimbel mit hellem Ton, die aber selten oder gar nicht angeschlagen wird.

Die meisten Satsang-Lehrer sprechen leise. In kleinen Räumen ist dennoch kein Mikrofon nötig. In den größeren steht es immer bereit, was nicht bedeutet, dass es auf Anhieb funktioniert. Bei den populären Lehrern werden Fragen und Antworten grundsätzlich aufgenommen, oft nicht nur auf Kassette, sondern auch auf Video.

Bei einigen kann man eine Schnellkopie der aktuellen Kassette schon zehn Minuten nach Ende der Sitzung kaufen. Wer nicht aufgenommen werden will, muss das sagen. Peinlich ist aber grundsätzlich gar nichts. Was alle Satsang-Lehrer eint und was auf die versammelten Schüler übergeht, ist die Bereitschaft, alles ohne Urteil anzunehmen.

Der heiße Stuhl

Neben dem Sessel des Lehrers gibt es oft noch eine weitere Sitzgelegenheit. Entweder einen zweiten Sessel oder einfach einen freien Platz auf dem Sofa, meist mit einem zweiten Mikrofon. Manchmal steht der freigehaltene Stuhl dem Lehrer direkt gegenüber, zwei oder drei Meter entfernt. Das bedeutet immer: Wer eine Frage hat, geht nach vorne.

Das kostet Überwindung, zumindest beim ersten Mal. Denn eine vergleichbare Situation ist allenfalls aus der Schule oder aus Prüfungssituationen in Erinnerung. Mit dem entscheidenden Unterschied, dass der Lehrer in der Schule nicht unbedingt wohlwollend war. Der Satsang-Lehrer ist es.

Bei einigen Lehrern können die Fragen auch aus dem Publikum gestellt werden. In den größeren Räumen wird dafür ein kabelloses Mikrofon herumgereicht. Andere bieten beides an: Wer am Platz sitzen bleiben will, stellt seine Frage von dort. Wer nach vorne kommen möchte, um dem Lehrer näher zu sein, tut das.

Der heiße Stuhl dient nicht nur der Konzentration. Er bewirkt vor allem, dass der Schüler die Distanz aufgibt. Dem Erwachen steht ja nur eines im Wege: die Verteidigung von Gewohnheiten und gedanklichen Konzepten. Wer seine Frage vom bequemen Platz aus und von fern stellt, kann die Antwort mühelos in sein altvertrautes Weltbild einordnen oder es sogar damit untermauern.

Wer nach vorne kommt auf den psychologisch unbequemen Platz im Zentrum der Aufmerksamkeit, ist schon mal aus der Komfortzone herausgehoben. Das Geflecht der Gewohnheiten trägt für diesen Augenblick nicht mehr. Und darum geht es. Erwachen gibt es nur im freien Fall, in der Erkenntnis, dass Festhalten überhaupt nicht nötig ist.

Wer auf dem heißen Stuhl Platz nimmt, hat mitunter gar keine Frage mehr. Sie hat sich aufgelöst, zumal der Frage ein intensiver Blicktausch mit dem Lehrer vorausgeht.

Was in diesem Blicktausch passiert, ist entscheidend. So kann es sein, dass die beiden sich eine geraume Zeit schweigend gegenübersitzen, was für die Zuschauer zur Geduldsprobe werden kann. Denn der Lehrer hat jetzt für niemand anderen mehr einen Blick übrig.

Es kommt auch vor, dass der Lehrer den Schüler auffordert, die anderen anzusehen. Schweigend und womöglich einen nach dem anderen. Das ist oft für alle rührend. Meist ist ein Unterschied zu sehen: Im Blick des erwachten Satsang-Lehrers zu versinken ist leichter als im Blick eines hoffnungsvollen Teilnehmers.

Bei John de Ruiter ist der heiße Stuhl so begehrt, dass man sich rechtzeitig anmelden muss. Die Reihenfolge wird dann ausgelost; der Name des nächsten Kandidaten erscheint in Leuchtschrift über der Bühne. Bei Isaac stellt man sich an. Bei den meisten erhebt man sich einfach von seinem Platz und geht nach vorn.

Der Auftritt

Einige Satsang-Lehrer kommen mit einer kleinen Gruppe enger Mitarbeiter herein, für die ein paar reservierte Plätze freigehalten worden sind. Andere lassen sich zeremoniell die Tür aufhalten. Wieder andere drücken den Griff persönlich und kommen allein. Und einige haben schon eine Weile still unter den Zuhörern gesessen, bevor sie sich zur Überraschung Unkundiger erheben und ihren Sitz erklimmen: Ach so, das ist die Erleuchtete? Oder: So sieht der Meister aus? Auch Erwachte altern und sehen in Natur etwas faltiger aus als auf Fotos. Dagegen hilft auch das Wissen nicht, dass es keine Zeit und also auch kein Altern gibt.

Einige Satsang-Lehrer legen Wert darauf, dass es sehr still ist, bevor sie eintreten, und schicken eine Ansagerin vor, die bekannt gibt, dass es gleich so weit ist und dass man jetzt schnell noch zur Toilette gehen kann und ansonsten still bereit sein soll. Auch wenn so etwas nicht angesagt wird, erlöschen Gemurmel und Getuschel, sobald die erleuchteten Schritte hörbar sind. Fast alle Lehrer vermeiden beim Eintreten den Blickkontakt mit irgendjemandem. Sie gehen zu ihrem Platz und verneigen sich vor dem Bild ihres eigenen Lehrers. Dieser Geste schließen sich im Publikum die meisten an.

Man verneigt sich dabei mit zusammengelegten Handflächen. Dieser Gruß namens *Namaste* gehört zu dem wenigen, was an Ritualen aus den alten Tagen in Indien geblieben ist. Namaste bedeutet so viel wie: Ich verneige mich vor dem Göttlichen in dir. Erwachte, die niemals einen indisch inspirierten Meister hatten, wie Byron Katie, Eckhart Tolle, John de Ruiter, kommen ohne Namaste aus. Mikaire und Cyrus verzichten darauf. Raphael wehrt freundlich ab. Doch die meisten Satsang-Lehrer grüßen und danken so, und die Schüler haben es sich ebenfalls angewöhnt.

Gewöhnlich werden die Handflächen vor dem Hals zusammengelegt, und der Kopf wird so gebeugt, dass das

Kinn über den beiden Daumen ist und die Zeigefinger beinahe in der Nase bohren. Aber Genauigkeit spielt nicht die geringste Rolle, und einige Satsang-Teilnehmer schließen sich dem allgemeinen Gegrüße gar nicht erst an.

Der Satsang-Lehrer setzt sich. Meist schließt er erst mal die Augen. Noch nimmt er keinen Kontakt auf zum Publikum. Lehrer und Hörer sammeln sich in Stille. Bei einigen Lehrern kann das zwanzig Minuten dauern, bei anderen nicht einmal fünf.

Erst dann wird jeder einzeln begrüßt. Nicht namentlich oder per Kopfnicken, sondern mit einem ruhigen Blick, verbunden meist mit dem Namaste. Fast jeder empfindet diesen Blick als kostbar. Die Lehrer nehmen sich Zeit, auch bei hundert Anwesenden jeden Einzelnen für einen deutlichen Augenblick anzusehen. Es ist eine persönliche Begrüßung.

Bald nachdem der Letzte im Halbkreis seinen Blick bekommen hat, beginnt der Lehrer zu reden. Es ist so ähnlich wie beim Wort zum Sonntag. Zu hören sind einleuchtende Wahrheiten, oft mit Beispielen aus dem täglichen Leben illustriert. Der Unterschied zu einer kirchlichen Ansprache ist allerdings, dass Moral und Gebote keine Rolle spielen. Buddha definiert Erleuchtung als »das Ende allen Leidens«. Daran sind alle interessiert. Und nur darum geht es. Einige Lehrer geben überhaupt keine Einführung, sondern bitten gleich um Fragen oder Berichte.

Die Fragen

Es kommt vor, dass jemand um einen Tipp für seine kranke Katze bittet. Oder wissen möchte, warum zum dritten Mal sein Fahrrad geklaut wurde. Doch gewöhnlich geht es in den Fragen um das Erwachen. Um den Weg dorthin. Um das richtige Bewusstsein. Um die Hindernisse. Die erleuchtete Person da vorne hat es ja offensichtlich geschafft. Ihr ist das entscheidende Licht aufgegangen. Was hat sie getan, was ich bislang versäumt habe? Wie komme ich auch dahin? Was muss ich noch machen, wo ich doch schon mein Bestes tue und eigentlich doch nichts Böses will? Wann durchschaue ich endlich all meine Probleme als pure Illusion? Wie erwache ich möglichst bald, um alles Leiden auf einen Schlag los zu sein?

Es ist gut, die Satsang-Lehrer durch Fragen zu fordern. Manchmal ist ihnen anzumerken, wie sie dabei warm laufen und immer klarere oder lustigere Antworten geben. Natürlich geht es nicht um ein Frage-und-Antwort-Spiel, das doch immer auf der Ebene des Verstandes bleibt. Ohne Antwort rotiert der Verstand weiter um seine alte Frage; wird ihm geantwortet, sucht er sich eine neue. Letzten Endes gibt es auf der Ebene von Frage und Antwort keine Lösung. Aber es gibt eine intellektuelle Vorbereitung für die Erleuchtung. Und dazu dienen Fragen und Antworten. Sie machen den Verstand auf Überraschungen gefasst; er soll ja nicht ausrasten, wenn seine Grenzen plötzlich aufgehoben werden.

Es gibt manchen Lehrer wie Samarpan, bei dem viel gefragt wird, weil seine lässige Freundlichkeit alles willkommen heißt und weil seine Antworten den Frager und alle Zuhörer auf eine hellere Ebene heben. Und es gibt Lehrer, bei denen wenig gefragt wird, weil sie so Ehrfurcht gebietend wirken oder weil ihre Antworten rätselhaft bleiben.

Wenn Satsang-Lehrer Artur ganz abstrakt vom Sein spricht, und das noch so, dass alles in monumentalen Großbuchstaben in Fels gehauen scheint, und wenn er dann anschließend erklärt, er wolle nur Fragen hören »zu dem, was DAS verhindert«, dann kann es sein, dass alle vorsichtshalber schweigen. Bis Artur nach anderthalb Stunden »danke für Satsang« sagt, aufsteht und geht. Etwas, vermutlich das Entscheidende, ist trotzdem rübergekommen.

Doch Fragen und Antworten bringen eine erfrischende Lebendigkeit ins Satsang. Sie stören nicht die grundlegende Stille, die von der Gegenwart des Lehrers ausgeht. Besonders erfrischend ist es, wenn jemand zum ersten Mal dabei ist und sich noch keiner subtilen Selbstzensur unterwirft. Wenn jemand zum Beispiel rundheraus und völlig unerleuchtet das fragt, was ihm auf dem Herzen brennt: Wie finde ich den richtigen Mann? Wie kriege ich mehr Geld?

Die routinierten Zuhörer lachen da überlegen – und zugleich erleichtert, weil sie diese Fragen auch haben, aber nicht mehr zu stellen wagen. Die Routiniers sind ja längst so gut informiert, dass ihnen klar ist: Unzufriedenheit und

Leiden liegen nicht am Geld, am Partner oder am Job. Unzufriedenheit und Leiden haben überhaupt nichts mit äußeren Umständen zu tun. Nur mit mangelnder Klarheit. Sie haben mit der Faszination durch den unruhigen Verstand zu tun, im Satsang gern englisch *Mind* genannt.

Erfahrene Zuhörer wissen das. Deshalb klingen ihre Fragen oft merkwürdig losgelöst vom tatsächlichen Erleben. Sie umschiffen das Konkrete. Sie möchten signalisieren, dass ihre Klarheit schon recht weit entwickelt ist. So jemand fragt zum Beispiel: Was kann ich gegen das ständige Bewerten des Minds tun? Oder: Wie überwinde ich die Angst des Verstandes vor dem Nichts? Wie kann ich das Ego noch mehr loslassen? Wie verbinde ich mich in schwierigen Situationen mit meinem höheren Selbst?

Einigen Fragen ist anzuhören, dass sie die Antwort tastend vorwegnehmen oder sich ihr wenigstens annähern möchten. Als Unterton schwingt die Bitte um Bestätigung mit. Und weil die erfahrenen Satsang-Besucher wissen, dass es um einen Bereich geht, den Worte nicht beschreiben können, geraten ihre Fragen absichtsvoll wolkig. Der Satsang-Lehrer soll spüren, was sie meinen, und sagen: »Oh, das ist eine schöne Erfahrung, ein gutes Zeichen!« Aber das sagt er selten. Eher fragt er: »Was ist deine Frage? Ich verstehe nicht.«

Einfache, ehrliche, persönliche Fragen, ohne den Versuch einer Rechtfertigung, ohne erläuternde Geschichte führen am schnellsten zur Klarheit und sind für alle erleichternd, wenn nicht gar erleuchtend.

Jede Frage aber, ob wahrhaftig oder nicht, hat unfehlbar eine entscheidende Wirkung: Sie zieht die Aufmerksamkeit des Meisters auf den Fragenden. Und diese Aufmerksamkeit ist wie eine Berührung. Manchmal kitzelt diese Berührung. Manchmal rührt sie sehr tief. Sie ist schon Teil der Antwort.

Die Antworten

Alle Satsang-Lehrer lassen sich Zeit, bevor sie eine Frage beantworten. Bisweilen so viel Zeit, dass der Fragesteller, im Blickkontakt versinkend, den Zweck seiner Frage vergisst. Die Frage ist in den Brunnen gefallen. Fort, versunken, aufgelöst.

Und dann kommt doch noch eine Antwort. Manchmal hat sie therapeutischen Charakter. Manchmal fällt sie so aus, dass ein entfernterer Zuhörer denkt: Na, das wäre mir auch noch eingefallen. Aber die meisten Antworten geben weder Lebenshilfe noch guten Rat. Sie klingen oft weise. Doch zur Bewältigung anstehender Probleme tragen sie wenig bei. Wie schaffe ich es, dass mein Kind nicht so unter der Schule leidet? Wie kann ich mir das Rauchen abgewöhnen? Warum gerate ich immer an untreue Männer?

Das weiß der Satsang-Lehrer auch nicht. Oder er will sich damit nicht beschäftigen. Er betreibt keinen Kummerbriefkasten. »Während des Satsangs habe ich manchmal ein komisches Gefühl, wenn ich eine Frage beantworte«, erklärt der Amerikaner Satyam Nadeen. »Denn mein Verstand denkt nicht mehr so. Ich habe das Grübeln zurückgelassen, genauso wie meine Sorge um die Zukunft, meine Schuldgefühle bezüglich der Vergangenheit und all die Ängste, die mich vom Genießen des Hier und Jetzt abgelenkt haben.«

Die Schüler sind noch voll davon. Um sie zum Genuss des Hier und Jetzt zu bringen, pflegt der Satsang-Lehrer eine unangenehme Angewohnheit. Er lenkt die Frage zurück. Der Fragesteller würde gern einen konkreten Rat bekommen, eine Antwort wie: Gleich nachher rufst du deine Mutter an, morgen machst du einen Termin mit deinem Arbeitgeber, von jetzt an übst du jeden Morgen sechsmal den Sonnengruß und atmest tief. Aber so ein handfester Tipp kommt nicht.

Stattdessen antwortet der Satsang-Lehrer: Lade diesen Gedanken jetzt in die Stille ein. Oder: Dann spüre jetzt das Gefühl des Getrenntseins. Oder: Dann lass die Panik sich ausbreiten. Am häufigsten aber bohrt er nach: Was willst du wirklich? Wo ist dieses Gefühl jetzt? Wem fehlt etwas?

Es kommt vor, dass ein aufgewühlter Fragesteller eine lange dramatische Geschichte vorbringt. Er zählt die bitteren Ereignisse auf, erklärt, wie es dazu kam und warum er jetzt so angstvoll und hilflos ist, was er mit seinen Eltern, Freunden, Kollegen und obendrein noch im Bus erlebt hat und dass er nun gar nicht mehr weiß, wie er damit umgehen soll, und er sich fragt, warum gerade ihm das passiert, was das bedeutet und was wohl der wichtigste Schritt jetzt sei? Nach dieser erschöpfenden Geschichte kann es sein, dass der Satsang-Lehrer nur eine kurze Antwort bereithält, die gar keine ist. Er antwortet: Wer fragt?

So eine naseweise Gegenfrage ist nicht das, was ein Hilfesuchender als Antwort auf dringende Lebensfragen erhofft. Und doch bedeutet sie eine Lösung. Sie schneidet durch das Gewirr der äußeren Umstände und Bedingungen. Sie bringt den Frager dazu, auf dem Absatz kehrtzumachen und sich selbst anzusehen. »Eines Abends stellte ich ihr eine Frage«, berichtet Eli Jaxon-Bear über Gangaji, »und ihre Antwort brachte mich ›rüber‹.«

Nur um dieses »Rüberkommen« geht es bei den Antworten. Um das Verlassen jener Perspektive, aus der unerschöpflich immer neue Fragen auftauchen und aus der die Probleme nie zu lösen sind. Es geht um das Ende der Gedankenkonstrukte. Um die erleichternde Entdeckung, dass sie überflüssig sind.

»Im Laufe dieses Kontaktes bringt der Meister den Suchenden zu einem Zustand des Nichtwissens, in dem der Verstand die Suche aufgibt«, erklärt Satsang-Lehrer Cyrus Bruton. Und sein Kollege, der sich Mario Nette nennt, spricht: »Wenn die Unterhaltung in deinem Kopf völlig zum Stillstand kommt, wenn es nicht mehr darum geht: ›Soll ich nun dieses oder jenes tun? Ist das mein höheres Selbst, das zu mir spricht, oder nicht?‹, wenn das ganze Selbstgespräch in absoluter Stille endet, dann offenbart sich das, was tiefer liegt.«

Das, was tiefer liegt: Manchmal offenbart es sich,

manchmal nicht. Manchmal taucht der Fragende mit der Antwort in die Stille. Manchmal grübelt er über ihren Sinn. Manchmal schüttelt er innerlich den Kopf, schweigt höflich und beschließt, lieber einen anderen Lehrer zu konsultieren. Und manchmal fragt er einfach weiter.

Wenn er immer mehr Fragen hat, wird der Satsang-Lehrer irgendwann die Gegenfrage stellen: Was willst du wirklich? Denn der neue Mann, die bessere Wohnung, der Traumjob werden die Erfüllung letzten Endes nicht bringen. »Was willst du wirklich?«, fragt Satsang-Lehrer OM C. Parkin. »Solange du dir darüber nicht im Klaren bist, wird nichts funktionieren. Wenn du aber die Antwort findest, wird alles nützlich sein.«

Schade eigentlich. Der Schüler soll die entscheidende Antwort mal wieder selber finden. Immerhin – wie er sie findet, dazu sind die Anmerkungen des Lehrers hilfreich. »Wenn er ein authentischer Meister ist, werden seine Worte nach und nach deine Zweifel beseitigen«, verspricht Francis Lucille. »Die perfekte Hingabe liegt schon darin, dass du seine Aussprüche ernsthaft in Betracht ziehst. Das ist der beste Beitrag, den du leisten kannst. Er wird deine Fragen jederzeit begrüßen, bis du dein wahres Wesen aus eigenem Erleben kennst. Dann mag er sich entscheiden, nur noch dann zu antworten, wenn er es für angemessen hält.«

Es gibt also wenig oder vielleicht gar nichts zu tun. Dasitzen, die Zuwendung des Lehrers genießen, in den Blick eintauchen, lauschen, die Worte einsinken lassen. Was sich dabei entfaltet, ist vom intellektuellen Gehalt der Antwort unabhängig.

»Die Worte sind lediglich ein Fingerzeig«, erklärte der amerikanische Meister Robert Adams. »Sie weisen auf die Stille, und in unserem Zusammensein in Stille ist schon die Lehre.«

Der Blick

Auch wer keine Frage stellt, auch wer nicht nach vorne geht oder sonst um Aufmerksamkeit bittet, wird vom Lehrer mit einem Blick bedacht. Nur wer mit geschlossenen Augen dasitzt, kann diesen Blick vermeiden oder verpassen. Es mag Gründe geben, ihn zu vermeiden. Einige Satsang-Lehrer schauen so streng wie einst der Mathelehrer. Andere sehen so direkt in die Augen, dass sie alle Schleier, allen Schutz zu durchdringen scheinen.

Doch die meisten haben einen so weichen und liebevollen Blick, dass sich der Angesehene umarmt fühlt und mehr haben will von dieser Süßigkeit. Oder sie haben so unschuldige Augen, dass jeder Widerstand und jegliche Verteidigung dahinschmelzen. Egal, wie weit der Lehrer entfernt sitzt, er kommt mit diesem Blick sehr nahe. Wobei übrigens die Entfernung in eng besetzten Räumen einen Nachteil hat. Zehn Meter vom Lehrer entfernt lässt sich nicht mehr genau entscheiden: Gilt dieser Blick jetzt mir oder meinem Nachbarn?

Leute, die grundsätzlich mehr sehen als andere, behaupten, dass aus den Augen der Erleuchteten Licht strahlt. Im Zweifelsfall handelt es sich um heilsames Licht. Die Popularität von Mother Meera beruht auf dieser Ausstrahlung. Die bei Limburg residierende Inderin hält keine Vorträge. Sie sagt überhaupt nichts. Sie schweigt. Allein durch ihren Blick übermittelt sie, so heißt es im Prospekt, »transformierendes Licht«. Jeder Besucher (von rund 150 pro Abend) kniet kurz vor der Schweigenden nieder. Sie schlägt die Augen auf und sieht ihn an. Zehn Sekunden lang. Das genügt offensichtlich. Das hat verwandelnde Kraft.

Es gibt Satsang-Lehrer, die sich auf diese Übertragung von heilbringendem Licht durch den Blick, indisch *Darshan* genannt, beschränken. Sie beantworten also keine Fragen. Sie segnen nur. Doch das ist die Ausnahme. Gewöhnlich gehören Fragen und Antworten zum Satsang. So ist es schließlich beim modernen Ahnen und Vorbild gewesen, bei Ramana Maharshi. Obgleich auch dort der Blick etwas Besonderes war.

Paul Brunton, der erste Europäer, der bei Ramana an einem Satsang teilnahm, notierte vor sechzig Jahren: »Ich kann den Blick nicht von ihm wenden. Ich merke, dass sich heimlich und unwiderstehlich eine Wandlung in mir vollzieht. Alle Fragen, die ich mir überlegt hatte, werden jetzt hinfällig. Es ist belanglos, ob ich sie ausspreche oder nicht, belanglos, ob ich die Probleme, die mich bis heute beschäftigt haben, löse oder nicht. Tiefe Stille und ein unendlicher

Friede erfüllen mich, mein gequälter Geist findet endlich Ruhe. Wie unwichtig ist alles, was mich so in Atem hielt, wie nichtig sind die verlorenen Jahre! Mit plötzlicher Klarheit erkenne ich, dass es der Verstand selbst ist, der sich die Probleme schafft und sich dann abmüht, sie zu lösen.«

Stille, Klarheit, Frieden – durch einen Blick. Nick Ardagh schreibt über einen Augenblick mit seinem Lehrer Poonja: »Als ich in seine Augen schaute, sah ich das ganze Universum, unendlich in allen Richtungen, und ich sah zugleich, dass ich in mich selbst schaute. Dies war der Augenblick größter Intimität in meinem Leben.«

Diese Intimität stellt sich im Satsang ein – sofern sie zugelassen wird. Zunächst mag der lange Blick etwas Befremdliches haben. Er ruft allerlei wach: So hat mich mein Vater angesehen, wenn ich was ausgefressen hatte. Genauso starrt mich der Chef immer an. Oder ist das ein Kräftemessen? Muss ich standhalten? Was denkt er jetzt von mir? Soll ich freundlich aussehen? Muss ich mich ganz öffnen? Merkt er, dass ich gestern Abend etwas zu viel Wein getrunken habe? Durchschaut er, dass ich ihn gar nicht so sehr bewundere? Ist dieser Blick heilsam? Sollte ich am besten gar nicht darüber nachdenken? Warum sieht er so lange her? Kann das jetzt mal aufhören? Warum hat er mich nur so kurz angesehen? Bin ich es nicht wert? Hat es etwa keinen Sinn bei mir?

Das ist normal. Es gibt nur wenige Leute, die gleich beim ersten Mal von diesen Blicken verzaubert sind. »Ein

Zimmermann, der niemals ein spirituelles Buch gelesen hatte, kam zu mir, weil er mich im Radio gehört hatte«, berichtet Nick Ardagh. »Ich schaute ihm in die Augen und sagte: ›Kümmere dich nicht um all dieses Zeug. Wer bist du im Moment?‹ Er erkannte, wer er wirklich ist, und erwachte. Dabei hatte er kein einziges Mal meditiert.«

Das sind seltene Ausnahmen. »Gewöhnlich geschieht das einer Person, die viele Leben auf dem spirituellen Weg war«, erklärte Robert Adams. »Dann wird sie nur durch eine Berührung oder einen Blick befreit. Viele Erwachte um Ramana behaupteten, er bewirke das Aufwachen, indem er sie ansah oder versehentlich berührte. Aber das hängt von der Reife des Individuums ab.«

Wie es um diese Reife bestellt ist – keiner weiß es. Macht ja auch nichts. Die letzte Spanne, bis der Apfel vom Baum fällt, ist auch nicht schlecht. In dieser Zeit kann der Blick genossen werden. Er spiegelt das, was man hineinlegt. Und öffnet zugleich ein Tor. »Schau nicht auf die andere Person, sondern sieh durch das Fenster jener Augen in die Stille und Ewigkeit, die euch beiden gemeinsam ist«, empfiehlt Nick Ardagh. Der Blick in die Augen des Satsang-Lehrers ist der Blick in die Stille.

Sie kann Turbulenzen auslösen. Zu John de Ruiters Auftritten reisen Leute von weit her, weil seinem Blick eine besonders ungewöhnliche Kraft nachgerühmt wird. Wer sich diesem Blick aussetzt, was vorherige Anmeldung erfordert, ist bereit, vollkommen zu vergessen, wer er ist oder für wen er sich gehalten hat, und jeden psychischen

Halt zu verlieren. Das passiert regelmäßig, wenn auch nur für die Dauer des Augenkontaktes, der bei John de Ruiter bis zu fünfzehn Minuten dauert.

Auch sonst liegt es nahe, dass während eines langen Blicktausches die Welt um den Lehrer flach und durchscheinend wird, sogar die Person des Lehrers selbst verblasst, nur das Auge bleibt, ohne Persönlichkeit, nur das Sehen ist übrig. Das ist dann ungefähr das, was die Erwachten »stilles Gewahrsein« nennen. Sie genießen es dauernd; der Schüler nur für die Dauer des Blickes, einen Nachglanz nimmt er noch mit.

Es kann auch sein, dass die Blase drückt, weil der Satsang schon ziemlich lang gedauert hat. Dass die Gedanken einfach nicht verschwinden wollen. Und dass der Blick dabei schon so lange anhält, dass der Schüler sich fragt, was wohl die anderen denken. »Ich habe ein schlechtes Gewissen, deinen Blick so lange auf mich zu ziehen«, mag er dann sagen. »Das ist egal«, antwortet der Satsang-Lehrer. »Ich kann nicht kontrollieren, wohin ich sehe.«

Es geht von selbst. Deshalb kann es auch sein, dass der Schüler gar nicht merkt, dass er angesehen wird. Weil er müde ist oder kurzsichtig oder weil er die Augen geschlossen hält. Auch gut. Wenn »transformierendes Licht« übermittelt wird, gibt es kein Hindernis. Dann braucht der Schüler sich nicht einmal geistig zu öffnen. Nichts muss getan werden. Soll der Meister was tun. Und nicht mal der tut besonders viel. Er ist einfach da. »Präsenz« wird das gern genannt. Und das reicht.

Das Schweigen

Meistens gibt es am Anfang des Satsangs eine Zeit der Stille. Häufig auch am Ende. Und immer wieder zwischendurch. Bisweilen ist es so lautlos, dass man nur noch das Schlucken des Nachbarn hört und das Rauschen in den eigenen Ohren.

»Wir schweigen am Anfang, weil Schweigen die direkteste Art der Vermittlung ist«, erklärt Satsang-Lehrer Torsten Brügge. Was da vermittelt wird? Schwer zu sagen. Auch wer eine Frage gestellt hat, erhält als Antwort zunächst häufig Schweigen. Und tatsächlich löst sich die Frage oft in der Stille auf. Nicht dadurch, dass aus geheimnisvollen Tiefen eine göttliche Antwort aufsteigt. Sondern dadurch, dass die Frage überflüssig wird. Letzten Endes zielte sie ja auf Frieden. Und der ist nun da, in der Stille. Einfach so.

Oder doch nicht so einfach? Was hat der Erleuchtete, der Erwachte, der Weise damit zu tun? Funkt er etwas rüber? Strahlt er etwas Heilsames aus? Wirkt er im Schweigen? Ja, das tut er, erklärt der erwachte Francis Lucille. Ein Weiser braucht nichts zu lehren, nichts zu sagen, braucht sich auch nicht im Mindesten anzustrengen. »Er übt durch seine bloße Gegenwart, durch die schweigende Übermittlung der höchsten Wahrheit den wirksamsten, mächtigsten Einfluss aus.«

Seine pure Gegenwart ist schon die Übermittlung. »Nichts was gelehrt werden kann, ist es wert, gelernt zu werden«, hatte Lao Tse gesagt. »Die größte Offenbarung ist die Stille.« Deshalb schweigen viele Satsang-Lehrer lieber. Und die Schüler tun es ihnen nach. Mit dem Unterschied, dass die Schüler während des Schweigens nachdenken, wogegen das Schweigen des Erwachten ohne Gedanken bleibt. Und nur dieses Schweigen bedeutet Stille.

Weil das Schweigen der Schüler auch Ver-Schweigen bedeuten kann, steht es bei therapeutisch orientierten und temperamentvollen Lehrern wie Cyrus und Mikaire nicht hoch im Kurs. Falls mit dem Schweigen Ablehnung und Misstrauen verdeckt werden, ist es allemal besser, sie zu äußern. »Schweigen kann eine Lüge sein«, sagt Cyrus. »Zweifel und Widerstände auszusprechen ist dagegen klärend für den, der sie hat. Und erleichternd für alle anderen, die ebenfalls stille Bedenken hegen.« Alle grübeln, aber niemand wagt etwas zu sagen: Ja, auch diese Art von befrachtetem Schweigen entsteht zuweilen im Satsang.

Und da kommt es vor, dass jemand plötzlich zuckt. Oder gar juchzt. Mitten im Schweigen. Den Satsang-Lehrer stört das nicht im Geringsten. Die Routiniers unter den Schülern wundern sich ohnehin kaum noch. Doch Neulinge staunen. Einige Zuhörer, meist Frauen, werden offensichtlich von Energieschüben durchblitzt. Vor allem dann, wenn sich die Spannung aufgeladen hat. Ein Zucken, ein Schrei – und gleich wieder Stille, die jetzt noch stiller zu sein scheint. So etwas geschieht nur in Gegenwart des Lehrers. Und gelegentlich vielleicht auch für ihn, als kleine Special Performance in höherer Energie.

Egal was geschieht, für den Schüler geht es nicht darum, äußerlich Ruhe zu bewahren. Es geht darum, innerlich zu schweigen. Und so schwer das auch fällt – im Satsang fällt es leichter als irgendwo sonst. Mag der Lehrer reden, mögen die Schüler fragen oder sich schütteln – die zugrunde liegende Stille hat eine Schwerkraft, die allmählich alle Gedanken einsaugt. »Ich saß manchmal im Satsang, habe geurteilt, war gelangweilt, habe gezweifelt, war gereizt, weil ich unbequem sitzen musste«, erzählt Isaac Shapiro. »Dann irgendwie, mitten in all dem, kam der Verstand von selbst zur Ruhe. Die Liebe begann von selbst zu erblühen.«

Der Verstand kommt von selbst zur Ruhe – weil ein Lehrer anwesend ist. Einige sagen: Er saugt etwas auf. Wie ein Staubsauger. Wie ein Vakuum. »Ramana Maharshi war keine Person«, schreibt sein Schüler Paul Brunton. »Er war eine Leere, in die die Gedanken der anderen fallen konnten.« Andere behaupten: Vom Lehrer geht eine Übertragung aus. Allmählich überträgt sich seine Stille auf die Schüler.

In der Wirkung ist das gleich. Der Gedankenstrom wird dünner. Die Beschäftigung mit dem, was getan und gesagt wurde, lässt nach. Das Fantasieren über das, was kommen könnte, hört auf. Und wenn beides aufgehört hat, wenn also Vergangenheit und Zukunft unbedeutend geworden sind, dann ist etwas Sonderbares erreicht: die Gegenwart. Der augenblickliche Moment. Ganz entspannt im Hier und Jetzt: Plötzlich stimmt die Formel. Und siehe da, im gegenwärtigen Moment gibt es keine Probleme. Da ist Frieden.

Es ist genau dieser Frieden, nach dem die Satsang-Besucher süchtig werden. »Wenn du das einmal geschmeckt hast, wirst du immer dahin zurückkehren«, versichert Gangaji. »Dein Leben wird immer stärker von dieser Stille gefärbt, du saugst sie immer mehr auf, wie ein Schwamm«, garantiert Cyrus. »Jeder weitere Eindruck verstärkt den Duft von Freiheit und Glück«, verspricht Francis Lucille.

Das klingt gut. Und sicher gilt es für die regelmäßigen Satsang-Besucher. Aber es gibt auch andere, die einmal oder zweimal kommen und dann nie wieder, weil ihnen das Gesagte allenfalls mittelmäßig und das Schweigen ziemlich langweilig vorkamen.

Die Musik

Fast immer gibt es Musik im Satsang. Manchmal von einer CD, häufig auch live, und gelegentlich dürfen die Zuhörer mitsingen. Bevor der Satsang-Lehrer auftritt, läuft zur Einstimmung milde meditative Musik, die harmonisierende Wirkung hat oder wenigstens guten Willen und Frieden auf Erden ausdrückt. Wenn der Lehrer abtritt, gibt es ähnliche Musik noch einmal zum Ausklang. Und manchmal auch zwischendurch.

Bei vielen Lehrern haben sich unter den Schülern Musiker gefunden, die regelmäßig aufspielen. Zuweilen sind es sogar kleine Ensembles, die mit Gitarre, Flöte, Keyboards,

Percussion und Gesang den Einstieg und Ausstieg des Satsangs zu einem kleinen Konzert veredeln. Ihre Musik gibt es anschließend auf CDs zu kaufen. Einige Lehrer, wie Nick Ardagh oder Cyrus, haben ein Faible für tanzbare Rhythmen und erschrecken die feierlich entschlummerte Zuhörerschaft gern mit Techno.

Es kann aber auch sein, dass der Satsang-Lehrer selber singt. Madhukar stimmt mitten in der Stille unvermittelt das *Gayatri*-Mantra an, und zwar nach einer Melodie, die er vielleicht aus Indien mitgebracht hat und die jedenfalls keiner so recht mitsingen kann. »Möchte noch jemand ein Lied singen?«, fragt er freundlich. Und weil sich keiner meldet, scherzt er: »Diese Frage ist der schnellste Weg, in Deutschland einen Saal zum Schweigen zu bringen.«

Doch im Allgemeinen ist der Saal zaghaft, doch unüberhörbar zum Mitsingen bereit. Die Lieder sind einfach, die Texte bestehen oft nur aus wenigen Zeilen, die unablässig wiederholt werden, wie es in Mantren und Gebeten üblich ist. Zuweilen klingen die Lieder recht fromm.

Zu den Greatest Hits der Szene gehört das christlich inspirierte »Wenn zwei oder drei in meinem Namen zusammen sind«, gern im Kanon gesungen wie damals auf der Kirchenfreizeit. Ebenso bibelfest klingt das im Dreiklang gemurmelte »Frieden auf Erden für alle Menschen«, Tonsicherheit ist nicht erforderlich.

Den Text des *Gayatri*-Mantras muss niemand beherrschen, aber die meisten kennen ihn: »*Om Bhur Bhuva Svahah, Tat Savitur Varenyam, Bhargo Devasya Dhee-*

mahi, Dhiyo Yo Nah Prachodayat.« Die Schreibweisen variieren. Die Übersetzung lautet ungefähr: Ich meditiere zur höchsten, selbst erleuchteten, göttlichen, kosmischen Macht, die der Schöpfer des gesamten Universums ist, um meinen Verstand zur Selbstverwirklichung voranzutreiben.

Aber auf die Bedeutung kommt es nicht weiter an. Die Lieder, indisch *Bhajans* genannt, gelten allemal als heilsam. Es geht um meditative Einstimmung und um das Gefühl von Gemeinsamkeit. Erwachen bedeutet auch: das Gefühl der Trennung auflösen. Im gemeinsamen Singen oder »Chanten« gibt es davon einen Vorgeschmack.

Ob die Lieder indisch sind und Shiva verehren, ob sie von den Sufis, aus einem Ashram oder von Greenpeace-Aktivisten überliefert sind, ist nebensächlich. Auch in musikalischer Hinsicht. Weil die wegweisenden Aufnahmen von Amerikanern kommen, haben selbst komplizierte altindische Tonfolgen ihren Weg zu Dur und Moll gefunden und sind leicht mitzusingen und leicht zu begleiten. In ihren weichgespülten Versionen erinnern sie an den freundlichen Pop der Flower-Power-Ära, ein bisschen folkloristisch, ein bisschen schnulzig, insgesamt freundlich.

Zuweilen wird auch einfach nur ein *Om* angestimmt. Das ist der Klang, der am schnellsten in die Stille führt.

Der Dank

»Danke für Satsang«, sagt der Satsang-Lehrer nach ungefähr anderthalb Stunden. Oder er sagt: »*Om Shanti.*« Oder: »Mögen alle Wesen in Frieden und Harmonie leben. Mögen alle Wesen ihre wahre Natur erkennen.« Oder er sagt gar nichts und legt nur die Hände zum Namaste-Gruß zusammen, sodass jeder weiß: Das war's für heute, ich kriege den Bus noch und komme gerade pünktlich zur Late Nite Show nach Hause.

Der Lehrer sieht noch einmal alle an, wie am Anfang von links nach rechts, jeden einzeln, nun etwas kürzer als zu Beginn. Er will auch nach Hause. Ein paar enge Mitarbeiter, *Devotees* genannt, folgen ihm oder halten die Tür auf. Die anderen bleiben noch ein wenig sitzen, damit er sich ungestört entfernen kann. Wenn sie nach einigen Minuten aufstehen, ist er draußen schon nicht mehr zu entdecken. Und noch weniger steht er jetzt für lange Vier-Augen-Gespräche zur Verfügung. Solche Gespräche gibt es, aber sie müssen vorher vereinbart werden.

Doch etwas vom Lehrer ist noch geblieben. Nicht nur in den Herzen. Auch auf Verkaufstischen. Die stehen am Ausgang oder in dem Raum, in dem jetzt die Schuhe wieder angezogen werden. Hier liegen Schriften, Kassetten, Bücher, Fotos. Ein reges Merchandising folgt dem Wunsch der Besucher, auch zu Hause Satsang-Atmosphäre herzustellen oder die Autofahrt mittels Kassetten spirituell zu verfeinern.

Den Anstoß für diese Produktion gibt nicht immer der Lehrer. Oft hängt es mehr von seinen Devotees ab und von der Qualität ihrer technischen Ausstattung, was von ihm aufgezeichnet, vervielfältigt und vertrieben wird. Bei den Büchern handelt es sich um Satsang-Mitschriften, also um lockere Folgen von Fragen und Antworten, die sich, um all das Schweigen gekürzt, weise und schlagfertig lesen wie einst die Dialoge des Sokrates. Anders als im aktuellen Satsang sind sie in den Büchern thematisch sortiert.

Einige Lehrer haben auch selbst Bücher geschrieben, etwa Pyar Troll, Nick Ardagh und Raphael. Und auf fast allen Verkaufstischen werden die Satsangs der Ahnen feilgeboten: Gespräche mit Ramana, Nisargadatta, Ramesh Balsekar und Robert Adams, allesamt verlässliche Klassiker.

Bei Video- und Tonkassetten ist es ratsam, den Verkäufer nach seiner Lieblingskassette zu fragen. Die Titel sagen wenig über den tatsächlichen Inhalt. Wer gut Englisch kann, ist bei einem englischsprachigen Lehrer besser bedient, wenn er auf Kassetten mit Übersetzung verzichtet. Auch eine freundliche Frage nach Bild- oder Tonqualität empfiehlt sich. Bei manch einer Tonkassette ist das akustische Verständnis derart schwierig, dass sie geradezu auffordert, abzuschalten und die Stille lieber direkt und live zu genießen.

Erleuchtung für Genießer

Satsang-Tourismus

Ich würde zu jedem Satsang gehen, der angeboten wird«, sagt Samarpan großzügig. »Die besondere Schwingung ist überall dieselbe.« Wer das beherzigt, wird überall auch dieselben Zuschauer wiedertreffen. Eine erkennbare Schar von Unentwegten nutzt jedes Gastspiel in der Stadt, um sich von jedem Meister erleuchten zu lassen. Alle nippen von der energiegeladenen Stille oder schwelgen darin oder langweilen sich. Jeder Meister vollbringt so etwas wie die Speisung der Vielen, und jeder kocht ein wenig anders.

»Satsang ist keine Theatervorstellung, bei der man sich Erwachte ansieht und Informationen mit nach Hause nimmt«, spricht der österreichische Meister Yod. Doch eine Art spirituelles Entertainment ist auch dabei. Jedenfalls für den unerwachten Zuschauer. Und wenn es auch nicht als Theater gemeint ist, so hat es doch genau den Effekt, den das Theater nach der Definition des ruhmreichen Aristoteles erzielen soll: die Katharsis des Zuschauers, also seine Klärung und Reinigung, seine Aufhellung.

Der Eindruck eines einzigen Erwachten reicht vielleicht noch nicht. Aber wer drei oder vier gesehen hat, merkt unausweichlich, dass ihr Auftritt entschieden mehr bringt als der Auftritt eines Popsängers, Komödianten oder Kinohelden. Quotenstars verblassen, literarische Geistesheroen und umraunte Pianisten verlieren an Attraktivität. »Erleuchtung ist ansteckend«, freut sich Satsang-Lehrer Mario Nette. »Durch die Schwingungen des Erleuchteten kommt es zur Auslösung innerer Prozesse, ja sogar zur Übertragung der Erleuchtung.«

Weil eine hundertprozentige Übertragung aber doch eher selten ist, grassiert zunächst die Suche nach dem richtigen, klarsten oder angenehmsten Übermittler. Diese Suche steht hinter dem Phänomen des Satsang-Tourismus, der die Erleuchtungsreisenden mit ihren Kissen, Wasserflaschen und rutschfesten Seminarsocken durch die Seminarräume treibt. Wer in einer Universitätsstadt wohnt, hat gute Aussichten, im Laufe eines Jahres allen bekannten Lehrern persönlich in die Augen zu schauen. Magazine wie *Connection* oder *Mensch & Sein* geben in ihren Satsang-Kalendern laufend darüber Auskunft, wer wann wo zur Verfügung steht.

John de Ruiter muss man mal gesehen haben. Eine Reise zu Mother Meera nebst Handauflegen und Zehn-Sekunden-Blick ist eine Reise nach Mekka; man macht sie einmal im Leben und ist dann aller Sünden ledig. OM C. Parkin bietet dem Intellekt das schmackhafteste Futter. Bei Samarpan ist es am lässigsten. Mit Byron Katie geht es dramatisch und lustig zu. Pyar Troll bietet die beste Bodenhaftung. Mikaire ist provozierend. Artur ganz still. Mag die Substanz bei allen dieselbe sein, die äußere Darbietung unterscheidet sich, einfach weil die Persönlichkeiten sich unterscheiden. Und die sind mit der Erleuchtung nicht verschwunden.

Für den Suchenden ist die Phase des Vagabundierens eine unterhaltsame und bisweilen aufregende Orientierungsstufe. Sie erlaubt dem Neugierigen, auf Distanz zu bleiben und trotzdem ein paar Spritzer mitzubekommen von der reinigenden Energiedusche des Meisters. Ein bisschen anfunken lassen, relaxen, Frieden tanken, Weisheit hören und dabei preisgünstig die innere Lichtmaschine aufladen lassen, das genügt. Jedenfalls fürs Erste.

Irgendwann reicht es nicht mehr. Irgendwann schmecken die wechselnden kleinen Kostproben nach mehr. Nach intensiverer Begegnung. Das Besichtigen eines Meisters nach dem anderen (Darshan) bringt muntere Abwechslung, Aufhellung, Tiefentspannung, aber keine Intensität. Das ist so, als bliebe man immer nur im Flirtstadium. Irgendwann will man richtig ran an den Speck.

»Willst du wirklich die Wahrheit wissen?«, fragt Byron Katie auf der ersten Seite ihres Arbeitsbuches. Und bietet zwei Kästchen zum Ankreuzen: Ja/Nein. Wenn der Erleuchtungstourist nach langem Zögern sein Kreuzchen beim Ja macht, weil er zur Überzeugung gelangt ist, dass die Wahrheit so schlimm eigentlich nicht sein kann, im Gegenteil, weil nur die Wahrheit Freiheit bringt – dann entscheidet er sich ganz von selbst für einen Lehrer und lässt die anderen weiterreisen. Vorausgesetzt, er oder sie will überhaupt einen Lehrer haben. Was mindestens bedeutet, dass relativ regelmäßig ein Abend oder ein Wochenende zu opfern ist. Das muss nicht sein. Aber einiges spricht dafür.

Die Rolle des Lehrers

»Wenn du mit einem Lehrer sein sollst, wirst du mit einem Lehrer sein«, erklärte der erleuchtete Robert Adams kurz und bündig. »Und wenn du alleine sein sollst, wirst du allein sein.« Adams selbst suchte verschiedene Lehrer erst auf, nachdem er bereits erwacht war.

Tatsächlich gibt es eine glanzvolle Reihe von Erleuchteten, die niemals einen persönlichen Lehrer hatten. Zumindest nicht in dem Leben, in dem sie erwachten: Ramana Maharshi, Krishnamurti, Osho, John de Ruiter, Leonard Jacobson, Tony Parsons, Byron Katie, Eckhart Tolle. Ihnen schaut keine Ahnenreihe bärtiger Meister über die Schulter, sie haben keine versiegelten Schriftrollen studiert, murmeln keine Mantras, verbeugen sich nicht nach geheiligtem Ritus, stellen keine Fotos von Gurus auf. Keiner von ihnen kommt aus einer einschüchternden Tradition.

Bei ihren Schülern ist das schon anders. Denn natürlich haben sie Schüler. Es wird zahlreiche Erwachte und Erleuchtete geben, die keine Schüler hatten und haben. Doch die kennen wir nicht. Sie wirken im Stillen oder nicht einmal das und legen keinen Wert auf Überlieferung. Aber von den Erleuchteten, die sich zu Wort gemeldet haben, empfehlen fast alle die Unterstützung eines erwachten Lehrers.

»Es scheint mir fast unmöglich, dass jemand den Übergang zur Einheit des Bewusstseins ohne Lehrer schafft«, notiert Satyam Nadeen. Er selbst freilich erwachte ohne Lehrer, nämlich in einer Gefängniszelle – aber wenigstens bei der Lektüre von Satsang-Mitschriften. Live ist besser, beteuert er jetzt, da er selbst Satsangs gibt. Und der Kollege Isaac Shapiro beschwört seine Schüler: »Das Glück, jemanden zu finden, der erwacht ist, ist unbeschreiblich. Es erhöht deine Chancen um ein Zehntausendfaches.«

Also her mit den zehntausendfachen Chancen! Wo steckt der erwachte Lehrer? Welcher ist der Richtige? Wie ist er im wachsenden Angebot zu finden? Sonderlich auffällig ist er in keinem Fall. »Ein Erwachter ist ganz gewöhnlich«, versichert Eckhart Tolle. »Während alle anderen emsig damit beschäftigt sind, sich als jemand Besonderes zu geben, lebt er völlig normal.« Wobei Eckhart Tolle selbst ein besonders auffallendes Beispiel von Unauffälligkeit ist. Der Lehrer von heute wohnt nicht in einer nach Osten ausgerichteten Höhle im Himalaya, sondern in einer biederen Dreizimmerwohnung im Plattenbau. Er trägt kein härenes und kein glänzendes Gewand, sondern preisgünstige Ausverkaufsware. Er hat keine Blumen im Haar. »Sein einziges Erkennungsmerkmal«, erklärt Satyam Nadeen, »ist das offensichtliche Glücksgefühl, das aus ihm hervorstrahlt.« Und selbst darauf ist nicht unbedingt Verlass.

Doch die Unscheinbarkeit ist kein Hindernis. Wer Erleuchtung sucht, braucht sich nicht die mindesten Sorgen zu machen. Denn der Lehrer stellt sich pünktlich ein. Zum perfekten Zeitpunkt. Er ist sogar schon da, behaupten die Erwachten, die es ja wissen müssen. Er wartet geduldig. Er ist bereit. Bitte sehr. »Es kann höchstens sein, dass du ihn triffst und doch verpasst«, sagte Nisargadatta. »Weil du einfach selbst noch nicht bereit bist.« Macht auch nichts. Man wird sich wieder treffen.

Nach Aussage der weisen Meister ist das Treffen schlicht unvermeidbar. Wer diese Zeilen hier liest, kann es schon gar nicht mehr abwenden. Zu spät. »Wenn der Verstand einmal von der Erleuchtung erfahren hat, wenn ein Mensch von dieser Möglichkeit nur ein einziges Mal gehört hat, wird er es nie mehr vergessen«, versprach Nisargadatta. »Es ist die erste Botschaft von innen. Sie wird Wurzeln schlagen und wachsen, und im Laufe der Zeit wird sie die gesegnete Gestalt eines erleuchteten Lehrers annehmen.«

Im Laufe der Zeit? Etwa nach zwei bis drei Leben? OM C. Parkin nennt den Treffpunkt genauer, so präzise es eben in diesen zeitlosen Gefilden möglich ist: »Wenn die Sehnsucht nach Befreiung einen Grad erreicht, der alle anderen Wünsche übersteigt, dann wird sie unfehlbar ihren Weg zu einem Lehrer finden.«

Bis dahin bleibt Zeit zum Aufschieben und Platz für Zweifel. Soll ich als Frau zu einer Frau gehen, als Mann zu einem Mann? Ist einer aus der Ramana-Tradition besser oder einer mit Osho-Background oder noch lieber einer, der es traditionsfrei und ohne Guru geschafft hat? Wähle ich einen, der ganz still ist und mich in Ruhe lässt, oder einen, der mich packt und herausfordert? Und bürgt nicht ein berühmter Lehrer, von dem es viele Bücher und Bänder gibt und auf den sich viele berufen, für ein schnelleres Erwachen als ein schmuckloser Newcomer ohne Referenzen? Besteht die Gefahr, dass ich abhängig werde? Verliebe ich mich in den erleuchteten Lehrer, so wie eine Klientin sich in den Therapeuten verliebt?

Alles ganz gleichgültig. »Es ist nicht möglich, mit den Mitteln des denkenden Geistes den Lehrer zu finden«, betont OM C. Parkin. Francis Lucille verspricht: »Die stille Präsenz in deinem Herzen wird den Duft der Wahrheit und Liebe, der von deinem Lehrer ausgeht, genauso erkennen, wie der Instinkt der Biene von fern die Blume erkennt.« Und Nisargadatta gab den Hinweis: »Die einzige Möglichkeit, den richtigen Lehrer zu beurteilen, ist die Veränderung, die du in dir selbst beobachten kannst, wenn du in seiner Gesellschaft bist. Wenn du mehr in Frieden bist, wenn du dich glücklicher fühlst, wenn du dich selbst mit mehr als der üblichen Klarheit und Tiefe sehen kannst, dann hast du den richtigen Menschen gefunden.«

Das sagte Nisargadatta vor vierzig Jahren, als erleuchtete Meister selbst in Indien selten waren. Inzwischen gibt es jenes schwer erklärbare Phänomen, das Satyam Nadeen »The Shift« nennt, das Silvia Wallimann als »Umpolung« und Gangaji als »Quickening« bezeichnet und das der greise Beatles-Guru Maharishi Mahesh Yogi als »Zeitalter der Erleuchtung« feiert. Was immer der Grund sein mag: Inzwischen ist die Erfahrung von Frieden, Glück, Klarheit, Tiefe mit vielen Erwachten möglich. Erst diese Tatsache macht ja den Erleuchtungstourismus so attraktiv.

Doch nach einigem Umherstreifen geschieht mit einem der vielen Lehrer eines Tages noch mehr. »Zu irgendeinem Zeitpunkt wird durch seine Worte und Gesten, den Tonfall seiner Stimme und den Blick seiner Augen und durch seine stille Gegenwärtigkeit eine Verschmelzung im Herzen stattfinden«, sagt Francis Lucille. »Diese Begegnung weckt in dir die völlige Gewissheit, dass du denjenigen gefunden hast, den du suchtest. In dieser Begegnung mit deinem Meister begegnest du der grundlegenden Freundlichkeit und Intelligenz, die euch beiden gemeinsam ist – du begegnest dir selbst. In diesem direkten Erkennen ist die Essenz der Erleuchtung schon enthalten.«

Dann gibt es endgültig kein Zurück mehr. »Nun setzt die Schwingung der Freiheit die Erkenntnis in Gang«, frohlockt Tony Parsons. »Jetzt geht es von selbst«, freut sich Leonard Jacobson. Nur ein Ausweichen zur Seite ist immer noch möglich. Und es gibt auch Anlässe zum Ausweichen, wie in jeder nahen, seelisch intimen Verbindung. »Mit jedem Lehrer wird es irgendwann unbequem, weil das Ego rebelliert«, erläutert Eli Jaxon-Bear. »Es gibt Flitterwochen in der Beziehung zum Lehrer, in denen du Glückseligkeit erfährst. Das ist wichtig und nötig. So werden die Bande geknüpft. Dieses Glück ist die Wahrheit.

Dann steigt das Ego auf, um diese Wahrheit herauszufordern. Auch das ist natürlich. Das Auftauchen des Egos ist der Wirklichkeitstest.«

Mit anderen Worten, nach Begeisterung und Glückserfahrungen in seiner Anwesenheit könnte es sein, dass der Lehrer nervt. Natürlich nicht immer, aber ab und zu. Etwa so: Ich bin treu Woche für Woche hingegangen, jetzt schon über lange Zeit, trotzdem streift er mich neuerdings nur mit einem kurzen Blick. Andere sieht er liebevoll und innig an, mich mustert er ernst, so als sei ich bei ihm fehl am Platz oder mache irgendetwas falsch. Mache ich etwas falsch? Andere Schüler, die schwachsinnige Fragen stellen, können auf seine ungeteilte Aufmerksamkeit zählen. Mich, der ich mich wirklich bemühe, fertigt er kurz ab, mit Antworten, die ich mir besser aus einem Buch hätte holen können. Ich wäre gern auch privat mit ihm befreundet, aber das lässt er nicht zu. Er kommt mir inzwischen vertraut vor, aber jetzt behauptet er, jede »Beziehung« sei eine Illusion. Wenn ich etwas frage, was mir wirklich auf dem Herzen liegt, sagt er: »Du fragst immer dasselbe!«

All das und noch mehr bietet Reibungsflächen. Gewöhnlich verlassen die Schüler jeden Satsang geklärt, aufgehellt, reicher an innerer Stille. Manchmal jedoch ist das Gegenteil der Fall. Es kommt sogar vor, dass ein Satsang-Lehrer einem Schüler den Mund verbietet. Ja, dass er ihn auffordert, das Treffen vorzeitig zu verlassen. »Gebt ihm sein Geld zurück.« Das wurmt den Schüler nachhaltig. Beim nächsten Mal geht er beklommen hin, wenn er überhaupt noch zurückkehrt. Der Lehrer begrüßt ihn, als sei nichts vorgefallen. Ist es auch nicht, aus Sicht des Lehrers. Nur das Bild, das der Schüler von sich selbst hat und das er sich vom Lehrer gemacht hat, ist erschüttert worden.

Alle Vorstellungen werden mit der Zeit erschüttert. Das ist das Missliche: Das Zusammensein mit einem Erwachten festigt nicht die bisherige Position. Satsang unterstützt nicht das, was der Suchende bisher für sein Selbstbewusstsein gehalten hat. Satsang unterstützt ein viel tieferes Vertrauen. Dieses viel tiefere und tatsächlich unerschütterliche Vertrauen muss nicht aufgebaut werden. Es wird lediglich freigelegt. Alles, was darüber liegt allerdings, zum Beispiel mühsam aufgebautes Selbstbewusstsein, zerbröckelt.

Sein Selbstbewusstsein hat der Suchende sich wie jeder Mensch zusammengeharkt aus seinen Leistungen und Talenten. Aus finanzieller Sicherheit oder aus kreativen Fähigkeiten. Aus seinem Aussehen oder Charme. Aus seiner Fähigkeit, zu reden oder zu singen oder zu malen oder Sex zu machen oder zuzuhören. Aus lauter liebenswerten Eigenschaften, die ihm andere bestätigt haben. Aus Lob und Anerkennung, die ihm über Jahre zuteil wurden. Aus der Zuwendung von Freunden und Partnern.

Dass dieses Selbstbewusstsein zerbrechlich ist, ahnt jeder. Jeder merkt es auch irgendwann. Spätestens gegen Ende des Lebens. Meistens schon etwas früher, im Falle einer Katastrophe. Also bei einer bedrohlichen Krankheit, beim Verlust des Vermögens oder beim Verlust einer nahen Person, beim Einsturz eines Hauses oder beim Einsturz einer

Zukunftsvision. Das, was bisher Selbstbewusstsein gab, trägt dann nicht mehr. Die Sicherheit war trügerisch.

Im Satsang, dann jedenfalls, wenn die Begegnung mit dem Lehrer länger währt und intensiv wird, wird das jedem Schüler klar. Er spürt es früher, als er es ohne Lehrer gespürt hätte. Und es läuft sanfter ab, als es ohne Lehrer gelaufen wäre. Weil das tiefere Vertrauen schon spürbar ist. »Wenn eine längere Begegnung stattfindet, kann Tiefe entstehen«, erläutert Meister Yod. »Und dazu das Vertrauen, das du brauchst, um Altgewohntes loszulassen.«

Altgewohntes loslassen: Das war eine der beliebtesten Redewendungen in den verblichenen Jahrzehnten von Esoterik und Therapie. Im Satsang geschieht das wirklich. »Aber nicht du lässt es los, das brauchst du gar nicht erst zu versuchen – sondern es lässt dich los«, erklärt Byron Katie. Und dabei ist der Lehrer behilflich. »Er kann darauf hinweisen, dass etwas für das Erwachen nicht passend oder hinderlich ist«, sagt Satyam Nadeen. Bei ihm selbst war in der entscheidenden Phase kein Lehrer zugegen. »Das soll aber nicht heißen, dass all die vorhergehenden Lehrer mich nicht auf das Erwachen vorbereitet, also meine verfestigten Strukturen aufgeweicht hätten.«

Verfestigte Strukturen werden weich, Gewohnheiten verlieren ihre stützende Kraft. Das geschieht von selbst. Und zwar durch die Präsenz des Lehrers. Keine Technik ist dazu nötig, keine therapeutische Methode. Doch ein paar Erläuterungen sind hilfreich, wenn dem Schüler, der ja eigentlich nur glücklicher werden will, die bewährten Haltegriffe entgleiten. Was ihm bisher Selbstvertrauen einflößte, muss er feststellen, hatte in Wahrheit gar nichts mit ihm selbst zu tun. Mit Bewusstsein sowieso nicht. Was bisher Halt geboten hat, war kein wirklicher Halt.

Das hat der Schüler immer vage geahnt oder unterschwellig befürchtet. Im Satsang wird es nun vollkommen klar. Das kann vorübergehend schmerzlich sein, zumal auf seltsame Weise die Basis des bisherigen Lebens bröckelt. So als habe sich die äußere Welt verschworen, das Loslassen zu fördern, wird das Leben unsicherer. Nicht in jedem Fall. Aber meistens. Alle Welt scheint mitzuarbeiten an der Befreiung des Schülers. Auch wenn er sich sträubt.

»Mir bricht im Augenblick alles zusammen!«, berichtet eine Schülerin. »Hört sich gut an«, nickt der Lehrer freundlich. Er wird nur selten auf herkömmliche Weise trösten. Er wird nicht sagen: »Das kommt schon wieder in Ordnung.« Oder: »Denke immer dran, dass Gott dich beschützt.« Oder: »Jetzt solltest du den Energiefluss deines dritten Chakras verbessern.« Der Lehrer erteilt überhaupt kaum einen nützlichen Rat. Wozu ist er eigentlich da?

Um zu zeigen, dass kein Rat benötigt wird. »Suche dir einen Lehrer, der dir überhaupt nichts gibt«, rät Satsang-Lehrer Tony Parsons. »Keine Hoffnung, keine Methode. Keine Aufforderung, dich zu ändern. Kein Angebot, dich irgendwo hinzubringen. Du musst nirgends hin. Suche dir jemanden, der deine Konzepte und Glaubenssysteme zerstört. Der dich immer zurückwirft auf das, was ist. Jetzt. Hier.«

Zerstören, zurückwerfen – das hört sich herbe an. Ist aber im Satsang einigermaßen einfach und wohltuend. Und auf tiefere Weise tröstlich. Der Lehrer wird darauf hinweisen, dass nichts verloren ist, wenn der Job verloren ist. Dass nichts fehlt, wenn die Beziehung in die Brüche gegangen ist. Ja, dass nicht einmal etwas vermisst wird, wenn der Körper sich verabschiedet.

Tröstlich ist das deshalb, weil er es nicht als Lehre mitteilt. Nicht als Weisheit, die der Schüler beherzigen sollte. Vielmehr führt er den Schüler selbst zu dieser Erkenntnis. Manchmal allein durch einen langen Blick in die Augen. Häufiger durch Fragen: »Was fühlst du im Herzen? Was ist das? Wer ist sich dessen bewusst? Was fehlt? Was ist jetzt?«

Der Erwachte lehrt eben nicht, sondern er *leert*. Er sorgt dafür, dass all die Glaubenssätze, die dem Glück oder der Stille hinderlich sind, sich auflösen. Dass alles, was den Frieden verdeckt, durchschaut wird. Dass der Schüler merkt, dass er gar nichts zu tun braucht, um glücklich und in Frieden zu leben.

Nichts muss bereut, nichts muss verbessert, nichts verändert werden. Nichts wird benötigt. Das ist ja gerade der Witz. Das ist die angenehme Erkenntnis, zu der ein Erwachter erwacht ist. Und die ein Schüler im Satsang immer wieder erlebt. Das Glück ist schon da. Der Frieden ist da. Jetzt, hier, im Augenblick. Und immer nur im Augenblick, immer von neuem.

Der Erwachte hat das kapiert. Während alle anderen,

wir zum Beispiel, noch glauben, Glück ließe sich erreichen, Frieden ließe sich schaffen. Während wir uns also fleißig abmühen und uns anstrengen und kämpfen. Warum tun wir das, wenn es anders einfacher geht?

Aus Gewohnheit. Unser Verstand tut das. Unsere Gedanken nötigen uns zur Sorge. Unsere Gefühle lassen uns keine Ruhe. Unsere Wünsche treiben uns. Unsere Furcht. Unser Glaube, unvollständig oder falsch zu sein, hindert uns am Erwachen. Mit einem Wort, am liebsten einem englischen: Der *Mind* hat Schuld.

Abschied vom Verstand

Es kommt vor, dass Satsang-Besucher sich beklagen. »Mein Mind urteilt und kommentiert alles«, seufzen sie. Oder: »Mein Verstand lässt mich einfach nicht zur Ruhe kommen.« Und mit schlechtem Gewissen: »Ich gerate immer wieder ins Denken.« Noch sonderbarer: »Ich komme einfach nicht in den No-Mind.«

No-Mind ist gut. Denken ist nicht so gut. Verstand ganz schlecht. Der Verstand oder *Mind* gilt als Hauptverhinderer von wohlverdientem Glück und Frieden. Dabei ist mit Mind nicht nur der ohnehin verdächtige Intellekt gemeint. Der Begriff »Mind« bezeichnet im Englischen alles, was in Gedanken vor sich geht, samt tieferen Seelenregungen. »If you could read my mind« heißt: Wenn du meine Gedanken lesen könntest, Gefühle inklusive.

Dieser Mind genießt also nur noch wenig Sympathien. Unter den Erleuchteten und mehr noch unter ihren Schülern herrscht Einigkeit, dass er zu wenig oder gar nichts taugt. Er verhindert die Freiheit. Stört die Harmonie. Er ist Schuld, wenn die Stille nicht still werden will. Erwachen bedeutet: den Mind zurücklassen. Die innere Dauer-Talkshow beenden. Die Tätigkeit des Verstandes sollte, wenn nicht abgeschafft, so doch drastisch heruntergefahren werden. Am besten auf Stand-by. Denn fast alles geht auch ohne Denken. Sogar viel besser.

»Du brauchst nichts zu wissen«, versichert Artur. »Der Verstand kann die Wahrheit ohnehin nicht begreifen«, erklärt Francis Lucille. »Denken ist eine unglaubliche Selbstbeschränkung«, findet OM C. Parkin. »Du brauchst nichts herauszufinden«, meint Byron Katie. »Hör auf, über die Welt und deine Probleme nachzudenken«, rät Robert Adams. »Befreie dich vom Verstand«, fordert Eckhart Tolle. Isaac Shapiro mahnt: »Fang nicht an zu denken!« Eli Jaxon-Bear: »Deine Gedanken haben nicht mehr Bedeutung als beliebige Geräusche da draußen.« Und Gangaji: »Denken heißt: auf Knochen vom Friedhof herumkauen.«

Das klingt nach mittelschwerer Beleidigung des abendländischen Geistes. Hieß es da nicht mal: »Ich denke, also bin ich«? Doch, ja, so hieß es. Aber das war ein beklagenswerter Irrtum, erfahren wir nun. Die Erwachten freuen sich mehr über das, was Lao Tse sagte: »Denken für Wissen zu halten bedeutet Leiden. Wahre Weisheit besteht in dem Wissen, dass du nichts weißt.« Ähnlich sprach der christliche Vordenker Thomas von Aquin: »Das höchste Wissen ist, nichts zu wissen.« Und wer nie etwas von Sokrates gelesen hat, kennt dennoch sein berühmtestes Wort: »Ich weiß nur, dass ich nichts weiß.« Mit kokettem Witz haben es die Philosophen aller Orte und Partys seither wiederholt. Jetzt, bei den Erleuchteten, wird Ernst damit gemacht. Die höchste Punktzahl gibt es nur noch für komplettes Nichtwissen.

Zugegeben, ein paar rudimentäre Kenntnisse sind noch erlaubt. Dass man den Fön nicht mit ins Badewasser nimmt, dass Sex zur Schwangerschaft führen kann oder dass an manchen Straßen rechts Vorfahrt hat – das zu wissen schadet nichts. Aber es bringt auch nichts. Das Unglück kommt ja trotzdem. Wenn nicht von rechts, dann überraschend von links. Und im Zweifelsfall von oben. Kein Wissen rettet letzten Endes. Und das ist ja auch jedem vage bewusst. Wer nicht erwacht oder erleuchtet ist, empfindet sich trotz aller Kenntnisse stets als latent gefährdet. Wir sammeln unsere Einsichten und entwickeln Strategien, um uns abzusichern. Um uns von Sorgen zu befreien. Um glücklich zu sein. So ganz klappt es nie.

»Meint ihr, ihr könnt durch euer Sorgen eurem Leben auch nur einen einzigen Tag hinzufügen?«, sprach ein Satsang-Lehrer vor zweitausend Jahren. Natürlich hatte er Recht. Aber er hatte auch gut reden; er genoss die Privilegien eines Gottessohnes. Er sagte allerdings noch etwas anderes, den meistbelächelten Satz der Bibel: »Selig sind, die arm im Geiste sind.« Das wird meist scherzhaft angewandt auf Leute, die sich besonders dämlich benommen haben. Doch Jesus hat vermutlich nicht an Dorftrottel gedacht oder an jene Anstaltsinsassen, die entrückt vor sich hin lächeln. Vielmehr hat er wohl diejenigen gemeint, deren Geist still ist. Also arm an Inhalt. Leer von Wissen. Frei von Gedanken. Mithin vollkommen offen.

Stehen Gedanken etwa dem Glück im Wege? Ja, davon ist im Satsang die Rede. Verhindert Wissen den Seelenfrieden? Zumindest fördert es ihn nicht. Legen wir eine Gedenkminute ein für jene Klassenkameraden, die das Abitur mit 0,8 absolvierten. Sie waren damals schon nicht erkennbar glücklicher als diejenigen, die vor der mittleren Reife abgingen. Die, die reich im Geiste waren, hatten bessere Startchancen, hieß es. Startchancen wofür? Um sich eine solide Grundlage für das Glück zu erarbeiten? Bei späteren Klassentreffen war von solchem Glück nichts zu merken. Im Gegenteil, Leute, die viel zu wissen scheinen, machen oft einen besonders verkorksten Eindruck. Aber natürlich geht es gar nicht nur um Gelehrte und Intellektuelle. Sondern um jeden. Denn schließlich glaubt jeder, Bescheid zu wissen. Jeder meint zu wissen, wie es laufen sollte. Jeder glaubt fest an die eigenen Gedanken.

Genau das bringt Leiden, sagen die Erleuchteten von Lao Tse bis Byron Katie. Und damit soll nun Schluss sein. Eli Jaxon-Bear: »Dein Denken ist genauso wenig vertrauenswürdig wie dein Körper oder deine Gefühle.« Klingt unverschämt. Scheint jedoch zuzutreffen. Das Denken ist offensichtlich nicht vertrauenswürdig, sobald es auf Freiheit, Glück und Frieden zielt. Global haben selbst nobelpreiswürdige Erkenntnisse und Ursachenanalysen den Frieden nicht vermehrt. Individuell ebenfalls nicht.

Erkenntnisse und Schlussfolgerungen sorgen auch im persönlichen Leben nicht für inneren Frieden. Wer sich stets um Einsichten aus seinen Erfahrungen bemüht, ist im Alter vielleicht vorsichtiger, jedoch nicht erkennbar weiser denn als Kind; glücklicher erst recht nicht. Und wer sich einer professionellen Analyse unterzieht, wird nach etlichen Jahren interessant über seine Probleme berichten können. An Seelenfrieden hat er nicht gewonnen.

Warum eigentlich nicht? Weil alles Wissen die Wirklichkeit verfehlt. Weil kein Gedanke der Wahrheit entspricht. Und weil wir dennoch beharrlich unsere Gedanken der Wahrheit vorziehen. John Lennon fand dafür eine witzige Formel: »Life is what happens while you're making other plans.« Leben ist das, was geschieht, während wir andere Pläne schmieden. Leben geschieht, während wir uns Gedanken darüber machen.

Die Glücklichen, die erleuchtet oder erwacht genannt werden, haben keine Pläne für das Leben. Sie wollen das Leben keinen Deut anders haben, als es gerade läuft. Sie finden es spitzenmäßig. Sie sind völlig im Frieden mit dem, was ist. Sie machen sich keine Gedanken mehr darüber. Wieso denn nicht? Weil sie geschnallt haben, wie der Verstand funktioniert. Dass er Leiden bringt. Und dass es ohne viel besser geht. Sie winken dankend ab, frei, glücklich und in Frieden. Gedankenlos. Im »No-Mind«.

Schwer zu glauben. Aber die Leute strahlen einen Frieden und ein Glück aus, dass es sich lohnt nachzuhaken. Wie funktioniert denn der geschmähte Mind? Zunächst mal so gut, dass er uns niemals die Wahrheit sehen lässt. Der Mind breitet einen wabernden Teppich von Geschichten über der Wahrheit aus. »Du hältst dich entweder in der erinnerten Vergangenheit auf oder in einer vorgestellten Zukunft«, erklärt Satsang-Lehrer Tony Parsons. »Du bist ständig in einer Welt von Überlegungen, Erinnerungen, Konzepten, Vorstellungen, von Meinen und Glauben. Nichts anderes ist mit dem Begriff ›Maya‹ gemeint. Du bist nicht hier. Nicht jetzt. Was du erfährst, ist nie der gegenwärtige Moment. Sondern die Welt deiner Vorstellung. Es ist nicht die Wirklichkeit. Doch du hältst sie für real. Fast alle Menschen sind so in einer Illusion gefangen. Das ist der einzige Grund für das Leiden. Es gibt keinen anderen.«

Auf den ersten Blick sind Gedanken aus klugem Stoff gemacht: aus Analyse, Beurteilung, Informationsverwertung, immer getrieben von dem Wunsch, es besser zu wissen und alles in Zukunft günstiger zu regeln. Doch das Material aller Gedanken ist zwangsläufig Vergangenheit. Und die Zielrichtung ist immer Zukunft. Was bedeutet Vergangenheit? Vergangenheit bedeutet: gefilterte und arrangierte Erinnerungen. Und Zukunft? Zukunft bedeutet: Vorstellung und Fantasie. Vorstellung und Fantasie wiederum können nur recycelte Erinnerung sein, neu zusammengesetzt und nach vorn projiziert. Gegenwart hingegen, das was jetzt gerade ist, kann in den Gedanken nicht vorkommen. Gedanken sind ja Interpretationen, Deutungen, Beurteilungen, sind Schatten, die über die Gegenwart gelegt werden.

Satsang-Lehrer Artur erklärt das am schlichten Beispiel eines Baumes. »Wenn du einen Baum siehst, weißt du: Dies ist ein Baum. Er ist von dieser oder jener Sorte. Er verliert im Winter die Blätter. Er ist ungefähr so alt, so groß, so und so nützlich. All das ist als geistiges Bild sofort da. Du siehst nicht den Baum, sondern dein Konzept vom Baum. Das geschieht genauso, wenn du andere Menschen siehst. Du siehst sie durch die Filter deiner Konzepte. Dieses Gesicht erinnert dich an ein Gesicht aus der Vergangenheit; jene Verhaltensweise kommt dir bekannt vor. In enormer Geschwindigkeit assoziiert der Verstand und legt Konzepte über die Realität. Und das läuft größtenteils autonom ab.«

Autonom. Eckhart Tolle nennt es zwanghaft. Er vergleicht die unablässige innere Aktivität mit jenem chronischen Selbstgespräch leicht gestörter Mitbürger, die brabbelnd durch die Straße schlurfen oder solo in der S-Bahn räsonieren. Was sie tun, tut jeder. Die auffälligeren Existenzen tun es laut, alle anderen lieber leise und im Inneren, aber unaufhörlich. Nur die Erleuchteten, die tun es natürlich nicht. »Erleuchtung«, sagt Eckhart Tolle, und die Kollegen bestätigen es freundlich, ist »das Ende der Versklavung durch zwanghaftes Denken.«

Unsere Gedanken sind also keineswegs frei. Das Denken ist vielmehr, so die freche Diagnose weiser Meister, eine Art Sucht. »Was charakterisiert eine Sucht?«, fragt Tolle und antwortet gleich selbst: »Ganz einfach, du weißt nicht mehr, dass du die Wahl hast, damit aufzuhören.« Der Erwachte kann damit aufhören. Alle anderen nicht. Keiner sonst kann den inneren Monolog stoppen, keiner – es sei denn der Schlaf – kann den kommentierenden Mind zum Schweigen bringen. Selig sind, die still im Geiste sind. Wir sind es nicht.

Oder doch. Manchmal. Wir kennen natürlich diese Momente, in denen das Denken still steht: an einem Sommerabend am Ufer oder bei der Schussfahrt im Schnee, oben auf dem Berggipfel oder auf dem Gipfel des Orgasmus, bei einem Musikstück oder bei einem Dufthauch oder einem Geschmackserlebnis. Oder einfach mal so, auch im Straßenlärm, mitten am Tag, zuweilen sogar bei der Arbeit. Da kommt es unversehens vor, dass alles fraglos richtig ist. Da ist der Geist still. Da ist Glück. *Flow* nannte es der amerikanische Psychologe Mihaly Csikszentmihalyi. Wir sind widerstandslos im Fluss. In so einem Moment wollen wir nichts mehr erreichen, wollen nirgendwo anders hin. Wir vergleichen nicht, urteilen nicht mehr, kommen gar nicht auf die Idee, Bedingungen zu stellen. Nichts muss anders werden, wir selbst müssen nicht anders werden. Alles ist gut, so wie es ist. Wir fühlen uns getragen. Wir sind angekommen. Wir sind da.

Schön. Unvergleichlich. Unerklärbar. Aber flüchtig. Diese Momente stellen sich plötzlich ein und vergehen ebenso schnell wieder. Wenn wir sie festhalten oder verlängern wollen, sind sie schon wieder vorbei. Wiederherstellen lassen sie sich nicht. Nur bei den beneidenswerten Erleuchteten ist das offenbar anders. Die sind dauernd, von Moment zu Moment, in diesem wunschlosen Frieden. Und das Entscheidende ist: Im Satsang, also im Zusammensein mit ihnen, im Umkreis von Leuten, deren Geist still ist – da kommen plötzlich solche Momente gehäuft vor. Die Momente von *No-Mind*. Von *Flow*. Die uninterpretierten Momente. In denen Klarheit ist, Frieden herrscht, wo nichts verändert werden muss. Und wenn diese Momente im Satsang vorkommen, dann bald auch außerhalb. Und immer häufiger.

Isaac Shapiro: »In der Gesellschaft von Menschen, deren Verstand still ist, geschieht dasselbe, wie wenn du einen Sonnenstrahl anschaust, der durchs Fenster fällt. Du siehst die Staubteilchen in der Luft. Sie sind immer da, aber normalerweise siehst du sie nicht. Wenn du bei jemandem bist, dessen Verstand still ist, wird die Tätigkeit deines eigenen Verstandes sichtbar – ohne Anstrengung. Einfach durch diese Verbindung. Ohne dass du etwas tust, ohne dass er etwas tut.«

Die Gedanken zeigen sich als aufsteigende und niedersinkende Staubteilchen. Mehr Bedeutung haben sie auch nicht, meinen die Erwachten; auf dieses vorüberschwebende Glitzern beschränkt sich der Wert der Gedanken. »Die Tätigkeit des Verstandes wird sichtbar«, nennt Shapiro das. Und diese Tätigkeit des Verstandes überhaupt erst einmal wahrzunehmen, ist ein entscheidendes Erkennen.

Normalerweise läuft sie unbeachtet ab. Nach drei Satsang-Besuchen nicht mehr.

Na schön. Wir sehen ein und geben freimütig zu, dass der Verstand alias Mind immer mitmischt. Aber muss das unbedingt Leiden bedeuten? Ist nicht vielleicht auch ein bisschen nützliche Intelligenz dabei? Nicht sogar schöpferische Begabung? Doch, ja. »Erinnerung und Vorstellungsvermögen haben ein enormes kreatives Potenzial«, gesteht Meister Scott Morrison. »Doch wir benutzen sie nur, um durch das rastlose Replay unserer Vorstellungen die Wirklichkeit zu überspielen.«

Dieses unablässige Schattenboxen mit der Wirklichkeit ist der Knackpunkt. So ein bisschen nützlich machen darf sich der Verstand. Er darf beim Suchen im Internet helfen oder beim Lösen eines Kreuzworträtsels. Beim Lösen von Problemen jedoch nicht. Im Gegenteil. Denn er schafft erst die Probleme. Ertappt! Jetzt kommt der Mind ins Guinness-Buch: für das Anhäufen von möglichst vielen Problemen in möglichst kurzer Zeit.

Und so macht er es: Er nimmt kein Ereignis einfach so hin. Jede Erfahrung wird mindestens kommentiert. Er sortiert und bewertet. Er beurteilt, teilt ein in gut und schlecht, bedrohlich und nicht bedrohlich, nützlich und schädlich, mag ich und mag ich nicht. Er vergleicht mit Vergangenem, spekuliert, was daraus werden könnte. Und tut das pausenlos. Jeder Eindruck wird so verarbeitet, ohne dass diese erstaunliche Aktivität bewusst wird. Und falls gerade kein aktueller Eindruck sich aufdrängt, wird Vergangenes noch mal durchgekaut. Oder sorgenvoll die Zukunft bedacht.

Ist das bedauerlich? O ja, das ist es, seufzen die Meister des Erwachens. Denn der summende Bienenfleiß des Verstandes bewirkt eben nicht, wozu er eigentlich mal in Gang gesetzt wurde: Er verhindert kein Leiden. Ganz im Gegenteil. Denken, zumindest diese ständig im Hintergrund ablaufende Art, erschafft Leiden. Das war es, was Paul Brunton in der Gegenwart Ramana Maharshis staunend erkannte: »Mit plötzlicher Klarheit sah ich, dass es der Verstand selbst ist, der sich die Probleme schafft und sich dann abmüht, sie zu lösen.«

Der Verstand schafft sich selbst die Probleme. Am witzigsten hat das Paul Watzlawick in seiner *Anleitung zum Unglücklichsein* beschrieben. In der berühmten Geschichte vom Hammer. Ein Mann will ein Bild aufhängen. Den Nagel hat er, nicht aber den Hammer. Der Nachbar hat einen. Also beschließt der Mann, hinüberzugehen und ihn auszuborgen. Doch da kommt ihm ein Zweifel: Was wenn der Nachbar mir den Hammer nicht leihen will? Gestern schon grüßte er mich nur so flüchtig. Vielleicht war er in Eile. Aber vielleicht war die Eile nur vorgetäuscht und er hat etwas gegen mich. Und was? Ich habe ihm nichts angetan; der bildet sich da was ein. Wenn jemand von mir ein Werkzeug borgen wollte, ich gäbe es ihm sofort. Und warum er nicht? Wie kann man einem Mitmenschen einen so einfachen Gefallen abschlagen? Leute wie dieser Kerl vergiften einem das Leben. Und dann bildet er sich noch ein, ich sei auf ihn angewiesen. Bloß weil er einen Hammer hat. Jetzt reicht's mir wirklich! – Und so stürmt er hinüber, läutet, der Nachbar öffnet, doch noch bevor er »guten Tag« sagen kann, schreit ihn unser Mann an: »Behalten Sie Ihren Hammer, Sie Rüpel!«

Das ist kein absurder Fall. Es ist die gewöhnliche Art, wie wir unsere Wirklichkeit konstruieren. Auch wenn wir uns zu schade sind, dem Nachbarn direkt ins Gesicht zu schreien. Wir wissen ganz diskret, was wir von ihm zu halten haben. Wir haben uns schon so einige Gedanken über ihn gemacht. Über ihn und über alles. Weil wir nun mal ständig in Gedanken sind. »Du lebst nicht«, bedauert Scott Morrison. »Du fantasierst über das Leben.«

»Wie wirklich ist die Wirklichkeit?«, fragt Watzlawick. Und kommt zu dem Schluss: So wie wir sie wahrnehmen, ist sie staunenswert unwirklich. Was wir für Realität halten, ist die Dia-Serie unserer eigenen Projektionen. Und was wir an Bedeutung herauszulesen glauben, legen wir in Wahrheit hinein. »Bedeutung ist das, was du erfindest«, sagt Satsang-Lehrer Tony Parsons. »Und jeder erfindet seine eigene Bedeutung.« Nick Ardagh beteuert: »Nichts im Universum hat einen Sinn außer dem, den du ihm gibst.«

Wir teilen dem Nachbarn seine Bedeutung zu, dem Geld, den Nachrichten, den Gestirnen, dem Partner, den Äußerungen der anderen, den eigenen Gefühlen. Wir tun das im Glauben, die Wirklichkeit zu verstehen. Wir wollen sie verstehen, um uns wohler darin zu fühlen. Und um sie verbessern zu können. Zu diesem Zweck beschäftigen wir uns mit unseren eigenen Projektionen. Wir schalten niemals probeweise den Projektor aus, also unseren Gedankenfluss, um die Wirklichkeit ohne selbst erfundene Bilder und Geschichten zu sehen. Wir wüssten auch gar nicht, wie das geht. Wir versuchen stattdessen, an den Projektionen herumzudoktern. Lobenswert. Doch vergebliche Mühe. Und im Laufe des Lebens zwangsläufig ermüdend, nicht selten sogar deprimierend.

Unsere allerharmlosesten Verbesserungsvorschläge lauten so: »Mein Nachbar könnte ruhig höflicher sein«, »Es wäre schöner, wenn es wärmer wäre«, »Der Schleicher da vorn sollte mal auf die rechte Spur wechseln«, »Alle Atomkraftwerke müssen stillgelegt werden«, »Wir brauchen mehr Atomkraftwerke«, »Mein Partner sollte mehr Rücksicht auf mich nehmen«, »Ich müsste in einer besseren Umgebung wohnen«, »Dieser Typ gehört in die Klapsmühle«, »Palästinenser und Israelis sollten sich endlich einigen«, »Meine Mutter könnte gern mal ein bisschen Verständnis aufbringen«, »Meine Bestellung beim Universum müsste jetzt langsam mal in Erfüllung gehen«, »Mein Kind sollte glücklich sein«, »Ich brauche mehr Geld«.

So und ähnlich, meist mit einer ausführlichen Geschichte verbunden, sind die Gedanken, die unaufgefordert als Kommentare zu den Ereignissen ablaufen. Vollkommen einverstanden sind wir selten. Und falls wir gerade mal einverstanden sind, nutzen wir die Ruhe, um unsere Gedanken anderswohin schweifen zu lassen. Wir spinnen die Welt und uns selbst mit Gedanken ein. Wir sehen keinen Grund, an der Richtigkeit dieser Gedanken zu zweifeln. Doch genau das führt zur Unzufriedenheit. Wir glauben unseren Gedanken, obgleich die Realität nie so ganz dem entspricht, was wir glauben und für richtig halten. Deshalb sagt Byron Katie: »Wenn du einem Gedanken glaubst, befindest du dich im Krieg mit der Realität.«

Wir wollen nichts Böses. Wir sind für die Liebe und für den Frieden. Aber wir führen Krieg. Die Frontlinie heißt: unsere guten Gedanken gegen die schlechte Realität. »Dass alles gut so war, wie es war, das merkt man erst hinterher«, stellte die verblichene Hildegard Knef fest. »Dass alles schlecht so ist, wie es ist, das merkt man sofort.« Wir merken sofort, was nicht stimmt. Verregneter Tag. Verkehrsstau. Zumindest gedanklich wehren wir uns gegen die Wirklichkeit. Wir leisten inneren Widerstand. Und selbst wenn wir etwas gut und lobenswert finden, bedeutet das nur, dass wir es herausheben aus all dem, was nicht so gut und eher tadelnswert ist. »Ohne dass es dir bewusst wird, führst du einen dauernden Kampf«, diagnostizierte der weise Krishnamurti. Er nannte dieses ganz gewöhnliche Verhalten schlicht »gewalttätig«.

Wir fühlen uns keineswegs als Krieger. Unser Leiden schreit nicht zum Himmel. Und doch ist es da. Es macht sich bemerkbar als ständiges Untergrundrauschen aus Unbehagen. Und gelegentlich, schroff auftauchend aus dieser wolkigen Unzufriedenheit, zeigt sich der Kampf in plötzlichen Spannungen, in Neid, Misstrauen, Enttäuschung, Eifersucht, Angst.

Nun winkt Trost. Denn das ist die einfache Botschaft der Erwachten, ob sie nun Satsang-Lehrer sind oder nicht: Alle unangenehmen Gefühle beruhen auf einer Täuschung. Leiden selbst beruht auf einer Täuschung. Unangenehm sind Gefühle eben nicht, weil die Realität unangenehm wäre. Sondern nur, weil unser Verstand die Realität interpretiert. Und weil wir dieser Interpretation glauben. »Die Realität ist immer freundlicher als die Geschichte, die du dir darüber erzählst«, versichert Byron Katie. Die Realität ist der Nachbar, der einen Hammer besitzt. Die Geschichte ist, dass er ihn nicht ausleihen will. Unser Leiden besteht in einem Gefühl ohnmächtiger Wut.

Natürlich halten wir das Gefühl für berechtigt. Wir glauben an den Gedanken. Wir glauben an das Gefühl, und an das Gefühl vielleicht noch mehr, weil es irgendwie tiefer und weniger flüchtig wirkt. Dabei ist der Unterschied gering. »Ein Gefühl ist ein im Körper wahrgenommener Gedanke«, erklärt Eckhart Tolle. Es macht sich in der Muskulatur bemerkbar, es rumort in den Zellen. Das bedeutet nicht, dass es der Wahrheit näher kommt. »Gefühle sind zu einer Art Ersatzreligion geworden«, klagt Antoinette Varner, genannt Gangaji. »In unserer Arroganz halten wir sie für tiefste Wahrheit. Diese abergläubische Beziehung ist Ursache für viel Leid.«

Byron Katie etwas gnädiger: »Ein Gefühl ist der Gefährte eines Gedankens. Sie gehören zusammen wie links und rechts. Wenn ein Gedanke auftaucht, erscheint gleichzeitig ein Gefühl. Meistens bemerkst du das Gefühl zuerst. Es ist ein Wecker, der dich darauf hinweist, dass du dich gerade in einen Gedanken verstrickst. Und dass du diesen Gedanken auf seinen Wahrheitsgehalt untersuchen solltest.«

Was bei dieser Untersuchung herauskommt, lässt sich unschwer ahnen: Der Wahrheitsgehalt des Gedankens geht gegen null. Der Wahrheitsgehalt des Gefühls dementsprechend auch. Es ist ja selbst gemacht. Nicht die Wirklichkeit hat es veranlasst. Sondern unsere Gedanken über die Wirklichkeit haben es aufgerufen. Unsere selbst gebastelte Geschichte hat es erweckt. Die Wut ist da, weil wir uns eine Story konstruiert haben, eine Folge von Ursachen und Wirkungen.

Gut, bei der Story mit dem Nachbarn ist die Einbildung offensichtlich. Aber wie ist es mit so etwas nervtötend Gewöhnlichem wie Kopfschmerzen? Sind die etwa auch eingebildet? Im Allgemeinen doch wohl nicht. Doch auch hier entsteht das Leiden erst im Verstand. Denn das Leiden besteht im urteilenden Kommentar. Es besteht in der Meinung, die Kopfschmerzen sollten weggehen. In der Furcht, dass sie fortdauern könnten. In der Sorge, dass die Tabletten nicht rechtzeitig helfen könnten. Das Leiden besteht überdies in der Ursachenforschung: Wenn ich gestern nicht so lange aufgeblieben wäre, wenn ich weniger getrunken hätte, wenn die Pollen nicht fliegen würden, wenn mein Bett an einem besseren Platz stände, wenn die Luft nicht so von Strahlen verseucht wäre.

Das Leiden besteht in den Gedanken. Sie führen weg. Sie führen mit Hoffnung oder Furcht in die Zukunft, mit

Bedauern oder Groll in die Vergangenheit. Sie vermeiden die Gegenwart. Mit den Gedanken leisten wir Widerstand gegen das, was ist. Immer vergeblich. Und immer leidend. »Es mag so aussehen, als würde die Situation das Leiden erschaffen, aber letztlich ist es nicht so – dein Widerstand tut es«, erklärt Eckhart Tolle.

Der Kopfschmerz, kommentarlos angenommen, ohne Versuch, ihn zu beschwichtigen oder zu erklären, macht keine Beschwerden mehr. Kopfschmerz ohne Gedanken ist frei von Leiden. Kopfschmerz ohne Gedanken ist weder bedauerlich noch schlecht, noch irgendwie bedeutungsvoll. Kopfschmerz ohne Gedanken ist ein physisches Phänomen, ja; aber kein Problem.

»Dem Leben keinen Widerstand entgegenzusetzen bedeutet, in einem Zustand von Gnade, Mühelosigkeit und Leichtigkeit zu sein«, versichert OM C. Parkin. »Selbst Kummer hat eine Süße, wenn du ihm keinen Widerstand entgegenstellst«, verspricht Nick Ardagh. Man darf es glauben. Nisargadatta Maharaj und Ramana Maharshi hatten Krebs. Jahrelang. Aber offenbar litten sie nicht daran. Unerschütterlich strahlten sie jenes Glück und jene Freiheit aus, jenen paradiesischen Frieden, um dessentwillen Sucher aus aller Welt zu ihnen reisten.

Bewundernswert. Aber wir haben Kopfschmerzen, unser Nachbar nervt, und wir können unsere Gedanken dazu nicht abstellen. Sie tauchen sofort auf, wenn etwas wehtut oder stört. Und wenn nicht sofort, dann in der übernächsten Sekunde. Sofort erscheinen Vorschläge zur Abhilfe, erscheinen Wünsche, Ängste, Vermeidungsstrategien. Ist das schlimm? Nein, das sind alte Reflexe. Um uns überleben zu helfen, tut unser Verstand sein Bestes in der Beurteilung der Situation. Besser geht's nicht. »Aber nur wenn dein Urteilen ein Ende findet, erst wenn du das annimmst, was ist, bist du befreit«, erklärt Samarpan. »Dann hast du Raum geschaffen für Liebe, für Freude. Dann bist du frei.«

Und das Entscheidende ist: Im Satsang geschieht das. Jeder erfährt es. Nicht weil der Lehrer es vom Katheder herunter verkündet. Sondern weil es in der besonderen Stille sichtbar wird. Und der emsige Verstand wehrt sich nicht einmal. »Da auch er nach Hause kommen will«, versichert Eli Jaxon-Bear, »lernt er, ruhiger zu werden und zu vertrauen.« Mit jedem Satsang ein bisschen mehr. »Und wenn er zur Ruhe kommt, geschehen die tiefsten Einsichten ganz natürlich, einfach weil sie bereits vorhanden sind«, sagt Gangaji.

Wenn das einmal erlebt worden ist, und sei es nur ansatzweise, verliert der Verstand von selbst seine Macht. Jetzt wird wirksam, was Cyrus Bruton die »Schwerkraft des Selbst« nennt. Nicht nur im Satsang. Überall. OM C. Parkin: »Das ist der Moment, in dem du beginnst, tiefer zu sinken. Auf eine Art und Weise, die du selbst nicht beeinflusst, entsteht immer mehr eine natürliche Anziehung zu den Lücken zwischen den Gedanken.«

Diese Lücken sind keine Blackouts. Im Gegenteil. In ihnen geht das Licht an. Die Leere zwischen den Gedanken erweist sich als erstaunlich vertrauenswürdig. Die Stille trägt. Eine beruhigende Gewissheit offenbart sich: »Du bist gar nicht davon abhängig, dass alles auf eine bestimmte Art und Weise läuft.« So sagt es Eckhart Tolle. »Und damit verschwindet die Angst.«

Und nebenbei verschwinden in dieser Stille die Fragen. Im Satsang werden weise und erleuchtende Antworten gegeben. Doch der eigentliche Witz ist, dass die Fragen verschwinden. So nach und nach und ganz von selbst. Sie verblassen einfach. Es ist nicht mehr nötig, eine Antwort zu wissen. »Wenn es keine Gedanken gibt, geschieht von selbst, was richtig ist«, beteuert OM C. Parkin.

Hört sich vielversprechend an. Aber stimmt es auch? Vor allem außerhalb jenes geschützten Raumes, in dem Satsang stattfindet? Auch im Alltag?

Ja, Handeln ohne Gedanken ist möglich. »Sicher kannst du dich an einen Zeitpunkt erinnern, wo es keinen Gedanken an Vergangenheit oder Zukunft gab, keinen Gedanken an ein individuelles Ich, keine Überzeugung – und dennoch erfolgte Handeln«, erzählt Nick Ardagh. »Manche Menschen haben das in einer Notsituation erfahren.« Eckhart Tolle sagt ähnlich: »Wenn du dich jemals in einer Situation auf Leben und Tod befunden hast, wirst du wissen, dass es da kein Problem gab. Der Verstand hält an. Du wirst vollkommen gegenwärtig im Jetzt, und eine viel größere Kraft übernimmt die Führung.«

Die größere Kraft wird übernehmen. Das ist sicher. Aber noch nicht sofort. Der Verstand hält nicht einfach so an. »Das Beste, was er tun kann, ist: sich selbst aufgeben, damit die Schau der Wirklichkeit geschehen kann«, meint Artur. Aber so schnell gibt er nicht auf. Im Satsang beginnt er so etwas wie eine freiwillige Gesundschrumpfung. Er wird ruhiger. Durchsichtig. Isaac Shapiro: »Du fängst an, alle Glaubenssätze wahrzunehmen, die dir nicht bewusst waren, die du für selbstverständlich gehalten hast und aufgrund derer du gehandelt hast, als ob sie wirklich wären.«

Die bislang heftig verteidigten Überzeugungen als beliebige Fantastereien zu erkennen: Das ist schon mal lustig. Im Übrigen werden die Gedanken klarer. Sie drängen sich nicht mehr in überschwemmender Fülle auf. »Neunzig Prozent sind ohnehin überflüssig und pure Wiederholung«, schätzt Isaac Shapiro. Die zehn Prozent, die übrig bleiben, haben praktischen Nutzen. Wirklich nötig sind sie wahrscheinlich auch nicht. »Du erkennst selbst, du musst nichts tun, du musst nichts denken, nichts verstehen«, verspricht OM C. Parkin.

Und Byron Katie freut sich: »Ohne Gedanken, ohne Geschichte bewegen wir uns wunderbar. Anstrengungslos. In vollkommener Gesundheit. Flüssig, frei, liebevoll. Ohne Kampf, ohne Widerstand.« Alles geschieht von selbst und perfekt, ohne dass ein Eingriff nötig wäre. Freuen wir uns schon mal darauf. Der geliebte Mind wird glücklich darüber sein, dass er all den Unsinn nicht mehr wiederkäuen muss, versichert Scott Morrison. »Entspanne dich einfach mit ihm ins Nichtwissen.« Danke für die geleistete Tätigkeit. Und tschüs.

Der Ausstieg aus der Zeit

Eines der Lieblingshobbys der verblassenden esoterischen Jahre kommt im Satsang nicht mehr vor: Reinkarnation. Die spannende Forschung nach vergangenen Leben. Es ist auf einmal, als habe es all unsere glorreichen früheren Inkarnationen nie gegeben. Von den Satsang-Lehrern ist partout nicht zu erfahren, welcher Pharao wir waren und ob wir im Mittelalter wegen unserer Heilkünste als Hexe verbrannt wurden.

Die Lehrer interessieren sich einfach nicht dafür. Und sie raten auch jedem anderen, sich die Beschäftigung mit derlei totem Stoff zu ersparen. Nicht einmal die Vergangenheit des gegenwärtigen Lebens rührt sie. Wer aus guter Gewohnheit von kindlichen Traumata erzählt, bekommt vielleicht einen langen Blick, aber kein Mitleid. Eher muss er auf die lästige Frage gefasst sein: »Was fehlt jetzt?« Und schon platzt der Traum von der düsteren Vergangenheit.

Mit glücklichen Erlebnissen geht es nicht besser. »Ich hatte vorige Woche so ein Erlebnis«, erzählt eine begeisterte Zuhörerin, »da war auf einmal alles eins. Ich war eins mit der Welt, mit allen Menschen, mit den Bäumen, eins mit allem, da war gar kein Unterschied.« Sie ist noch ganz entflammt. Der Satsang-Lehrer hört wohlwollend zu. »Das war eine Erfahrung«, erläutert er dann. »Alles, was erfahren werden kann, geht wieder vorüber. Was ist jetzt?«

Jetzt. Jetzt. Jetzt. Muss das immer sein? Offenbar ja. Scott Morrison fasst seine Dialoge unter dem Titel *There*

Is Only Now zusammen: Es gibt nur Jetzt; Francis Lucille unter *Ewigkeit jetzt*. Leonard Jacobsen nennt sein Werk *Embracing the Present* – die Gegenwart umarmen. *Warum nicht jetzt?*, fragt das erleuchtende Buch von Nick Ardagh. Und der spirituelle Bestseller von Eckhart Tolle heißt *Jetzt! Die Kraft der Gegenwart*.

Immer geht es um die Gegenwart. Um den kleinen Ausschnitt, der Jetzt heißt. »Erwachen bedeutet: vollkommen und bedingungslos im Augenblick leben«, erklärt Samarpan. Bedingungslos? Es ist wohl so ähnlich wie damals bei Goethe. Als dessen Held Faust jedes Wissensgebiet gründlich erforscht hatte, fegte er alles beiseite. Er hatte weder Wahrheit noch Frieden gefunden, von Glück ganz zu schweigen. Nun, am Ende aller Studien, wollte er es erleben. Endgültig. In einem einzigen perfekten Moment. »Wenn ich zum Augenblick sagen kann: Verweile doch, du bist so schön«, erklärt Faust dem Teufel, »dann kannst du mich mitnehmen«. So viel ist ihm der vollkommene Moment wert: sein Leben.

Und wahrhaftig, am Ende seiner Suche erlebt der alte Faust diesen Moment. Den Augenblick, in dem nichts fehlt. Weil er selbst vollkommen präsent ist. Aus seinem Hader mit der Vergangenheit, aus seinen Zukunftsträumen erwacht er in die Gegenwart. Was zugleich bedeutet, dass der Teufel abziehen muss. Über Leute, die gegenwärtig sind, hat er keine Macht. »Der Teufel ist die Zeit«, sprach der ruhmreiche Mystiker Meister Eckart. Wer aus der Zeit heraus ins Jetzt tritt, ist den Teufel los. Aus der

Zeit heraustreten: Das ist das Erwachen. Wer sich mit Vergangenheit und Zukunft beschäftigt, den nervt der Teufel unaufhörlich. Meister Eckart: »Das einzige Hindernis der Erkenntnis Gottes ist die Zeit.«

Na gut. Wenn es denn sein muss, dann weg mit der Zeit. Wir wollten sowieso immer schon mal total im Augenblick leben. Wie Kinder das tun. Wie wir es leider nur noch selten erleben. Wie es aber überall empfohlen wird. Schließlich ist das der Klassiker aller wohlfeilen Glücksratschläge. In Sprüchesammlungen fernöstlicher Wandermönche taucht er ebenso auf wie in Frauenzeitschriften und angesäuselten Talkrunden: »Wir sollten mehr im Augenblick leben.« Alle nicken und klatschen Beifall. Funktionieren tut es trotzdem nicht.

Auch nicht im Satsang. Jedenfalls nicht sofort. Beim Betreten des Raumes nehmen respektvolle Zuhörer erst mal die Armbanduhr ab. Doch das reicht meist noch nicht, um die Zeit außer Kraft zu setzen. Und der Erwachte, der dann hereinkommt, kommt der etwa von jenseits des Raumes und der Zeit? »Erleuchtung«, erklärt Karl Renz, »ist das Erscheinen des ewigen Jetzt, der absolute Tod von Zeit und allem, was scheinbar Zeit ist.« Doch auch bei Karl liegen Faltblätter herum, aus denen zu entnehmen ist, wo er in der vergangenen Woche war und wohin er demnächst reist. »Kannst du mir Zeit nennen außerhalb von Denken?«, fragt OM C. Parkin rhetorisch. Und antwortet: »Es gibt außerhalb des Denkens nichts, was vor diesem Moment jemals geschehen ist.« Aber er selbst erzählt gern das

Geschehnis jenes Nahtoderlebnisses, das ihn zu dergleichen Erkenntnissen führte.

»An der Vergangenheit ist das einzig Wichtige: zu erkennen, dass sie nicht existiert«, behauptet Nick Ardagh. Und der Kollege Scott Morrison: »Zukunft existiert nicht. Zukunft ist nur ein Wort für unsere Fantasien wie es sein könnte, wie wir es uns wünschen oder fürchten.« Doch auch diese Erwachten können mühelos Montag von Mittwoch unterscheiden und haben es nicht gern, wenn jemand zu spät zu ihrem Satsang kommt. Sie planen durchaus für die Zukunft und erinnern sich sogar an ihre Kindheit.

So ein bisschen leben sie also durchaus in der Zeit. Wohl gerade so viel, dass es nicht schadet. Erleuchtung bedeutet nicht vorgezogenen Alzheimer. Vielmehr geht es um den Unterschied zwischen psychologischer Zeit und Uhrzeit. Die Uhr darf weiter ticken. Es ist die psychologische Zeit, die im Satsang abgeschafft wird. Die gedankliche Beschäftigung mit Vergangenheit und Zukunft. »Du hast eine Speisekarte bekommen, und auf der steht nur ein einziges Gericht: Hier-und-jetzt-Suppe«, verkündet Nick Ardagh. »Das ist es! Das ist alles, was serviert wird!«

Schon möglich. Aber das bedeutet nicht, dass wir die Suppe auch essen mögen. Nein, wir essen unsere Hier-und-jetzt-Suppe nicht. Als spirituelle Suppenkasper leben wir lieber in Erinnerung und Erwartung. Die Vergangenheit gibt uns immerhin so etwas wie eine Identität. Und die Zukunft verspricht uns Erfüllung. Ist daran etwas verkehrt? Nur das eine: dass wir mit solcher Zeitrechnung unser untergründiges Unbehagen verlängern und unsere Ängste nähren. Eckhart Tolle: »Zeit und Leiden sind untrennbar.«

Heißt das: Wenn wir aus der Zeit aussteigen, steigen wir aus dem Leiden aus? Und wie soll das gehen? »Richte deine Aufmerksamkeit auf das Jetzt und sage mir, welches Problem du in diesem Moment hast«, sagen die Zen-Roshis, die Sufi-Meister, die Satsang-Lehrer. »Da ist nichts«, antwortet der Schüler, zumindest im Satsang.

»Sage mir, welches Problem du im Moment hast«: Während der Lehrer ihm in die Augen blickt, sucht der Schüler in den Kammern seines Bewusstseins nach dem Problem. Er kann Erinnerungen aufflackern sehen; aber um sie zu beleben oder nur aufrechtzuerhalten, müsste er die alten Geschichten aufrollen, also den jetzigen Augenblick verlassen. Nicht anders ist es mit der Zukunft; er mag Angst haben vor der morgigen Prüfung, aber dazu müsste er sie sich ausmalen. Müsste also wieder den jetzigen Augenblick verlassen. Jetzt, im Moment, mag eine Körperempfindung da sein, eine Spannung, hervorgerufen vom Gedanken an die Prüfung. Diese Spannung lässt sich in der Gegenwart erleben. Aber kein Problem. Ein Problem ist immer eine Geschichte. Doch es gibt keine Geschichten im Moment.

»Du kannst immer mit dem gegenwärtigen Augenblick fertig werden«, erklärt Eckhart Tolle. »Mit der Zukunft nie.« Schon deshalb nicht, weil die Zukunft nur eine Projektion sein kann, eine Vorstellung. Eine Vorstellung kann nicht bewältigt, jedoch durchschaut werden.

Wir stellen uns die Zukunft entweder besser oder schlechter vor als die Gegenwart. Falls wir sie uns schlechter vorstellen, fürchten oder sorgen wir uns. »Doch wenn wir dann tatsächlich das erfahren, was wir befürchtet haben, merken wir, dass in Wirklichkeit nichts so schlimm ist, wie es in unserer Vorstellung war«, meint Nick Ardagh.

Falls wir uns die Zukunft besser vorstellen, führt das ebenso aus der Gegenwart weg. Dann wünschen wir uns jetzt schon mal anderswohin. Wir glauben, dass wir unter anderen Umständen erfüllter sein würden. Durch neue Dinge. Andere Personen. Vielleicht warten wir auf den Mann oder die Frau, die uns erlösen. Oder auf das entscheidende Ereignis. Auf die erleuchtende Erkenntnis. Auf den Zeitpunkt, an dem wir Frieden finden.

»Suche nicht nach dem Frieden«, empfiehlt Tolle. »In dem Augenblick, wo du deinen Unfrieden vollständig akzeptierst, wird dein Unfrieden in Frieden umgewandelt.«

Das ist der Umgang mit Zeit bei den Erwachten: Sei hier, sei jetzt. Suche nicht länger – denn das führt dich in die nichtexistente Zukunft. Sondern finde, was hier ist. Komme in den Moment. »Wenn du Scham und Schuld erleben willst, gehe in die Vergangenheit«, rät Byron Katie scherzhaft. »Wenn du es darauf anlegst, Furcht zu empfinden, gehe gedanklich in die Zukunft. Wenn du Frieden erfahren willst, entdecke, wer du ohne deine Geschichte bist.«

Ohne Geschichte, ohne Vergangenheit? Mal abgesehen von der schillernden Kette früherer glanzvoller Inkarnationen, die wir notfalls ruhen lassen könnten – soll die Vergangenheit des jetzigen Lebens auch einfach so abgetan werden? Müssen die alten Briefe mit den rosa Schleifen, die Andenken, die Kinderfotos in den Müll? Muss das Tagebuch von der Festplatte gelöscht werden?

Nein. Alles darf bleiben. »Es geht zunächst einfach darum, dass wir dieses eine begreifen: Es gibt kein Leben außerhalb des jetzigen Momentes«, sagt Leonard Jacobson. »Das heißt nicht, dass wir unsere Erinnerungen aufgeben oder unseren Sinn für die Zukunft verlieren. Wir wählen nur nicht länger, ständig in der Vergangenheit oder in der Zukunft zu leben. Wir wählen die Gegenwart. Und das geht von selbst. Denn wir merken immer deutlicher, dass nur der gegenwärtige Moment uns erfüllen kann, nichts anderes, und so entscheiden wir uns immer häufiger, im Jetzt zu leben. Bis wir vollkommen gegenwärtig sind.«

Bei der Gelegenheit kann es allerdings passieren, dass wir von selbst immer mehr Andenken entsorgen. Vielleicht kommen sie uns mit der Zeit leblos vor. Die Geschichten, für die sie stehen, haben keine Kraft mehr. »Wir hängen nicht an Dingen«, erklärt Byron Katie. »Wir hängen an den Geschichten, die wir mit den Dingen verbinden.« Und die Geschichten, die ja allesamt aus Vergangenheit bestehen, verlieren ihre Notwendigkeit. Wir klammern uns nicht mehr an sie. Ähnlich meint Byron Katie von Personen: »Wir hängen nicht an Menschen. Sondern an den Geschichten, die wir mit den Menschen verbinden.« Auch diese Geschichten verblassen vor der Gegenwart, die eine Leuchtkraft entwickelt, die wir ihr nie zugetraut hätten.

Heißt das, dass unsere alten Freundschaften verblassen? Überhaupt nicht. Wir merken allenfalls, dass wir nie den anderen gesehen haben, sondern immer die Aura der Meinungen und Geschichten, die wir über ihn gelegt haben. Es ist eine verdunkelnde Aura. Der Besuch von Satsangs lichtet sie. Das Zusammensein mit Leuten, die vollkommen gegenwärtig sind, hebt uns aus dem gewohnten Netz unserer Geschichten. Das Netz hat uns getragen und zugleich gefesselt. Dass wir es nicht brauchen, merken wir im Satsang. Stattdessen werden wir neugierig auf alles, was kommen mag.

Natürlich nicht sofort. Schließlich lieben wir die Fesseln der psychologischen, also selbst erschaffenen Zeit! Und sollen wir etwa nicht unsere Vergangenheit aufarbeiten? Und die Ursachen unserer Probleme oder Konditionierungen erforschen? Nein, das brauchen wir nicht, sagen die Erwachten, Befreiten, Erleuchteten. »Es gibt keine Ursache«, erklärt Isaac Shapiro leichthin. »Du kannst versuchen zu sagen, warum du hier sitzt, indem du eine Abfolge entdeckst, die dich zu diesem Moment geführt hat. Aber wo fing es eigentlich an?«

Schwer zu orten. Thorwald Dethlefsen hat einst seine Reinkarnationstherapie aufgegeben aus diesem Grund:

dass sich eine Ursache nicht finden lässt. Nie. Na schön. Aber Schlüsselerlebnisse gibt es ja wohl, traumatische Erfahrungen oder prägende Ereignisse, die sich so tief in uns eingesenkt haben, dass sie uns lenken, dass wir es merken!

Eckhart Tolle: »Was immer du über die unbewusste Vergangenheit in dir wissen musst, die Herausforderungen der Gegenwart werden es hervorbringen. Wenn du dich in die Vergangenheit vertiefst, tut sich ein bodenloser Abgrund auf. Da wird immer noch mehr sein. Nur die Gegenwart kann dich von der Vergangenheit befreien. Versuche nicht die Vergangenheit zu verstehen, sondern sei so gegenwärtig, wie du nur kannst.«

Und Nick Ardagh: »Befreiung von der Vergangenheit gelingt nicht durch den Versuch, sie zu ändern, zu begreifen oder nochmals zu durchleben. Befreiung ist in jedem Augenblick möglich, in dem du erkennst, dass alles, was existiert, bestenfalls ein Gedanke oder eine Empfindung im Körper ist.«

Das mag sich plausibel anhören. Aber vorerst wollen wir unsere Vergangenheit nicht so einfach versinken lassen. »We all love our stories«, nickt Byron Katie gütig. Schließlich besteht jedes gewöhnliche Gespräch auf der Party, jeder angenehme Kaffeeklatsch aus all den köstlichen oder schmerzlichen Geschichten, die natürlich allesamt historisch sind. Wir lieben unsere Probleme und ebenso die Probleme anderer Leute.

Doch der Spaß daran hat seine Kehrseite. Und die ist schmerzlich. »Dich selbst zu bemitleiden und anderen deine Geschichte zu erzählen, wird dich im Leiden gefangen halten«, prophezeit Eckhart Tolle. »Du hältst dein Unglücklichsein am Leben, indem du ihm auf diese Weise Zeit gibst. Entferne die Zeit, indem du im jetzigen Moment intensiv lebst, und es stirbt. Aber willst du, dass es stirbt? Wer wärst du ohne es?«

Wir haben uns daran gewöhnt, uns über unser Leiden zu definieren, über unsere Probleme und Opfergeschichten. Indem wir sie uns immer wieder erzählen, verlängern wir sie. Das heißt: Wir geben ihnen immer mehr Zeit. Wir lassen sie an langer Leine um uns herum laufen. Wir sind es gewohnt. »So sind Zeit und Schmerz untrennbar«, erklärt Tolle. »Der durch die Vergangenheit konditionierte Verstand versucht immer wieder, das zu erschaffen, was er aus der Vergangenheit kennt und was ihm vertraut ist. Auch wenn es schmerzt, ist es zumindest vertraut.«

In dem Augenblick jedoch, wo der Besucher im Satsang in den gegenwärtigen Moment gelangt, zeigt sich, dass der vertraute Schmerz überflüssig ist. Vollkommen in der Gegenwart zu sein bedeutet zugleich: vollkommenes Vertrauen zu haben. Nicht in irgendjemanden. Sondern in das, was ist. Das Vertrauen erscheint einfach. Es war immer da. Mit diesem Vertrauen, mit dieser Gegenwärtigkeit wird der Satsang-Besucher getränkt und eingefärbt. Nach und nach. Jedesmal ein bisschen mehr. Er merkt, sie merkt, dass Vergangenheit nicht nötig ist, um eine Identität herzustellen, um sich selbst und die Welt zu erkennen oder um einfach nur glücklich zu sein.

Byron Katie untersucht mit ihren Zuhörern systematisch die Opfergeschichten und die damit verbundenen Glaubenssätze – bis sich zeigt, dass von jedem Glauben, von jedem Satz auch das genaue Gegenteil wahr ist. Und dass er sich also genauso gut auflösen kann. Die Vergangenheit, aus der diese Glaubenssätze kommen, hat keine eigene Kraft; nur die Kraft, die wir ihr zuerkennen, indem wir unsere Histörchen hätscheln.

»Solange du das Leiden benutzt, um dir aus ihm eine Identität zu bauen, kannst du dich nicht davon befreien«, erläutert Eckhart Tolle. »Solange ein Teil deines Selbstgefühls von emotionalem Schmerz abhängig ist, wirst du unbewusst jeden Versuch, von ihm geheilt zu werden, abwehren oder sabotieren.« Und: »Eine Opfer-Identität entsteht aus dem Glauben, dass die Vergangenheit mächtiger ist als die Gegenwart. Das Gegenteil ist wahr.«

Tolle nennt sein wegweisendes Buch *Die Kraft der Gegenwart*. Und diese Kraft wirkt in dem Augenblick, in dem die Gegenwart aufgesucht oder einfach nur zugelassen wird. Wut dauert, von der Körperchemie aus gesehen, zehn bis zwanzig Sekunden. Wir verlängern sie und machen sie zum Problem, indem wir uns eine Geschichte dazu erzählen, sie rechtfertigen oder verleugnen oder beseitigen wollen. Vollkommen wahrgenommen, löst sie sich auf. Tolle: »Jede Emotion, die du mit deiner Gegenwärtigkeit füllst, wird schnell abflauen und verwandelt werden.«

Was nicht bedeutet, dass wir gleich denjenigen umarmen müssen, der die Wut ausgelöst hat, oder den ganzen

Hergang in strahlendem Licht sehen müssen. Nein. »In deiner Hingabe musst du nie die gesamte Situation annehmen, nur ihren kleinen Ausschnitt, der Jetzt heißt. Je mehr du fähig bist, das Jetzt zu akzeptieren, desto freier bist du von Schmerz und Leiden.«

Das Jetzt akzeptieren bedeutet natürlich auch: das akzeptieren, was wir fernhalten wollen, allerdings nicht fernhalten können. In einem Satsang mit Gangaji erzählt eine Besucherin: »Ich bin mitten in der Nacht aufgewacht und hatte zum ersten Mal in meinem Leben richtige Angst. Zuerst dachte ich nach: Woher kommt die Angst? Hat sie ihre Ursache vielleicht in einer vergangenen Inkarnation? Gibt es eine Erklärung dafür? Aber dann ließ ich die Angst einfach zu, Welle für Welle. Irgendwann hatte ich das Gefühl, durch sie hindurchzufallen. Ich blieb einfach still, während sie durch mich hindurchströmte.«

Mehr ist nicht nötig. »Ich weiß jetzt: Die Angst kommt und geht, aber das, was ich bin, bleibt unberührt von ihr«, sagt die Besucherin. Und Gangaji erläutert: »Das ist der richtige Umgang mit Angst: ihr bewusst und ohne Widerstand begegnen. Wir hängen an dem Aberglauben, dass wir Angst oder Panik nicht aushalten können, und verwenden viel Energie darauf, diese Gefühle unter Kontrolle zu halten. Doch manchmal, im Dunkel der Nacht, wird uns klar, wie fadenscheinig diese Barrikadierung eigentlich ist. Sich bewusst allem zu stellen, was auftaucht, bedeutet Erwachen, denn die direkte, vollständige Begegnung offenbart das Selbst. Diese Begegnung führt dich in die Stille.«

Eckhart Tolle sagt dasselbe von der Erfahrung mit Krankheiten. »Wenn du dich allein auf diesen Moment ausrichtest, dann reduziert das die Krankheit auf einen oder mehrere Faktoren wie: körperlicher Schmerz, Schwäche, Unwohlsein, Einschränkung. Dem gibst du dich hin – jetzt. Du gibst dich nicht der Idee der Krankheit hin oder der Geschichte. Lass dich von ihr in eine intensive Bewusstheit des gegenwärtigen Moments bringen – und sieh zu, was passiert.« Für alle, die nicht gerade krank sind, erzählt Tolle auch, was passiert: »Plötzlich entsteht eine tiefe Stille in dir, ein unergründliches Gefühl von Frieden. Und im Inneren dieses Friedens ist immense Freude. Und im Inneren dieser Freude ist Liebe.«

Das, bemerkt Tolle nebenbei, ist mit Ewigkeit gemeint. Ewigkeit bedeutet nicht die Verlängerung des Lebens ins Unendliche, wie wir uns immer schaudernd vorstellten. »Ewigkeit bedeutet nicht endlose, sondern keine Zeit.«

Dass sich ohne Zeit leben lässt, ist zunächst mal schwer vorstellbar. Zumal es gleichbedeutend ist mit: ohne Gedanken leben. »Es gibt keinen Beginn der Zeit«, sagt Byron Katie, »nur einen Beginn der Gedanken.« Doch Eckhart Tolle erinnert daran, dass wir das möglicherweise schon mal erlebt haben. »Wenn du dich jemals in einer Notsituation auf Leben und Tod befunden hast, wirst du wissen, dass es da kein Problem gab. Der Verstand hatte keine Zeit, mit der Situation herumzuspielen und ein Problem daraus zu machen. In einer wirklichen Notlage hält der Verstand an. Du wirst vollkommen gegenwärtig im Jetzt, und eine viel größere Kraft übernimmt die Führung.«

Bergsteiger, Segler, Extremsportler haben das vielleicht schon erlebt. Harmloseren Naturen ist es bei einem Autounfall begegnet. Frauen kennen es vielleicht von einer schweren Geburt. Aber es geht möglicherweise auch allmählich und ohne Todesnähe. Tolle rät dazu, grundsätzlich dem Tun selbst mehr Aufmerksamkeit zu widmen als dem gewünschten Ergebnis. Schon das stellt Gegenwart her.

»In deinem alltäglichen Leben kannst du das mit jeder Routinehandlung üben, die sonst nur ein Mittel zum Zweck ist. Gib ihr deine volle Aufmerksamkeit. Wann immer du die Treppen hinauf- oder hinuntergehst, achte auf jeden Schritt, jede Bewegung. Wenn du deine Hände wäschst, gib allen Sinneswahrnehmungen deine Aufmerksamkeit: dem Geräusch und Gefühl des Wassers, der Bewegung deiner Hände, dem Duft der Seife. Wenn du in dein Auto gestiegen bist, halte einen Moment lang inne und beobachte deinen Atemfluss. Werde dir eines stillen, aber kraftvollen Gefühls von Gegenwärtigkeit bewusst. Es gibt ein sicheres Kriterium, an dem du deinen Erfolg mit dieser Übung messen kannst: den Grad an Frieden, den du in dir spürst.«

Das ist Satsang im Alltag. Natürlich ist es leichter, dem Zeitverrauschen enthoben zu sein, wenn jemand anwesend ist, der völlig gegenwärtig ist. Im Satsang stellt sich dieses Gefühl vollkommener Präsenz, in der nichts mehr nötig ist, ganz von selbst ein. Aber mit der Zeit auch anderswo: im Stau, auf dem Bahnhof, in der Schlange vor der Supermarktkasse, in den unzähligen Wartesituationen, die uns bislang weder auffallend erfüllt noch lebendig vorkamen.

Tolle: »Wenn du gegenwärtig bist, ist es nicht nötig, auf irgendetwas zu warten. Sagt also das nächste Mal jemand: ›Entschuldige, dass ich dich habe warten lassen‹, dann kannst du antworten: ›Das ist in Ordnung. Ich habe nicht gewartet. Ich habe hier gestanden und mich wohl gefühlt.‹«

Klingt vielversprechend. »Aber versuche nicht, an tiefsinniger Gegenwärtigkeit festzuhalten«, beruhigt Leonard Jacobson gütig. »Das, was wirklich ist, kann ohnehin nicht verloren gehen. Du kannst ruhig auf einem eher oberflächlichen Level von Gegenwärtigkeit leben, einfach um in der Welt der Zeit zu funktionieren. Allmählich wird zeitlose Gegenwart die Basis deines Lebens werden, auch in der Welt der Zeit.«

Letzte Grüße vom Ich

Es gibt Entscheidungen, die umgeht man lieber. Auf der ersten Seite der Lose-Blatt-Sammlung, die Byron Katie bei ihren Auftritten verkauft, wird um eine solche Entscheidung gebeten. Da steht die einfache Frage: »Willst du wirklich die Wahrheit wissen?« Zur Auswahl stehen zwei schlichte Antworten: »Ja« und »Nein«. Mit der harmlosen

Aufforderung: »Bitte ankreuzen.« Wer sich entschieden hat, darf das Werk lesen. Alle lesen das Werk. Aber keiner hat vorher sein Kreuzchen gemacht. Ich auch nicht, und es hat mich beruhigt zu erfahren, dass fast alle diese alberne kleine Frage übergehen und erst mal weiterblättern.

Nein, so unbedingt und ganz und gar wollen wir die Wahrheit nicht wissen. Wir wollen sie andererseits auch nicht verleugnen. Keiner kreuzt aus tiefstem Herzen »Nein« an. Das ja nun auch nicht. Aber warum überhaupt diese hochtrabende Frage: Willst du wirklich die Wahrheit wissen? Bisher ist es doch auch ganz gut ohne gegangen! Wir sind mit Teilwahrheiten durchaus zufrieden. Und überhaupt, was soll das heißen, können wir wie einst Pilatus fragen: Was ist denn Wahrheit?

Byron Katie setzt solchen Argumenten ein kurzes Ende. »Das Ich hat Angst vor der Wahrheit. Und die Wahrheit ist: dass das Ich nicht existiert.«

Das ist vermutlich die erstaunlichste und unverschämteste Botschaft der Erwachten und Erleuchteten: Es gibt kein Ich. Es gibt uns einfach nicht. Bei einem Interview erklärt Karl Renz der verblüfften Fragestellerin: »Es gibt hier keinen, der spricht, und keinen, der zuhört.« Demnach gibt es wahrscheinlich auch keinen, der diese Zeilen schreibt, und keinen, der sie liest. Schade eigentlich. Aber zunächst einmal entspricht diese Botschaft keineswegs unserem Empfinden.

Als die Zeitschrift *Connection* zu einem Satsang-Festival einlud, war in dem Prospekt zu lesen, die Teilnehmer seien »fast alle erleuchtet«. Zu den Teilnehmern auf dem Podium gehörte Cyrus Bruton. Vorher, im Satsang, wedelte er mit dem Prospekt und sagte: »Ich bin nicht erleuchtet. Erleuchtet ist jemand, der vollkommen im Einklang und im Fluss mit allem ist. Das bin ich nicht. Aber ich bin erwacht. Ich habe erkannt, dass es kein Ich gibt.«

Immerhin. Das ist doch etwas! Alle, die wir »erwacht«, »erleuchtet« oder im buddhistischen Sinne »befreit« nennen, haben diese Erfahrung gemacht: dass kein Ich existiert. Trotzdem sind sie offensichtlich noch da. Sie beantworten Fragen und nehmen Eintritt. Oder ist das eine optische Täuschung? Man kann sie auch bei ihrem Namen rufen: »Hallo, Pyar!«, »Hallo, Samarpan!« Sie drehen sich um. Sie fallen sozusagen darauf herein.

»Wer ist Torsten?«, wird Torsten Brügge von einer Satsang-Besucherin gefragt. »Torsten ist ein Klang«, antwortet er. »Es gibt dahinter keine Person. Das Konzept ›Torsten‹ hat sich aufgelöst.« Aber da sitzt doch einer! »Verwechsle nicht den Lehrer mit dem Körper des Lehrers.« Aha. Na schön. Aber den Schüler werden wir noch eine Weile mit dem Körper des Schülers verwechseln. Denn zumindest das, was wir da anfassen können, diesen Brustkorb zum Beispiel, in dem ein Herz pocht, das dürfen wir doch für etwas halten, das zu uns gehört, wenn vielleicht auch nicht hundertprozentig. Oder wie ist das?

Auch das ist falsch. »Der Weg zur Wahrheit liegt in der Zerstörung des Falschen«, sagte Nisargadatta, einer der verblichenen Ichlosen. »Um das Falsche zu zerstören, musst du deine tief verwurzelten Vorstellungen in Frage stellen. Von all diesen Vorstellungen ist die schlimmste, dass du der Körper bist.«

Die schlimmste? Damit ist gemeint: diejenige, die das meiste Leiden produziert. Wer sich mit dem Körper identifiziert, ist einfach schlecht dran. »Willst du wissen, was du nicht bist?«, fragt Byron Katie. »Sieh in den Spiegel.« Sonderbar.

Cyrus Bruton erläutert: »Wir sehen nicht, sondern wir denken, was wir sehen.« Natürlich, wenn wir uns im Spiegel sehen, sehen wir uns nicht wie etwas völlig Neues, völlig Frisches. Zumal wir ja so frisch gar nicht mehr sind. Sondern wir sehen uns mit allem, was wir über uns denken, mit allem, was andere über uns gesagt haben, wir vergleichen uns, beurteilen uns ... ja, tatsächlich geschieht da nicht einfach Sehen, sondern in erster Linie Denken. Wir konstruieren uns in dem Augenblick, wo wir uns sehen.

»Was beobachtet werden kann, ist im Verstand«, erklärt Nisargadatta. »Die Natur des Selbst aber ist reines Gewahrsein, reines Beobachten, unbeeinflusst von Wissen. Du glaubst, zu einem bestimmten Zeitpunkt an einem bestimmten Ort geboren worden zu sein, dass du einen Vater und eine Mutter hast, einen Körper und einen Namen. Das ist ein grundlegender Irrtum. Deine Probleme existieren nur, weil du glaubst, geboren worden zu sein und sterben zu müssen. Höre auf, dich selbst zu täuschen, und sei frei. Du bist keine Person.«

Was denn dann, bitte sehr? Na ja, reines Gewahrsein

eben. Irgendetwas, was nicht so richtig greifbar ist. Wie kommt man da ran? Eigentlich ganz einfach, meinen diejenigen, die es schon geschafft haben: einfach alles weglassen. Alles aufgeben. All die Gedanken, die Empfindungen, die Vorstellungen und stattdessen nur das sein, was im Augenblick da ist. Und da ist dann nichts, außer so etwas wie Bewusstsein, dass sich selbst wahrnimmt.

Und der Körper, ist er etwa nicht da? Doch, doch. Es gibt da auch ein gnädiges Wort vom greisen Nisargadatta: »Der Körper ist ein Instrument des Erkennens und des Handelns. Sein höchster Wert liegt darin, ein Instrument zu sein, um den kosmischen Körper zu entdecken. Und der kosmische Körper ist das Universum in seiner Gesamtheit. Wenn du dein Selbst erkennst, wirst du entdecken, dass du unendlich mehr bist, als du dir je vorgestellt hast.«

Das ist doch was! Darauf kann man sich freuen! Der Unterschied wird also gemacht zwischen dem Ich und dem Selbst. Auch zwischen Ego und Selbst, wie es gelegentlich im Satsang heißt, oder zwischen Ego und Sein. Unter Ich wird im Allgemeinen das verstanden, was wir uns einbilden zu sein. Und unter Selbst oder Sein oder Bewusstsein oder Gewahrsein wird das verstanden, was strahlend übrig bleibt, wenn alle Missverständnisse ausgeräumt sind. Das Ich ist nichts weiter als eine Sammlung von Missverständnissen. Oder, wie Byron Katie etwas freundlicher formuliert: »Du bist das, was du ohne deine Geschichten bist.«

Ohne Geschichten, das bedeutet ohne selbst gezimmerte Identität. Ohne all die Gedanken, aus denen wir uns sekündlich das bauen, was wir Ich nennen. Bei genauem Hinsehen müssen wir das schon zugeben: Unser Ich besteht aus dem, was wir uns ständig in Gedanken wiederholen. Also aus dem, was andere uns gelehrt haben, angefangen bei unserem Namen. Aus dem, was andere über uns gesagt haben, was wir davon angenommen oder abgelehnt haben. Was wir für richtig halten und wogegen wir rebellieren. Aus Zustimmung und Widerstand. Aus all dem, was wir empfunden haben und was wir uns in Gedanken immer wieder vorbeten, ob es Verletzungen waren, verrauschte Glücksmomente, entgangene Möglichkeiten oder besondere Verdienste.

Das ist das Ich. Selbst gebaut. Ein Gedankenschloss, das wir für unsere Persönlichkeit halten und durch dessen getönte Fenster wir alles falsch und verzerrt sehen. Ja, sowohl uns selbst als auch das, was wir zu sehen glauben, überziehen wir im Augenblick der Wahrnehmung mit Gedanken und Vorstellungen; wir erschaffen es sozusagen. Immerhin! Eine kreative Leistung! Konstruktivismus nennt sich das Gebiet der Psychologie, das sich mit dieser Art Kreativität beschäftigt.

Im Moment dessen, was wir herkömmlich als »Erleuchtung« bezeichnen, was Byron Katie bescheiden »Moment der Klarheit« nennt, kippt diese Einbildung weg. Die selbst gebauten Kulissen werden durchsichtig oder fallen um. Und die Hauptperson des selbst geschriebenen Dramas, das hochverehrte Ich, wird als Schauspieler erkannt. »Erleuchtung«, erzählt Karl Renz, »ist die Abwesenheit des

›Ichs‹ und damit jeglicher Konzepte von Trennung oder Verbindung, Geburt und Tod, Kommen und Gehen, Gott und Welt.«

Doch wie erleichternd für uns, die wir noch an unserem Ich hängen und basteln: Die alte Persönlichkeit bleibt auch noch da. Als Schauspieler eben. Die Rolle wird zu Ende gespielt. Nisargadatta: »Die Persönlichkeit, geboren aus der Vorstellung, etwas Bestimmtes zu sein, ›Ich bin dies, ich bin das‹, existiert weiterhin, doch nur als ein Teil der objektiven Welt. Ihre Identifikation mit dem Beobachter zerbricht.«

Im Moment der Klarheit identifizieren wir uns nicht länger mit dem Körper und mit dem, was wir Persönlichkeit genannt haben. Wir erkennen uns als reines Bewusstsein. Oder als »Gewahrsein«, wie das englische *awareness* auch gern übersetzt wird, wobei *aware* noch den Aspekt der Wachheit mit einbezieht.

In diesem Bewusstsein taucht alles auf und verschwindet wieder. Nisargadatta beschied einem westlichen Besucher: »Du bist nur so verwirrt, weil du glaubst, in dieser Welt zu sein, während die Welt in dir ist.« Diese Verwirrung hat ein Ende in dem Augenblick, wo die Einbildungen des Ichs durchschaut werden. Erwachen heißt der Augenblick deshalb, weil es dem Erwachen aus einem nächtlichen Traum gleicht. Was bisher für real gehalten wurde, wird wie eine Traumerscheinung wahrgenommen. Das ist besonders im Fall von Problemen einigermaßen erleichternd.

Nick Ardagh erklärt es so: »Stell dir vor, jemand flüchtet vor einer bewaffneten Gangsterbande. Er hat schreckliche Angst. Es gibt viele Möglichkeiten, wie man sich in einer solchen Situation verhalten kann: sich umdrehen und kämpfen. Über den Zaun springen und entkommen. Mit den Leuten verhandeln und sie beruhigen. Das alles sind Beispiele dafür, wie etwas erreicht wird, das zuvor noch nicht da war – eine Lösung, ein Ergebnis, ein Erfolg. Doch solltest du mitten in der Story aufwachen und feststellen, dass alles ein Traum war, so ist das kein Erreichen, sondern ein Erkennen. Du hast kein Problem gelöst, sondern bist aufgewacht und hast erkannt, dass es gar kein Problem gab.«

Das ist das Erwachen. Das Erwachen aus dem Ich-Traum. Natürlich ist der Traumkörper noch da. »Aber jetzt ist es so, als werde jede Körperzelle vom ganzen Universum geliebt«, erzählt Isaac Shapiro. »Der Verstand ist still. Nichts fehlt.«

Das klingt angenehm. Aber es gibt einen misslichen Umstand: Das Ich kann nicht gut selbst erkennen, dass es nicht existiert. Wir können uns einigermaßen klar machen, dass es eine gedankliche Konstruktion ist. Und was die Satsang-Lehrer erzählen, weist beharrlich und immer wieder auf diesen Umstand hin. »Was verteidigst du?«, fragt Cyrus Bruton in die Runde der Satsang-Teilnehmer. »Nur eine eingebildete Identität.« Sobald sie zum Vorschein kommt, Stück für Stück, und genauer betrachtet wird, löst sie sich auf. Und das geschieht im Satsang.

Eckhart Tolle zählt auf: »Ego-Identifikationen haben mit Besitz, Arbeit, sozialem Status und Anerkennung zu tun, mit Wissen und Bildung, körperlicher Erscheinung, besonderen Fähigkeiten, Beziehungen, persönlicher und familiärer Geschichte, Glaubenssystemen. Nichts davon bist du! All diese Dinge wirst du früher oder später aufgeben müssen. Wenn du dich damit identifizierst, also mit dem Ich, wirst du die Angst als ständigen Begleiter haben. Spätestens der Tod nimmt alles weg, was du nicht bist.« Aber immerhin, etwas bleibt.

»Du glaubst, du bist jemand?«, fragt Tony Parsons. »Dann finde heraus, ob da irgendetwas ist von diesem Jemand, das nicht einfach ein Gedanke oder eine Vorstellung ist.« Tony nimmt auch gleich das Ergebnis dieser Selbsterforschung vorweg: »Deine Identität ist nur ein Spiel von Erinnerungen. Sie besteht aus Dingen, die du gelesen hast oder gehört hast, die man dir über dich erzählt hat oder die du über dich gedacht hast. Alles Gedanken. Geräusche in der Psyche. Bedeutungsloser Lärm. Oder führt das irgendwohin?«

Es führt immerhin in die Angst. »Solange der Ich-Gedanke real erscheint«, sagt Karl Renz, »ist auch Trennung da.« Im Zweifelsfall fühlt sich das Ich allein und bedroht. Und das zu Recht. Denn etwas, das auf Vorstellung und Einbildung beruht, ist alles andere als sicher. Eckhart Tolle: »Das Ich nimmt sich selbst als getrenntes Fragment in einem feindseligen Universum wahr, ohne wahre innere Verbindung zu irgendeinem anderen Wesen und umgeben von anderen Egos, die es entweder als mögliche Bedrohung ansieht oder die es für seine eigenen Zwecke zu benutzen versucht.«

Was herkömmlich unter Selbsterkenntnis verstanden wird, besteht meist in einer Analyse dieser Ego-Existenz. Wer Selbsterkenntnis übt, erkennt immerhin die grundlegenden Muster, die Gefühle des Mangels, das Kontrollbedürfnis, die Machtgier, die Strategien von Angriff und Abwehr, die Furcht vor der Vergänglichkeit. Im Satsang werden diese Muster als substanzlos erkannt, weil das, was da Mangel empfindet oder kontrollieren will und Macht haben möchte, selbst nur ein gedankliches Konstrukt ist. Es ist nicht real. »Aber«, beruhigt Eckhart Tolle, »es gibt etwas in dir, das von den vergänglichen Bedingungen, die dein Leben ausmachen, nicht betroffen wird, und nur durch Hingabe kannst du Zugang dazu bekommen.«

Nur durch Hingabe an das, was da offenbar allem zugrunde liegt. Durch Hingabe, das heißt durch die Aufgabe des Ichs. Solange Selbsterkenntnis in Gedanken vor sich geht, bleibt es bei zusammengeschraubten Geschichten. »Und jede Geschichte führt dich von dir weg«, sagt Byron Katie. Weshalb sie selbst eine Art der Untersuchung entwickelt hat, *The Work* genannt, bei der am Ende keine Geschichten und keine Gedanken mehr übrig bleiben. »The Great Undoing« nennt sie es auch, das große Auflösen. Am Ende gibt es auch keinen Ich-Gedanken mehr.

Und trotzdem ist da noch etwas. Das, was immer da war und immer da sein wird.

»Wenn du alle Geschichten über dich aufgibst, bist du der unendliche, unstörbare Frieden, in dem alles erscheint und wieder verschwindet«, verheißt Scott Morrison. »Also warum nicht dem Spiel, dem Kampf, dem So-tun-als-ob ein Ende machen? Entspanne dich in das Sein ohne Geschichten. Entspanne dich ins Nichtwissen.« Und Eli Jaxon-Bear garantiert: »Wenn du die Wurzel des Ich-Gedankens durchtrennst, beseitigst du damit die Wurzel von allen Problemen.«

Und wie soll das gehen? Zum Glück von selbst. Das Ich muss sich nicht selbst beseitigen. Es löst sich von selbst auf. Und zwar im milden Säurebad des Satsangs. Schließlich besteht das Ich nur aus Gedanken. Und die werden immer fadenscheiniger, durchsichtiger. »Einfach durch dein Hiersein richtet sich deine Aufmerksamkeit auf Das«, verspricht Artur. Wobei das großgeschriebene Das jene Realität bezeichnet, die jenseits aller Einbildungen immer da ist.

Es geschieht ganz von selbst. »Du merkst allmählich, du kannst diese beschwerliche Last ablegen«, sagt Leonard Jacobson. »Diese Last, dich zu verteidigen und zu rechtfertigen. Du merkst, du verteidigst und rechtfertigst etwas, was du dir eingebildet hast. Du legst die Last ab und gehst erleichtert weiter.«

Rechtfertigen, Verteidigen, Angreifen werden immer weniger notwendig, werden als überflüssig erkannt. »Urplötzlich merkst du das«, erzählt Isaac Shapiro. »Und du sagst: ›Ist es denn die Möglichkeit, etwas, das mich sonst komplett zum Ausrasten bringt, geschieht, und es berührt mich nicht einmal!‹«

Den Grund nennt Gangaji: »Du hast nicht mehr den Druck auf den Schultern, jemand zu sein oder etwas zu tun oder etwas Bedeutungsvolles zu schaffen. Du wirst erleben, dass du in der Tiefe mit etwas in Kontakt kommst, das weiß, dass alle Dinge geschehen, ohne den Eingriff eines angeblichen Ichs.«

»Du gibst den Wunsch auf, etwas Besonderes zu sein«, bestätigt OM C. Parkin. »Der Wunsch, ›jemand‹ zu sein, ist der verkappte Wunsch zu leiden. Es kostet dich Anstrengung, ›jemand‹ zu sein. Und es ist diese Empfindung von Besonderheit, die sich im Satsang ganz natürlich in der Erkenntnis auflöst, dass es niemanden gibt, der sich besonders fühlen könnte. Wie einfach alles wird, wenn du niemand mehr sein musst!«

Na gut. Dann lösen wir uns auf. Werden wir niemand. Ein bisschen schade ist es aber. Das Gefühl, etwas Besonders zu sein, war gelegentlich nicht schlecht! War manchmal ganz schön mit dem Ich.

Aber Erleuchtung ist dem Ich nicht möglich. Erwachen ist ja die Erkenntnis, dass es kein Ich gibt. Genau deshalb gibt es auch niemanden, der erwachen kann. In dem Moment, wo er erwacht, merkt er ja, dass es ihn gar nicht gegeben hat. Deshalb gibt es auch keinen Erleuchteten. Aber schön, dass wir uns das wenigstens noch eine Weile einbilden dürfen!

TEIL II

Begegnungen und Abenteuer

Christian Salvesen

Begegnungen mit Erleuchteten

Derselbe Mensch kann unnahbar oder offen erscheinen, arrogant oder warmherzig. Für spirituelle Lehrer gilt das offenbar in besonderem Maße. Verschiedene Zuhörer haben unterschiedliche, oft sogar gegensätzliche Eindrücke. Von Georg I. Gurdjieff wird gesagt, er habe auf Menschen, die links von ihm saßen, liebevoll und charmant gewirkt, während Menschen auf der anderer Seite sich zur selben Zeit schockiert vom wütenden Augenfunkeln abwandten. Derselbe Schüler kann den Lehrer als liebevollen Freund erleben und am nächsten Tag von der Kälte abgestoßen sein.

Das liegt an der Spiegelqualität der Erwachten. Sie sollen ja leer sein. Leer von Sympathie und Antipathie, leer von Gedanken, leere Spiegel. »Poonja war, was immer man in ihm sehen wollte«, sagt Eli Jaxon-Bear. »Ich wollte einen lebenden Zen-Meister sehen – und da war er!« Wer in Poonja lieber einen gefährlichen Verführer sehen wollte, wurde ebenfalls nicht enttäuscht.

In den vergangenen Jahren habe ich Blicke in verschiedene Spiegel getan. Ich bin vielen spirituellen Lehrern begegnet. Ich wollte herausfinden, worin die endgültige Verwirklichung, Befreiung oder Erleuchtung eigentlich besteht. Ich hatte vorübergehende Einblicke erlebt und sah mich immer noch auf der Suche. Vielleicht würde es gerade bei diesem Lehrer oder bei jenem ein für alle Mal Klick machen?

OM C. Parkin:
Das New Age hat Angst vor Erleuchtung

Mein erstes Gespräch mit OM Cedric Parkin fand 1994 statt. Damals waren Satsangs mit ihm noch ein Geheimtipp. Mittlerweile ist er Deutschlands bekanntester Satsang-Lehrer. Meine Frau und ich waren häufig mit ihm zusammen, in Satsangs, konzentrierten Gesprächen, auf Geburtstagspartys, stillen Spaziergängen im Wald. Er übernachtete bei uns, wir halfen ihm bei der Organisation von Satsangs. Wir haben ihn immer als Freund empfunden. Trotz vieler Einsichten, die wir ihm verdankten, wurde er nicht unser spiritueller Lehrer. Doch dass er »erwacht« und für viele Menschen ein guter Lehrer ist, davon sind wir nach wie vor überzeugt.

Die im folgenden Interview gestellten Fragen sind für alle Suchenden wichtig. Was ist denn nun Erleuchtung? Woran erkennt man Erleuchtete? Was haben sie uns Normalen voraus? Können sie sich alles oder jedenfalls mehr erlauben als wir?«

Frage: Aufgrund welcher Erfahrung sprichst du über Erleuchtung?
OM: »Die erste Erfahrung kam ganz unvermittelt nach einem Autounfall, der am 6. August 1990 passierte. Ich lag zwei Tage im Koma. Ich habe in dieser Phase, in der es für mich weder Zeit noch Raum gab, die Wahrheit meiner selbst als grenzenloses Bewusstsein erfahren, das sich seiner selbst gewahr ist. Als dann wieder Bilder im Bewusstsein erschienen, Gedanken, Gefühle, der Körper, gab es eine Art Schock. Es wurde mir klar, dass dies alles nicht real ist, weil es in dem erscheint, was ich bin. In gewisser Weise kann ich also sagen, dass sich im Moment des Aufwachens nichts veränderte, sondern dass das, was wir als die Welt und das Leben bezeichnen, lediglich in das Bewusstsein hineinprojiziert wird. Es für real zu nehmen, das ist die Illusion, in der sich alle Menschen aufhalten. Diese erste Erfahrung erschütterte all das, was ich zuvor über mich und die Welt angenommen hatte. Schon wenige Wochen nach meinem Wiedererwachen wurde ich dann auf mysteriöse Weise zu meiner letztendlichen Lehrerin geführt: Gangaji. Ich kannte sie vorher nicht und wusste auch nichts über die Tradition, aus der heraus sie über Erleuchtung sprach. In ihrem Satsang sprach sie genau von dem, von dieser absoluten Realität, die ich gerade erfuhr.«

Frage: Hast du in dem Zustand der äußeren Bewusstlosigkeit dennoch im Inneren ein Bewusstsein gehabt?
OM: »Das Bewusstsein war ohne Ich und weder innen

noch außen. Die Dualität zwischen einem Subjekt und den Objekten, die das Subjekt wahrnimmt, war unterbrochen. Was dann ist, wenn sich diese Dualität auflöst, das ist die Wirklichkeit.«

Frage: Wenn es in diesem Zustand kein Ich gibt, wie kann ich dann wissen, dass ich in diesem Zustand bin? Ist das so ähnlich wie im traumlosen Schlaf? Oder ist es höchste Wachheit?
OM: »Wachheit wird oft mit Tagesbewusstsein verwechselt. Doch dieses Tagesbewusstsein bezeichne ich eher als Schlafen. Wenn die Menschen morgens aufwachen, schlafen sie tatsächlich ein. Sie fallen in die Alltagstrance, in der diese Welt für sie Realität gewinnt, in der sie den Ursprung leugnen, aus dem all dies in jedem Moment entsteht. Menschen suchen nach Zuständen, und Erleuchtung ist kein Zustand. Ein Zustand ist vorübergehend.«

Frage: Man könnte doch sagen, Erleuchtung sei ein besonderer Zustand, der nicht vergeht, sondern ewig ist?
OM: »Ja, und dieser Zustand ist das, aus dem alle anderen Zustände erwachen. Als Poonjaji gefragt wurde, was Erleuchtung ist, antwortete er mit einem Wort: Wissen. Dieses reine Wissen transzendiert alle Zustände, Gut-drauf-Sein ebenso wie Schlecht-drauf-Sein, Zorn wie Freude, positiv und negativ. Es gibt in spirituellen Kreisen soviel Aberglauben in Bezug auf Erleuchtung, und ich möchte dieses kollektive Erleuchtungstrauma in unserem Ge-

spräch klären. Viele glauben, Erleuchtung sei ein Zustand, der andere Zustände ausschließt, wobei sie an Glückseligkeit als ein Gefühl denken. Sicher kann es sein, dass du zum Beispiel im Zusammensein mit einem Meister Glückseligkeit erfährst. Wenn dieser Zustand dann vergeht, glauben die Leute, sie hätten ihre Erleuchtung verloren. Erleuchtung ist nicht auf einen Zustand begrenzt. Das ist der Irrtum, bei dem viele in ihrer Realisation landen. Diese Landung ist eine Begrenzung, die allerdings im Begriff der Erleuchtung selbst liegt. Denn der Begriff Erleuchtung tut so, als gäbe es ein Gegenteil, nämlich Verdunkelung. Insofern ist er begrenzt und zeigt nicht auf die letzte Wahrheit, die von Zen-Meistern auch als Gewöhnlichkeit beschrieben wird.«

Frage: Ist Erleuchtung eine Ebene des Bewusstseins, die unter den verschiedenen Zuständen von Freude und Leid liegt und mir jetzt nicht direkt zugänglich ist?
OM: »Das Paradoxe ist, du bist dir dieser Ebene sehr wohl bewusst. Die Frage ist: Wer oder was ist sich all dessen, was in diesem Moment im Bewusstsein erscheint, gewahr? Es ist nicht zu leugnen, dass du dir all der Phänomene oder Objekte bewusst bist. Aber diese Objekte sind vergänglich, und wie Ramana Maharshi immer wieder hervorhob: Es hat keinen Wert, bei dem zu verweilen, was vergänglich ist. Wer im Vergänglichen sein Glück sucht, wird zwangsläufig unglücklich sein.«

Frage: Gibt es einen Ansatzpunkt, von dem aus ich jetzt in den Bereich des Unvergänglichen gelangen kann?
OM: »Das Problem besteht darin, dass die Aufmerksamkeit nach außen gerichtet ist und an den Objekten haftet. Damit meine ich nicht nur die Außen-, sondern sogar die Innenwelt. Auch Gefühle, Körperempfindungen, Bilder und Gedanken sind Objekte. Es ist Ramanas Verdienst, den Kern dieser Anhaftung an die Außen- und Innenwelt aufgedeckt zu haben: Es ist der Ich-Gedanke. Der unbewusste Ich-Gedanke erzeugt die Illusion von Dualität. Selbst bei den herkömmlichen Meditationstechniken, wo ich Gedanken, Gefühle usw. beobachte, wird die Dualität von Subjekt und Objekt aufrechterhalten. Es gibt keine Methode, die zur Erleuchtung führt, denn jedes Mittel wird vom Geist *(mind)* eingesetzt. Dieser Geist gleicht einem Dieb, der sich als Polizist verkleidet hat und so tut, als würde er den Dieb jagen. Es ist ein und dieselbe Person. Der Geist kann nie den Geist auslöschen. Eine Technik mag helfen, den Geist zu fokussieren oder zu einer relativen Ruhe zu bringen, aus der heraus Selbsterforschung besser möglich ist. Dabei ist der Geist nicht verschwunden, sondern nur verfeinert, er hat sich auf eine andere Ebene begeben. Da glauben dann viele: Das ist es. Durch Bemühung, Techniken, Praktiken, auf einem spirituellen Weg kann ich wohl an den Rand des Abgrundes gehen. Das Fallen jedoch, die Realisation des Selbst, geschieht nicht durch Bemühen, sondern durch das, was ich als Gnade bezeichnen möchte.«

Frage: Das muss hoffentlich nicht immer ein Autounfall sein?
OM: »Sicher nicht. Für mich war der Unfall eine Gnade. Es gab nichts in mir, was ihn bewirkt haben könnte. Das ist auch so eine New-Age-Illusion, dass der Geist verantwortlich ist für all das, was geschieht. Niemand ist dabei auf die Idee gekommen, einmal direkt zu erforschen, wer oder was dieser Geist überhaupt ist. Diese Frage in diesem Moment in direkter Schau zu stellen, das ist Selbsterforschung. Dann wirst du erkennen, dass der Geist nichts weiter ist als ein Ich-Gedanke, der ein Universum von Gedanken hinter sich hat. Es geht darum, diesen Gedanken auf seinen Ursprung zurückzuverfolgen.«

Frage: Ist das nicht auch eine Methode?
OM: »Nicht im Sinne von Tun. Wenn sich jemand zur Meditation hinsetzt, ist das noch ein Tun. Da gibt es einen Impuls und eine zeitliche Begrenzung. Den Ich-Gedanken auf seinen Ursprung zurückzuverfolgen ist jedoch jederzeit ohne Aufwand und Tun möglich. Allerdings kommt hier wieder das Paradox ins Spiel, dass das Gesuchte bereits vollkommen verwirklicht ist.«

Frage: Meinst du damit, alles sei vollkommen, so wie es ist? Ist nicht gerade das Leiden der Anstoß, die Wahrheit zu suchen?
OM: »Alles ist vollkommen, so wie es ist. Aber das muss erst einmal erkannt werden. Richtig, das Bewusstsein des

Leidens treibt den Suchenden an, diese Realisation zu wollen. Das Verrückte ist: Seit Beginn der großen Religionen scheint es nur eine Handvoll Erleuchteter gegeben zu haben. Das liegt daran, dass nur so wenige wirklich an Erleuchtung interessiert waren und sind. Auch im New Age und den damit verbundenen Strömungen sind die meisten nur daran interessiert, dass es ihnen gut geht, dass sie intensive, paranormale, mystische, tantrische, Engel- und Dämonen-Erfahrungen machen. Ich sehe darin die Angst, die vor der Leere wegläuft.«

Frage: Könnten das auch Schritte auf dem Weg sein?
OM: »Wer von Schritten auf dem Weg spricht, stellt Bedingungen, stellt evolutionäre Regeln auf, nach denen Erleuchtung erst erreichbar sei. Diese Falle haben verschiedene spirituelle Lehrer in den vergangenen zweitausend Jahren auf unterschiedlichste Weise versucht, indem sie ihren Schülern sagten: Erst zwanzig Jahre Bogenschießen oder Yoga, dann kommt das Satori, oder die Kundalini steigt auf. Aber das sind alles Zustände, die kommen und wieder gehen. Alle Praktiken richten sich auf die Zukunft, aber Erleuchtung ist *jetzt*. Wäre sie in der Zukunft und nicht jetzt, würde sie erst entstehen, und alles, was entsteht, ist vergänglich. Erleuchtung ist aber gerade das Unvergängliche, das nicht im Vergänglichen gesucht werden kann. Die großen Religionen und viele derzeitige spirituelle Richtungen vermitteln diese Essenz nicht, möglicherweise auch aus einem gewissen Eigeninteresse, das

immer dann auftaucht, wenn eine Institution gebildet wird. Denn wenn Erleuchtung nicht durch langwierige Methoden gesucht werden kann, sind die Lehrer und die Priester arbeitslos.«

Frage: Das heißt, solange ich mich als Suchender verstehe, schaffe ich den Rahmen, immer weiter zu suchen, ohne je anzukommen. Wäre der erste Schritt, mich als »erleuchtet« zu bezeichnen?
OM: »Nein, es geht darum, sich weder als Suchenden noch als Erleuchteten zu bezeichnen. Gib auf, dich überhaupt zu bezeichnen. Mit der Bezeichnung erschaffst du Vorstellungen, Bilder, Gedanken, die nicht die Wahrheit sind. Erlaube dir, den Geist zur Ruhe kommen zu lassen, dir der Stille gewahr zu sein, jetzt! In dieser Stille geschieht Selbsterforschung. Das Bewusstsein lässt von seiner Anhaftung an Objekte los und richtet sich auf sich selbst, in direkter Schau. Diese Erfahrung ist einfacher als einfach. Das Schwierige ist, die meist unbewussten, an die Welt gerichteten Wünsche, die das Leiden verursachen, zu erkennen. Sie können sehr subtil werden. Der Geist ist trickreich. Er kann einen Teil von sich abspalten, seine Diebesnatur leugnen und die Rolle des Heiligen spielen. Der Geist kann jedoch nicht seine Wünsche aufgeben. Wenn du in der Selbsterforschung tiefer gehst, wirst du irgendwann erkennen – und dieses irgendwann ist *jetzt* –, dass all diese Wünsche nur Verkleidungen eines einzigen, wirklichen Wunsches sind, nämlich des Wunsches, frei zu sein.«

Frage: Hast du diese Freiheit?
OM: »Nein, ich habe sie nicht. Das ist nichts, was gehabt werden kann.«

Frage: Anders gefragt: bist du frei?
OM: »Natürlich. Das, was ICH BIN, ist vollkommen frei.«

Frage: Freiheit wird mit Bewegungsspielraum assoziiert, mit Möglichkeiten, mit Macht. Im New Age etwa gehören dazu Reisen in vergangene oder zukünftige Leben.
OM: »Ganz richtig. Ein wesentlicher Wunsch des Egos, der Wunsch nach Macht, treibt dieses ganze übersinnliche Spektakel an. Das ist nicht der Wunsch nach Freiheit. Die wirkliche Freiheit offenbart sich in dem Moment, wo du sagen kannst: Mein Wille ist Dein Wille. Da gibt es kein Ich mehr, das etwas anderes will als das, was ist. Aber das kann eben nicht erreicht werden, etwa durch Affirmationen, sondern das ist gleichsam ein Abfallprodukt der Realisation dessen, was du wirklich bist. Die ganze Suche ist ein einziger Ich-Gedanke. Ohne Ich-Gedanken gibt es keine Suche. Die Rede von der ›Macht der Gedanken‹ beruht auf Unwissenheit. Gedanken haben keine Macht. Es war ein Jahr nach dem Unfall in einem Satsang mit Gangaji, als ich plötzlich das Wesen von Gedanken oder Ideen erfasste. Der Ich-Gedanke erwies sich als ein leeres Phänomen, das keinerlei Wurzeln hat. In dem Moment gab es ein unglaubliches Gelächter in mir und alles implodierte. Die ganze Welt ist ein einziger Ich-Gedanke, und wenn dieser

Gedanke erkannt wird, dann ist alles vorbei. Die meisten spirituellen Sucher befassen sich mit Unwesentlichem, mit Erfahrungen, Visionen, Gedankenstrukturen, statt den Ich-Gedanken, welcher der Kern allen Leidens ist, auf seinen Ursprung zurückzuführen.«

Frage: Und das ist für jeden in jedem Moment möglich?
OM: »Von einem absoluten Standpunkt aus betrachtet: ja. Auf der relativen Ebene scheint es aus unerklärlichen Gründen für viele schwierig, den Ich-Gedanken zu realisieren. Aus diesem Grund gibt es andere Wege, wie den der vollkommenen Hingabe im Bhakti-Yoga, die letztlich in das Gleiche münden. Aber ich möchte vor allem aufzeigen, dass die spirituellen Lehren der letzten zweieinhalbtausend Jahre Erleuchtung durch Praktiken verschleiert und in scheinbar unerreichbare Ferne gerückt haben. Sri Poonjaji ist meines Wissens der erste Meister, der öffentlich erklärt: ›Es gibt nichts zu lehren. Keine spirituelle Lehre berührt Erleuchtung. Erleuchtung ist deine vollkommen reale und authentische Erfahrung in diesem Moment!‹ Diese ›Nicht-Lehre‹ wurde früher nur von wenigen Meistern an weit fortgeschrittene Schüler weitergegeben. Es gibt aber heute immer mehr Suchende, die dafür bereit sind. Die Gefahr besteht allerdings darin zu glauben, dass man die Nicht-Lehre *verstehen* könne. Verstehen ist ein intellektueller Prozess und berührt die Wirklichkeit nicht. Die Wirklichkeit wird erst offenbar, wenn jeder Gedanke in der Stille versinkt. Ich habe schon einige Sucher erlebt, die

nach einer vorübergehenden Erfahrung von Ewigkeit hier im Satsang glaubten: ›Das ist es jetzt.‹ Wenn der Geist auf diese Weise landet, ist das nur ein weiterer Trick, um das Auftauchen unterbewusster Ebenen seiner selbst zu verhindern. Doch auch die vorübergehende Falle des Verstehens, welche die vollkommene Realisation verhindert, ist ein vorprogrammierter Aspekt dieses im Wesen freudvollen Spiels.«

Frage: Welche Rolle spielt der Meister oder Lehrer in diesem Erleuchtungsspiel?
OM: »Wenn sich in einem Menschen der tiefste Wunsch, frei zu sein, manifestiert, dann muss sich der Lehrer manifestieren.«

Frage: Das ist so ein Satz ...
OM: »Das ist ein Gesetz. Im Grunde ist der Wunsch bereits die Manifestation, die dann außen reflektiert wird. Das ist der Lehrer. Er ist nicht auf eine Form begrenzt. Leider tritt hier eine Problematik auf, die im Lehrer-Schüler-Verhältnis liegt: Der Schüler baut eine Beziehung zum Lehrer auf. Er projiziert ihn nach draußen. Der Körper ist sicher nicht der Lehrer, denn wie könnte ein Körper etwas lehren. Und dass es jemanden im Körper gibt, der etwas lehrt, ist auch nur eine Glaubensvorstellung, die nicht auf direkter Erforschung beruht. Tatsächlich gibt es in diesem Körper niemanden, der etwas lehrt.«

Frage: Aber wenn vor mir auf dem Sofa in der einen Ecke der Meister Poonjaji sitzt und in der anderen Ecke Herr Meier, der trübsinnig in ein Glas Schnaps starrt, dann würde ich sagen: Der da hat's und der nicht. Es muss doch erkennbare Unterschiede geben!

OM: »Die Unterschiede betreffen nicht den Lehrer, sondern die Formen, in denen er auftritt. Die Anhaftung an die Persönlichkeit, durch die der Lehrer erscheint, ist nichts weiter als die unerkannte Projektion des Schülers.«

Frage: Gibt es nur einen einzigen Meister, der in verschiedenen Formen erscheint?

OM: »Ja. Und von einem absoluten Standpunkt aus erscheint dieser eine Meister, das SELBST, in jeder Form. In der Meister-Schüler-Beziehung drückt er sich auf bestimmte Weise aus. Für den Schüler ist es unabdingbar, einen Lehrer zu haben, meist in menschlicher Form, weil der Geist viel zu clever ist, als dass er sich selbst aufgeben würde. Es bedarf einer Richtungsweisung. Der Schüler hat die Tendenz, immer wieder irgendwo zu landen, sei es aus Stolz, Zorn, Angst oder sonstigen Beweggründen. Die Aufgabe des Lehrers ist nicht, dem Geist auf diesen Ebenen zu schmeicheln, sondern ihn ins Bodenlose zu führen. Worauf es ankommt ist, ob ein Lehrer die Einfachheit von Erleuchtung vermitteln kann, ohne Mystifikation und Taschenspielertricks, oder nicht. Ein echter Lehrer wird die Projektionen seiner Schüler nicht unterstützen. Poonjaji hat seine Schüler oft nach kurzer Zeit weggeschickt. Institutionen wie die Kirche oder Ashrams haben dagegen ein Interesse, die Beziehung von Lehrer und Schüler zu zementieren. Sie haben regelrecht Angst vor der Erleuchtung, denn Erleuchtung bedeutet die Zerstörung der Institution.«

Frage: Hat das New Age oder der Esoterikbetrieb Angst vor der Erleuchtung?
OM: »Das New Age hat Angst vor der Erleuchtung, weil dann das Erleuchtungsspiel zu Ende ist.«

Frage: Angenommen, ich würde nun plötzlich erleuchtet, dann müsste doch etwas passieren?
OM: »Dieses ›Passieren‹ ist nur eine Vorstellung. Erst wenn alle Vorstellungen von Erleuchtung verschwinden, *ist* sie. Es ist unangebracht, darüber zu diskutieren, was bei oder nach der Realisation passieren kann oder darf oder soll. Ramana wurde von westlichen Suchern dafür kritisiert, dass er einfach nur so herumsitze und sich nicht aktiv dafür einsetze, das Leiden auf der Welt zu vermindern. Tatsächlich ist es der Macht seiner Stille zu verdanken, dass dieser Satsang jetzt möglich ist. Es gibt keine Kriterien, nach denen Erleuchtung von außen beurteilt werden kann.«

Frage: Wenn ich das Bild von Ramana sehe, fallen mir seine Augen mit dieser ungeheuren Ausstrahlung auf.
OM: »Auch das kann zu einer Falle werden. Du verbindest

in deiner Vorstellung Erleuchtung mit Ausstrahlung. Das ist eine Begrenzung. Mir ist schon manchmal gesagt worden: ›Du siehst ja gar nicht aus wie Sai Baba!‹ Es ist völlig unerheblich, wie wer aussieht. Erleuchtung ist unsichtbar.«

Frage: Was betrachtest du als deine Aufgabe?
OM: »Ich möchte die Leute an den Punkt bringen, wo sie eine innere Bestandsaufnahme machen und sich ernsthaft fragen: Was will ich wirklich? Es ist völlig okay zu sagen: ›Ich möchte dies und jenes, aber ich bin noch nicht bereit für die Erleuchtung.‹ Es besteht ja kein Erleuchtungszwang. Nur: Unter diesem Deckmäntelchen, dass Menschen nach dem wahren Glück suchen, geschieht alles Mögliche. Viele vertreten den Anspruch, Menschen zum Glück zu führen. Ein Lehrer kann nur seinem eigenen begrenzten Verständnis entsprechend handeln, denken und fühlen und dieses Verständnis weitergeben. Ich sage nicht, dass daran etwas falsch ist. Auf mysteriöse Weise setzen sich alle Puzzlestücke perfekt zusammen auf dieser Suche, die sich letztlich als überflüssig erweist. Wenn Menschen im Satsang fragen: ›Da habe ich nun zwanzig Jahre gesucht, war das etwa alles umsonst?‹, antworte ich: ›Nein, das hat dich auf eigentümliche Weise genau zu diesem Moment geführt, wo du erkennst, dass die Befreiung jetzt möglich ist.‹«

Frage: Bedeutet Erleuchtung nicht das Ende des Leidens? Was hat dir deine Erleuchtung gebracht? Dein Leben ist doch jetzt sicher ganz anders als früher?
OM: »Wenn du mich fragst, ›Was habe ich davon?‹, muss ich auf einer absoluten Ebene antworten: ›Nichts.‹ Auf die Frage eines Schülers, ›Was habe ich denn von Meditation?‹, antwortete der Zen-Meister: ›Nichts.‹ Erst wenn du erkennst, dass du nichts hast und auch nichts mehr willst, bist du in Meditation. Auf einer anderen Ebene kann ich antworten: Du hast *alles* davon. Erst in diesem natürlichen Zustand kannst du das Leben ganz befreit genießen. Alle Menschen versuchen, das Leben irgendwie zu genießen, aber sie laufen vor ihrer tiefsten, unterbewussten Angst weg, der Angst vor der Selbstvernichtung. Dieser Angst kannst du dich stellen, indem du fragst: Wer stirbt? Das war Ramanas Frage, als er ganz unvermittelt im Alter von 16 Jahren das Gefühl hatte, er würde sterben. Und er erkannte, dass er unsterblich ist.«

Frage: In meinem Leben bemerke ich eine unterschwellige Angst, die im Hintergrund lauert. Was empfiehlst du?
OM: »Ich empfehle, die Aufmerksamkeit auf genau diesen Hintergrund zu richten. Die Angst kann sich nur dadurch aufrechterhalten, dass sie im Hintergrund erscheint. Wir nehmen all die quälenden Kräfte oder Gefühlsschichten im Untergrund wahr, vermeiden es aber, uns ihnen zu stellen. In der Selbsterforschung richtet sich die Aufmerksamkeit auf das Zentrum dessen, was dich plagt. Die Angst

kann nur existieren, solange du ihr Wesen nicht kennst. Sie ist irgendwo dahinten und macht ›buhu‹, und das schreckt dich ab, sodass du die Aufmerksamkeit auf etwas anderes richtest. Die meisten Menschen sind in irgendeiner Form von Hetze und wissen nicht, wer oder was sie hetzt. Wenn du direkt erkennst, wer dich hetzt, wer dir Angst macht, wirst du eine Überraschung erleben.«

Frage: Vermutlich nichts?
OM: »Das kannst du dir nicht vorstellen. Selbsterforschung geschieht nicht durch Vorstellung und Denken. Die Aufmerksamkeit richtet sich ohne Gedanken auf dieses angebliche Wesen, auf Angst, auf Zorn oder was immer es ist, das dich treibt. Und diese Möglichkeit der unglaublichen Einfachheit ist eine große Überraschung.«

Frage: Ist die Angst dann für immer verschwunden?
OM: »Nicht unbedingt verschwunden, aber sie wirkt nicht mehr. Sie hat keinen Griff mehr auf dich. Auch ich erfahre Angst. Aber früher habe ich mein ganzes Leben in Angst gelebt, ohne mir dessen bewusst zu sein. Nach meinem Unfall traten wahnsinnige Angstzustände auf, paranoide Zustände; sie zeigten Angst in ihrer reinen Form. Aber es war so, als wenn sie nur verbrannte. In dem Moment, wo es niemanden mehr gibt, keine Vorstellung, nichts, was eingreift, können alle Leid bringenden Gefühle und Vorstellungen verbrennen. Es scheint, als würde etwas den Körper verlassen, was in Wirklichkeit nie da war.«

Frage: Der Geist?
OM: »Die Täuschung, dass es irgendetwas im Körper gab, was ihn ernährte und antrieb, diese Vorstellung von einem Geist verlässt den Körper. Und der Körper wird direkt aus dem Selbst, direkt aus dem Sein genährt und aufrechterhalten und stirbt darin.

Gangaji: Du bist die Freiheit

Im Sommer 1996 besuche ich das Center der Gangaji Foundation in einem Wohnviertel außerhalb von Boulder, Colorado. Dort, wo die Prärie beginnt, werden in hellen Büroräumen Bücher, Videos, Hörkassetten bearbeitet, verlegt und versandt. Die meisten Mitarbeiter sind unentgeltlich tätig. Das Privathaus von Antoinette Varner liegt am Hang mit Blick auf die Stadt. Ihrer Begegnung mit dem indischen Guru Poonja am Ganges verdankt sie den Namen Gangaji – eigentlich der Kosename für Ganges.

Der Empfang ist herzlich und locker. Ebenfalls anwesend ist die Verwaltungschefin der Gangaji Foundation. Doch nach einer Minute sehe ich nur noch Gangaji. Einer erwachten Frau in die Augen zu sehen ist unvergleichlich. Aber ich habe auch eine Liste mit Fragen vorbereitet. Ich bitte um Statements zu Themen wie Engel, Sex und Tod.

»Engel erscheinen und verschwinden wie alle anderen Dinge«, sagt Gangaji. »Man soll niemandem seine Engelerfahrungen streitig machen. Ich selbst habe als Kind die Gegenwart eines Schutzengels gespürt, und das ist sehr hilfreich gewesen. Dem kindlichen Wunsch nach Glück und sanfter Geborgenheit kommen solche ätherischen Wesen entgegen. Doch erwachsene Sucher sollten dort nicht stehen bleiben, sondern tiefer forschen, nach der Wirklichkeit jenseits aller Erfahrung.«

Sacred Sex? »Das ist New Age. Man sonnt sich im Gefühl, spirituell zu sein, während man seiner Lust folgt. Ich bestreite nicht, dass tiefgehende sexuelle Erfahrungen, sogar Erlebnisse der Einheit möglich sind. Beim Orgasmus werden enorme körperliche und emotionale Energien frei, und danach ist Frieden und Ruhe. Aber um das zu entdecken, muss niemand sexuelle Spannungen aufbauen. Dieser Friede ist immer gegenwärtig. Soweit ich sehen kann, arbeiten die meisten Tantragruppen mit sinnlichem Genuss. Das ist völlig okay. Nur wenn das als Weg zur Erleuchtung gelehrt wird, ist es eine Lüge. Erleuchtung hat mit Sex nichts zu tun. Erleuchtung hat mit der Offenbarung von Liebe zu tun. Es gab eine Zeit, da empfand ich die sexuelle Beziehung mit meinem jetzigen Ehemann Eli Jaxon-Bear als sehr heilig. Heute denke ich, das Heilige in unserer Beziehung war die Wahrheit, und Sex war nur ein Teil davon, wenn überhaupt. Wenn die Leute ihre sexuellen Gefühle einfach als solche erkennen und akzeptieren würden, ohne das Spirituelle darüber zu packen, wäre alles viel klarer. Ich habe nichts gegen das Körperliche, doch zu glauben, dass es zum Heiligen führt, ist absurd. Das Heilige kann Sex einschließen, aber es ist ursprünglich und existiert vor jeglicher sexuellen Erfahrung, noch vor einer Unterscheidung zwischen Mann und Frau. Es reicht tiefer und ist intimer als alles, was Partnerschaft und Dualität beinhaltet.«

Ich gehe in der Frageliste weiter. Das tibetische Totenbuch gibt Anweisung für die Erleuchtung im Tod und spricht von Wiedergeburt. Was ist dran? »Vergangene Leben, zukünftige Leben, dieses Leben – das sind alles Erfahrungen«, erklärt Gangaji. »Einige Kulturen haben sich auf bestimmte, für uns außergewöhnliche Erfahrungen programmiert und haben sie gleichsam in ihre Gene eingeschleust. So können diese Programme nach dem physischen Tod ausagiert werden, denn der Geist reicht über das Physische hinaus. Doch in Wirklichkeit ist das alles Illusion, so wie die Illusion, dass wir hier beide sitzen. Dass du dort sitzt und ich hier, hält der Geist für wirklich. Aber wenn du einen Augenblick innehältst und spürst, was sich deiner und meiner bewusst ist, was sich des Sehens bewusst ist, dann erkennst du: Es ist dasselbe. Und das ist das Selbst.«

»Aber ich bin nicht du«, wende ich ein. »Ich kann doch nicht deinen Körper von innen fühlen!«

»Da siehst du, wie du dich mit deinem Verstand identifizierst! Mit den elektrischen Impulsen, die zwischen deinem Gehirn und dem Nervensystem hin und her wandern. Deine Nervenenden beweisen dir, dass wir verschieden sind. Diese Körper, das graue Material in unseren

Schädeln, unsere Lebenserfahrungen, ja, all das ist verschieden. Aber das, was sich all dessen bewusst ist, was sich aller Erfahrung bewusst ist, der Geburt, der Existenz, des Todes, das ist rein und hat keine Eigenschaft von Persönlichem. Das ist das Eine und immer dasselbe.«

»Gut – genau das versuche ich zu finden.«

»Und wohin schaust du? Wer schaut? Da wirst du es finden.«

»Finden, sodass es bleibt?«

»Es ist schon ewig da! Und du erkennst es, wenn du wirklich still bist. Das ist eine ungeheure Erleichterung nach all der Anstrengung, etwas Veränderliches festhalten zu wollen. Wenn du erkennst, was immer gleichbleibend war und ist, kommt ein Friede auf, den der Geist nie fassen kann.«

»Werde ich dann alles erkennen und alles wissen?«, frage ich.

»Der mentale Strom des Verstandes wird immer begrenzt sein. Aber die Bewusstheit ist allwissend und allgegenwärtig.«

»Und«, wage ich zu fragen, »hast du sie?«

»Ich kann nicht sagen, mein Geist habe sie. Mein Geist ist wie der der meisten anderen Menschen. Manche haben außerordentliche Begabungen, wie Hellsehen, musikalisches Genie. Das sind alles Geistesströme. Ich sage, ich bin das, was jedem Einzelnen dieser Ströme seine Kraft gibt. Ich habe kein Problem damit, die Begrenztheit dieses Körpers oder Geistes zu spüren, denn ich weiß, dass das nicht die Wirklichkeit ist, die ich bin. Das, was ich bin, war schon da, bevor dieser Geist überhaupt entstand. Und wenn er nicht mehr existiert, wird das, was ich bin, bleiben – sei es formlos oder in Form. Und ich spreche nicht von Reinkarnation.«

»Also es geht darum, das zu erkennen?«

»Aber du *bist* es! Es geht darum zu erkennen, wer du wirklich bist. Nicht was deine Gedanken oder Empfindungen dir eintrichtern, wer du seist. Erkenne das, was unveränderlich ist. Dann siehst du, woher deine Gedanken und dein Körper ihr Leben erhalten. Dieser Körper existiert nur eine kurze Zeit. Aber das Leben wird nicht weniger, wenn *dieses* Leben zu Ende ist.«

Besonders aufbauend oder tröstlich finde ich das noch nicht. Ich frage: »Ist das, was ich jetzt als mich selbst erfahre, dann noch da?«

»Nein. Das ist vorbei.«

»Hmm. Gibt es dann noch irgendein Bewusstsein?«

»Mentales Bewusstsein? Im Sinne von Reinkarnation?«

»Na ja – irgendetwas, das ich kenne.«

»Das hoffst du wohl, wie?!« Gangaji lacht, und ich nicke betreten.

»Genau das ist das Problem«, sagt sie. »Gib diese Hoffnung auf, diese Projektion der persönlichen Identität. Dann entdeckst du direkt die Unsterblichkeit. Keine persönliche Unsterblichkeit, sondern die ewige. Das ist reines Bewusstsein. Man kann magische Tricks erlernen, wie man sein Bewusstsein in andere Körper projiziert, aber das läuft alles auf der Ebene der Erfahrung ab und endet irgendwann. Doch es ist in diesem Moment, in diesem Leben absolut möglich, das zu entdecken, was keinen Anfang und auch kein Ende hat. Nicht mit Hilfe des Verstandes, denn der kennt nur Anfänge und Enden. Sondern durch die Erkenntnis dessen, was in jeder Erfahrung dieses Lebens gleichbleibend gegenwärtig war. In schrecklichen und erleuchtenden Erfahrungen, in körperlichen und mentalen, im Wachen und Schlafen, beim Gehen, Essen und Lieben. Erkenne das, was sich konstant durch alles hindurchzieht, als dein wahres Selbst. Und dann erzähle mir, ob du irgendeine Grenze findest.«

»Na ja, es gibt etwas, das immer da ist, aber ich könnte es nicht ...«

»Du möchtest, dass dein Verstand es einordnen kann?«

»Ja, um sagen zu können: Das ist es, dieses Gefühl.«

»Aber es ist größer, nicht wahr? Es ist feiner, formloser, es kann nicht an Gefühle gebunden werden, denn Gefühle sind flüchtig.«

»Und doch ist da ein bestimmtes Wiedererkennen, wie: Das ist es!«

»Ganz recht. Und dann, wegen deiner Gewohnheit, es in eine Ecke zu packen, verlierst du es wieder. Es lässt sich eben nicht fixieren. Es ist ja die Freiheit selbst. Du bist die Freiheit selbst.«

»Es fühlt sich zunächst an wie ein Gefängnis.«

»Ja, wenn der Verstand eine Tür sucht, und es gibt keine Tür, kein Entkommen. Jetzt ist alles. Mit dieser Erkenntnis hört die Suche auf. Das Suchen nach der Fluchtmöglichkeit ist zu Ende.«

»Ist das dann das endgültige Erwachen?«

»Eher das endlose Erwachen. Bisher hat keiner nachgewiesen, dass er ein Ende des Selbst gefunden hat. Und solange ein solches Ende nicht bewiesen ist, sage ich aus eigener Erfahrung: Ich kann kein Ende absehen.«

Aber das Gespräch hat irgendwann ein Ende. Wir umarmen uns. Ich wandere beflügelt davon, zumal es jetzt bergab geht. Auf der einen Seite die Schneegipfel, auf der anderen die funkelnden Lichter von Boulder, Hirsche am Waldrand, das alles ist jetzt von einem besonderen Zauber.

Arjuna Nick Ardagh: Spiritualität ist Ehrgeiz

Arjuna ist ein großer, feingliedriger Mann mit angenehmer Stimme. Vor seinem Erwachen bei Poonja in Lucknow hat er Hypnosetechniken entwickelt. Sie sind nun eingebaut in eine Methode, die er *Skillful means* nennt. Sie soll helfen, die im Satsang erfahrene Stille auch im Alltag beizubehalten. In seinen *Intensives* lädt Arjuna dazu ein, die Übungen auszuprobieren.

So sitze ich am Samstagmorgen wechselnden Partnern gegenüber. In einer Übung fordern wir uns gegenseitig auf, Liebe mit Worten zu beschreiben. »Und wenn Liebe mehr wäre als das bisher Gesagte«, fragt mein Gegenüber,

»was könnte sie sein?« Ich richte die Aufmerksamkeit auf mein Herz und versuche etwas auszudrücken, was immer weniger in Worte zu fassen ist. Stattdessen steigert sich die Intensität von Empfindungen wie Unschuld, Klarheit, Stille. Die Gesichter spiegeln das wortlos.

In einer anderen Übung sitzen wir uns wieder zu zweit gegenüber. Wir sollen uns auf ein Problem konzentrieren, das uns immer von neuem begegnet. Wir sollen es in einem Satz zusammenfassen und diesen Satz mehrmals wiederholen: »Ich bin niemals gut genug.« Der Partner fragt: »Wie stark ist die Empfindung jetzt, auf einer Skala von 1 bis 10?« Ich gebe einen mittleren Wert an. »Dann steigere die Intensität.« Arjuna hat zuvor erläutert, dass extreme Verstärkung den Widerstand auflöst. Man kann nicht total in eine Empfindung hineingehen und ihr zugleich widerstehen. Als die Intensität ins schier Unerträgliche gesteigert ist, fragt der Partner: »Wer ist es, der jetzt diese Empfindung beobachtet?« Ich sinke in die Stille. »Stell dir vor, dieser Prozess ist wie ein Videoband. Schneide die bisherige Sequenz ab, als wäre sie nie geschehen.« Eine Technik aus der Hypnosetherapie. Sie verhindert das Fortdauern der Erfahrung. Der andere berührt meinen Körper, ich bin wieder ganz im Moment. Nun soll ich den Satz »Ich bin niemals gut genug« wiederholen und beschreiben, was ich dabei empfinde. Er erscheint mir fremd, geradezu lächerlich. Derselbe Test wird mit der gegenteiligen Aussage gemacht. »Ich bin mehr als gut genug!« Auch hier keine Emotion. Die Übung ist abgeschlossen.

Tatsächlich taucht der Satz »Ich bin nicht gut genug« nicht mehr auf. Das Sabotage-Programm scheint gelöscht. Gut! Aber ist so etwas nötig, um Satsang zu unterstützen? Wo doch alles von selbst geschehen soll? Ich frage Arjuna danach.

Frage: Verbindest du Satsang und Therapie zu einer neuen Form?
Arjuna: »Nein, ich sehe das nicht als Therapie. Viele Menschen haben Schwierigkeiten, die Stille und Erkenntnis, die sie im Satsang erfahren, auch im alltäglichen Leben zu finden. Wir haben mit verschiedenen Methoden experimentiert und die Glaubenssätze untersucht, die uns daran hindern, die Präsenz unseres wahren Selbst zu spüren. Das Ergebnis sind die *Skillful means*. Ich spreche manchmal scherzhaft von ›Post-Satsang‹. Denn diese Arbeit macht nur für den Sinn, der bereits Satsang zu schätzen weiß. Sie hilft, dass die wahre Natur nicht immer wieder verdeckt wird. Ich verstehe das als ein Überfließen von Satsang ins tägliche Leben.«

Frage: Ist damit das »Erwachen« leichter zu erreichen?
Arjuna: »Wir müssen zwischen Erreichen und Erkennen unterscheiden. Stell dir vor, du flüchtest vor einer bewaffneten Gangsterbande. Du hast schreckliche Angst. Es gibt viele Möglichkeiten, wie du dich in so einer Situation verhalten kannst: Dich umdrehen und kämpfen. Über den Zaun springen und entkommen. Mit den Leuten verhan-

deln und sie beruhigen. Das alles sind Beispiele dafür, wie etwas erreicht wird, das zuvor noch nicht da war – eine Lösung, ein Ergebnis, ein Erfolg. Doch solltest du mitten in der Story *(er klatscht in die Hände)* aufwachen und feststellen, dass alles ein Traum war, dann ist das kein Erreichen, sondern ein Erkennen. Du hast kein Problem gelöst, sondern bist aufgewacht und hast erkannt, dass es gar kein Problem gab.

Viele Leute sprechen von der Realisation, als sei sie ein Erreichen von etwas. Sie meinen, harte Arbeit sei nötig. Man müsse etwas loswerden und so einen besonderen Zustand erreichen. Ich kann nur sagen: Als ich meinem Lehrer, Papaji, begegnete, erreichte ich nichts. Vielmehr verschwand in dieser Begegnung der Ehrgeiz, irgendetwas erreichen zu wollen. Und mit diesem Verschwinden kam die Erkenntnis: Wow, in jedem Moment, wenn ein Ton gehört wird, gibt es etwas, das hört. Nicht nur jetzt. Das war schon immer so und wird immer so sein. Es trifft auf jeden Menschen und jedes Tier auf dieser Erde zu. Damit ein Ton gehört werden kann, muss es Stille geben, die seine Wahrnehmung möglich macht. Mit Papaji hörte das angestrengte Streben nach Erleuchtung auf. Was übrig blieb, ist schon immer da gewesen. Das nennt man Realisation. Geschieht diese Erkenntnis, kannst du nur lachen, weil du dich ja nie hättest anstrengen müssen. Es war immer schon da.

Doch wenn wir uns ein riesiges Ego vorstellen, dann müssen wir etwas ganz Außergewöhnliches tun, damit es erledigt wird. Wenn wir so denken und reden, macht uns das ehrgeizig. Wir fühlen uns herausgefordert, wollen es versuchen, so wie wir es bei anderen Dingen probiert haben, mit Geld, im Beruf, in Beziehungen.

Ich bin glücklich mit der Vollständigkeit dieses Moments. Dass es hier diese Stille gibt, die Töne hört. Gedanken können ruhig hindurchwandern. Bewegungen aller Art sind herzlich eingeladen in diese Stille, die alle Bewegungen sieht. Soweit ich bemerke, kann jeder diese Wahrheit realisieren, wenn er einfach die Anspannung, etwas erreichen zu wollen, loslässt. Ich bin glücklich, so wie ich bin. Und ich bin genau wie du. Dein Grundzustand und meiner ist derselbe. Ich bin damit zufrieden.«

Frage: Du meinst, ich bin nicht zufrieden?
Arjuna: »Das ist deine Sache. Aber die Unzufriedenheit mit dem, was ist – die ist das Problem. Nicht das, was ist. Was ist, ist wunderschön, sobald du damit aufhörst, es in etwas anderes verwandeln zu wollen. Ich bin so froh und dankbar, ein ganz normaler Mensch sein zu dürfen. Ich bin Vater, habe eine Exfrau, was eine komplexe Beziehung sein kann. Ich arbeite in der ›Living Essence Foundation‹ wie jeder andere. Ich komme nicht ins Büro als abgehobener Guru, der seinen Segen verteilt, sondern setze mich an den Computer.

Wir sind in dieser Form inkarniert, um das gewöhnliche Leben, diese Show, zu erfahren. Wenn du darin den Juwel entdeckst, warum dann noch nach mehr suchen? Ich kann mir nichts vorstellen, das ich suchen müsste. 98 Prozent von all dem, was unter Spiritualität läuft, ist Ehrgeiz. Irgendjemand spricht von einem mysteriösen Zustand der Erleuchtung, den es zu erreichen gilt. Dann seist du ohne Gedanken, ohne Urteil, ohne Verstopfung, auf dem Klo duftet es nach Rosen und so weiter! Irgendeiner behauptet das, und Tausende hören andächtig zu und stöhnen: Mein Gott, in welch einem grauenhaften Zustand bin ich gefangen! Und dieser große Lehrer ist in einer derart sagenhaften Verfassung! Das muss ich auch schaffen! – Daran bin ich nicht interessiert.«

Frage: Gibt es nicht so etwas wie einen Wendepunkt, wo man nicht mehr zurückkann in die alte Illusion des Ichs?
Arjuna: »Dieser Punkt ist immer jetzt. Hörst du den Vogel singen?«

Frage: Ja.
Arjuna: »Wer hört diesen Vogelgesang? Jetzt? Und darin verweilend – gibt es irgendein Problem?«

Frage: Nein.
Arjuna: »Fehlt irgendetwas?«

Frage: Nein.
Arjuna: »Muss da irgendetwas erreicht werden, in diesem Lauschen? Irgendein höherer Zustand von Erleuchtung?«

Frage: Nein.
Arjuna: »Das ist der Wendepunkt, nach dem du gefragt hast. Genau jetzt. Und jetzt *(Klatschen)* und jetzt *(Klatschen)* und jetzt *(Klatschen)*. Kein Erreichen. Diese Vorstellung von einem besonderen Zeitpunkt auf einer Zeitlinie, wo ›es‹ passiert, ist reine Mythologie. Und diese Mythologie hält die ganze Gurushow in Gang.«

Frage: Und die Vorstellung, dass sich bei erwachten Lehrern etwas auf Dauer stabilisiert hat?
Arjuna: »Jeder ist bereits stabilisiert, wenn er aufhört, an sich herumzudoktern.«

Frage: Und doch vermittelst du Methoden, die helfen sollen, die im Satsang gewonnene Erkenntnis in den Alltag zu integrieren?
Arjuna: »Schon, doch es geht nicht um einen herausgehobenen, sondern um jeden Moment, jetzt. Die Einladung, in das Mysterium einzutauchen, kommt immer jetzt.«

Frage: Aber ist da nicht in dir ein tieferes Feuer, das dich dieses Jetzt bewusster erleben lässt?
Arjuna: »Diese Art zu fragen ist nicht sinnvoll. Das ist so, als würden wir gemeinsam einen Sonnenuntergang betrachten. Ich genieße das Naturschauspiel und sage: ›Wow, wunderschön‹, und du schaust statt auf die Sonne auf mich und fragst: ›Was siehst du?‹ Ich habe kein Interesse, ein Guru oder sonst irgendwie besonders zu sein.

Papaji war so großzügig und mitfühlend, meine Aufmerksamkeit nicht auf sich zu fixieren, sondern auf mich selbst zurückzulenken. Immer wieder konnte ich feststellen, dass es ihm überhaupt nicht darum ging, als Guru und erwachter Meister verehrt zu werden. Es war ihm ausschließlich an meiner Freiheit gelegen, nicht daran, wie ich ihn sah. Diese Großzügigkeit möchte ich weitergeben. Den Menschen dabei helfen zu erkennen, dass sie bereits sind, was sie suchen.«

Frage: Kann man dann sagen, es gibt in Wirklichkeit niemanden, der erwacht ist?
Arjuna: »Entweder niemand ist es, weil nur das Bewusstsein selbst erwacht ist, oder jeder, weil jeder dieses Bewusstsein ist. Warum eine Hierarchie erschaffen? Sollte sich jemand auf ein Podest stellen und die ganze Aufmerksamkeit auf sich und sein so genanntes Erwachtsein ziehen, dann geschieht das aus einer tiefen Unsicherheit heraus. Nachdem ich ein Jahr lang jeden Tag mit Papaji verbracht hatte, reiste ich von Lucknow nach Japan. Das Erstaunliche war: Die ganze Welt war wie verwandelt. Ich sah alle Menschen als erwacht. Und es ist tatsächlich so. Wenn ich dich als erwacht sehe und zu dir als dem Buddha spreche, dann beginnen deine Augen zu leuchten, du lächelst. Sage ich jedoch: Tja, mein Lieber, ich bin vor zehn Jahren erwacht, und du musst noch durch einiges durch, um so weit zu kommen, dann schrumpfst du unweigerlich zusammen. Wichtig ist letztlich nur: Wer bist du jetzt?

Wer hört diesen Vogelgesang? Das ist die Wahrheit des Buddha.

Je stärker du dich in das verliebst, was jetzt ist, desto mehr enthüllt es sich. Verweile in der Einfachheit dessen, was ist, und du erkennst: Was du wirklich bist, war und ist schon immer erwacht. Ich schlage also vor, jetzt damit anzufangen. Kein Suchen, kein Vergleichen mehr, und das Mysterium wird von Moment zu Moment tiefer und tiefer. Was bleibt, ist ohne Name und Form. Es hört die Geräusche und kümmert sich nicht um Erleuchtung.«

Isaac Shapiro: Auf dem heißen Stuhl

Der kompakt gebaute Isaac eröffnet das »Zusammensein in der Wahrheit« meist mit einem kurzen Mantra: »May there be peace in all beings, Om shanti shanti Om.« Er hat die Hände zum *Namaste* erhoben. Doch die demütige Haltung sollte nicht darüber hinwegtäuschen, dass dieser Mann jahrelang Encountergruppen geleitet hat und ein mit allen Wassern gewaschener Therapeut ist. Die Intensität ist nur feiner geworden und hat sich nach innen verlagert.

In den regulären, zweistündigen Satsang-Abenden sitzen wir still. Aufkommende Fragen werden häufig durch Gegenfragen beantwortet. Sie sollen an jenen Punkt führen, wo das Problem als Gedankenkonstrukt erkannt wird und in die Stille zurücksinkt. Der Dialog ist ein wichtiges Hilfsmittel. Denn die Beschreibung der inneren Vorgänge verhindert ein Abdriften und bezieht alle Anwesenden in die Selbsterforschung ein. Die einzelnen Schritte werden nachvollziehbar. Wenn Isaac bohrt, von wo genau denn nun ein Gedanke auftauche, klingen die Antworten ähnlich: »Aus dem Nichts.« »Wie aus dem leeren Raum.« Es geht um die objektive Bestätigung von subtilen Aha-Erlebnissen. Ja, der Gedanke steigt wirklich aus dem Nichts auf.

An Satsang-Wochenenden vertieft sich der Prozess über sechs bis acht Stunden, unterbrochen von einer Mittagspause. Am Nachmittag räumt Isaac seinen Platz ganz vorne für jeden, der den Brennpunkt der Aufmerksamkeit erleben möchte. Das wirkt nicht aufgesetzt oder forciert. Keine Spur von: »Nun lass mal die Hosen runter!«

Doch als ich sehe, wie sich die Menschen auf diesem besonderen Platz verhalten, wie sie unwillkürlich lachen oder einfach still und verwundert in die Runde blicken, wie sich ihre Gesichter verändern, da macht mir der Gedanke, dort zu sitzen, plötzlich Angst. Von den fünfzig Leuten im Raum hat sich bereits die Hälfte dieser entblößenden Situation ausgeliefert, und ich warte immer noch.

Ein Extraschuss Adrenalin steigt auf, als sich meine Frau erhebt und nun auf dem heißen Stuhl sitzt. Sie scheint nur Isaac zu sehen, der ihr zwei Meter entfernt wie ein Regisseur gegenübersteht: »Was geschieht jetzt?« Ihr Gesicht ist völlig entspannt und strahlt eine Unschuld und Offenheit aus, die ich noch nie so an ihr gesehen habe.

»Ich sinke in etwas, das sich wie eine unbegrenzte Leere anfühlt. Ich schwebe in einem Vakuum. Ohne Zeit. Gedanken ziehen vorbei. Wenn ich Worte für das finden soll: Liebe. Unbegrenzte Liebe.« Sie sieht in Isaacs Augen. Er bestätigt und erinnert sie: Das ist das Selbst; bezweifele es nicht, nie mehr.

Und dann ist es Zeit für mich aufzustehen. Als ich schließlich selbst von vorne in die Runde blicke, kann ich bestätigen, was etliche andere zuvor erleichtert erklärt haben: Ich fühle mich gut hier. Entspannt, klar, von einer Wolke getragen. Aber Isaac will es genauer wissen: Was nehme ich innen wahr? Während das Sichtfeld zu einem unbewegten Bild erstarrt – mit Isaacs Augen als Löchern in einer Maske, hinter der sich etwas Unerkanntes verbirgt –, beschreibe ich das Empfinden eines feinen Vibrierens, wie Prickeln. »Normalerweise würde ich sagen, das ist mein Körper, aber im Moment bin ich mir nicht sicher, ob dieser Körper wirklich existiert. Ich spüre mich als etwas Ungreifbares, das hinter dem ganzen Bild ist. Jetzt kommt der Gedanke, was wohl Erwachen bedeutet. Seit so vielen Jahren laufe ich diesem Erleuchtungsgespenst hinterher.«

»Jetzt ist die Gelegenheit, das herauszufinden!«, sagt die Maske mit den magischen Augenlöchern. »Nur jetzt!« Meine Aufmerksamkeit wird in zwei entgegengesetzte Richtungen gezogen, nach vorne in diese unheimlichen Löcher – und nach hinten. Hinter mir ist nichts. Und doch kommt gerade von dort ein eigenartiger Sog. Die Wahrnehmung erfasst den Strom der Eindrücke ohne persönliche Einmischung: Wie sich mein Gesicht zu Grimassen verzerrt, wie die Leute darüber lachen. Es muss aussehen, als würde ich angestrengt in den Raum starren, um irgendetwas deutlicher zu erkennen. Doch wie ich wirke, ist mir egal. Ich registriere nur alles. Die Gedanken sind viel feiner, schneller, transparenter als gewöhnlich.

»Verrückt, ich kenne diesen Zustand. Er ist immer da. Eine Art Sog, immer mehr ins Unbeschreibliche hinein. Die Gedanken und Worte passen einfach nicht dazu, sie haben überhaupt keine Verbindung zum Sein, sie verdecken alles.« Mir ist klar: Dieser Zustand ist auch da, wenn ein Schock passiert und wenn der Körper stirbt. So wie das überfahrene Reh, das ich am Morgen auf der Landstraße zittern sah, so wird auch dieser Körper enden. Von innen erlebt, ist es einfach ein erstaunliches Geschehen, weder gut noch schlecht, für den Verstand unbegreiflich. »Ich kann immer tiefer hineinsinken, endlos«, höre ich mich sagen, »aber es reicht für jetzt.« Ich bedanke mich artig beim Lehrer und bei der Satsang-Gemeinde. Der alte Christian. Erwachen ist, wenn es geschieht, in jedem Augenblick neu.

Ramesh Balsekar:
Du kannst nichts entscheiden

Haben wir einen freien Willen oder nicht? Auf diese Grundfrage hat Ramesh Balsekar eine klare Antwort. Beobachte, was in deinem Leben geschieht, rät er. Kannst du etwa deinen nächsten Gedanken voraussagen und kontrollieren? Entscheidest du über den nächsten Atemzug? Hast du dich bewusst in diese Welt gebracht und verlässt sie auch wieder, wann und wie du es willst? Worüber hast du wirklich Kontrolle?

Freunde des positiven Denkens und Leute, die Bestellungen beim Universum aufgeben, glauben ihr Schicksal einigermaßen gestalten zu können. Andere betonen, dass sie sich immerhin dafür entscheiden können, wohin sie ihre Aufmerksamkeit lenken. Ramesh Balsekar vertritt die Ansicht, dass alles festgelegt ist. Selbst wenn der Gedanke kommt: »Jetzt gehe ich mal wieder nach innen und spüre, wer ich bin«, dann ist das nicht meine Entscheidung. Sondern da wirkt der Wille einer unpersönlichen, allumfassenden Kraft, »Gott«, »Bewusstsein« oder »Ursprung«.

Ereignisse geschehen, Taten werden vollbracht, doch selbstständig Handelnde gibt es da nicht. Ein extremes Verständnis. Und doch, welch uneingeschränkte, wertfreie Liebe bei Ramesh. Er ist der einzige spirituelle Lehrer, vor dem ich auf die Knie gefallen bin. Spontan. Und er holte mich hoch, fast erschrocken, unbeholfen: »Nicht doch, wir forschen hier gemeinsam!«

Ramesh Balsekar nennt seine Auftritte nicht Satsang, sondern Talks, Gespräche. Er begrüßt die Anwesenden kurz mit den zum *Namaste* aneinander gelegten Handflächen, setzt sich und beginnt zu sprechen, ohne irgendjemandem länger in die Augen zu sehen.

»Die meisten der Leute, die zum ersten Mal zu mir kommen, haben zehn, zwanzig Jahre spiritueller Suche hinter sich und waren bei vielen Lehrern. Frage ich sie nach ihrem Verständnis oder nach dem, was ihr Lehrer gesagt hat, sind sie oft unsicher. Der Lehrer habe sich absichtlich selbst widersprochen, das sei Teil seiner Lehre gewesen, höre ich da. In diesen Talks möchte ich sicherstellen, dass zumindest auf einer intellektuellen Ebene die Verwirrung sich auflöst. Sofern Gott will, wird sich das Verständnis vertiefen. Was ich sage, ist wie alles, was jemals gesagt oder geschrieben wurde, nicht die Wahrheit selbst, sondern nur ein Konzept. Ramana Maharshi pflegte zu sagen, so ein Konzept sei wie ein Dorn, mit dem ein anderer Dorn in der Haut entfernt wird, nicht mehr, aber auch nicht weniger.«

In seinem zwölften Lebensjahr, erzählt Ramesh, sei ihm klar geworden: »Du kannst überhaupt nicht gegen Gottes Willen handeln.« Das war eine große Erleichterung. »Ich entscheide nicht.« Nach der Prophezeiung auf einem alten Palmblatt sollte er nach zwanzig Jahren traditioneller Schülerschaft seinen wahren Guru treffen und bald darauf die Selbstverwirklichung erfahren. »Ist das nicht merkwürdig? Die Leute lassen sich gerne ihre Zukunft voraussagen, aber dass wir alle determinierte Körper-Verstand-Organismen sind, will keiner wahrhaben«, lacht Ramesh.

»Soll das bedeuten, dass wir nicht einmal unsere Gedanken beeinflussen können?«

»Ganz richtig«, nickt Ramesh. Selbst die Gehirnforscher würden mittlerweile bestätigen, dass ein Gedanke bereits existiere, bevor er vom Verstand als »mein Gedanke« erkannt werde, und zwar eine halbe Sekunde vorher. Der eigentliche Impuls komme aus einer unpersönlichen Quelle. Der Organismus setze ihn in Handlung um, und das Ego behaupte dann: »Ich habe das gedacht und getan!« Immerhin, auch diese Annahme gehöre zum Gesamtprogramm. Gott habe das Ego erschaffen, und nur er könne es auflösen. Solange das nicht geschieht, sollten wir uns verhalten wie bisher: als hätten wir einen freien Willen.

»Dann kann ich die Suche gar nicht selbst beenden?«

»Genau. Warst du es denn, der sie begonnen hat? Alle Lebewesen sind auf der Suche. Sie sind so programmiert. Warum die einen Geld oder Macht suchen und die anderen Gott, das wissen wir nicht. Als erschaffene Objekte können wir nicht den Willen des erschaffenden Subjekts ergründen. Wir können nur, wie Meister Eckart sagt, über die Vielfalt der Schöpfung staunen. Oder wir können, wie es in der *Bhagavad Gita* heißt, feststellen: Unter tausend Menschen findet sich ein Wahrheitssucher, und unter tausend Wahrheitssuchern erfasst nur einer, worum es wirklich geht. Es liegt nicht in unserer Hand, wen oder was wir suchen und wann die Suche beendet ist. Klar, das Ego sagt:

Ich suche Gott, die anderen wollen nur Geld! Tatsache ist: Es gibt niemanden, der sucht, nur Suchmaschinen, die glauben, sie würden aus eigenem Antrieb handeln. Und genau das verstehe ich unter Erleuchtung: Dieser Glaube, dieses Gefühl, persönlich entscheiden zu können, verschwindet. Die endgültige Einsicht ist ein unpersönliches Ereignis.«

Für die verbreitete Vorstellung, ein erleuchtetes Wesen sei allem enthoben und vollkommen frei, bietet Rameshs Begriff von Selbstverwirklichung keinen Halt. Der Verstand-Körper-Organismus läuft seinem Programm entsprechend weiter. Wer vorher ängstlich war, wird es vermutlich bleiben. Etwas Entscheidendes jedoch hat sich verändert: Das Verhalten, zum Beispiel Ängstlichkeit, wird nicht mehr beurteilt (»schon wieder habe ich versagt«). Das ganze Geschehen einschließlich aller Konsequenzen erscheint wie ein Film. Regisseur ist das unpersönliche Bewusstsein.

»Kann ich bewusst sein, ohne einen Gedanken oder eine Empfindung wahrzunehmen?«

»Natürlich! Jeder, ob spiritueller Sucher oder nicht, hat solche Momente. Während des Wachseins gibt es immer Momente, wenn der Körper ausgeruht und der Geist entspannt ist, wo kein Denken stattfindet. In solchen Momenten gibt es auch kein Ego und kein Getrenntsein vom Ganzen. Bei jemandem, der kein Interesse an der spirituellen Suche hat, wird das Ego anschließend sagen: Warum verschwendest du deine Zeit mit Nichtstun? Denn das Ego mag nicht abwesend sein. Ist jedoch bereits eine gewisse Erfahrung da, wird das Ego solche Momente herbeiwünschen. Nur war es nicht das Ego, das den Moment der Freiheit erschaffen hat – im Gegenteil: Seine Abwesenheit machte den Augenblick der Stille möglich. Wenn es die Bestimmung eines Körper-Geist-Mechanismus ist, auf der Suche nach Gott oder der Wahrheit zu sein, dann werden solche Momente der Stille häufiger und länger werden. In jedem Fall unterliegen jene egolosen Momente nicht deiner Kontrolle. Je mehr das Verständnis wächst, dass es in Wahrheit keine Person gibt, die irgendetwas tut – ›Ramesh‹ oder ›Christian‹ ist nur der Name eines Körper-Geist-Mechanismus, durch den die Quelle wirkt –, desto häufiger werden die Momente der Stille.«

»Viele Weise sagen, dieser Moment jetzt sei alles, was existiert. Wenn das so ist, wo ist dann der Tod – jetzt?«

»Er existiert jetzt nicht. Der Tod beruht auf Zeit. Er ist eine Erscheinung in der Zeit. Und Zeit ist horizontal. Wie ein Film. Eine Serie einzelner Momentaufnahmen. Bist du in der Lage, von Moment zu Moment zu leben, dann kann dir der Tod keine Angst machen.«

»Meinen die Weisen das, wenn sie sagen, der Tod sei eine Illusion?«

»Ja. Doch was immer geboren wird, muss auch sterben. Der Körper-Geist-Mechanismus wird sterben. Das ist absolut gewiss.«

»Ramesh Balsekar hat es also akzeptiert zu sterben – schließlich kann der Tod im nächsten Moment passieren.«

»Wann er geschieht, geht niemanden etwas an. Denn da ist niemand, der sich Sorgen macht.«

»Soll das heißen, Ramesh existiert nicht?«

»Ramesh existiert in dem Sinne, dass es eine Identifikation mit der Form und dem Namen gibt. Wenn mich jemand ruft, reagiere ich darauf. Auch nach der Selbstverwirklichung oder Erleuchtung muss die Identifikation mit dem Namen und der Form weiterbestehen, damit der Körper-Geist-Mechanismus funktionieren kann. Doch diese Identifikation ist wie das Überbleibsel eines verbrannten Strickes.«

»Es gibt also das Wissen, dass ich nicht der Körper und der Geist bin?«

»Da ist ein Wissen, dass das Bewusstsein Gottes durch alle Körper-Geist-Mechanismen wirkt. Ein Verständnis, dass es niemanden Getrenntes gibt, der etwas tut oder macht. Und nicht nur ich tue nichts, sondern das gilt für alle. Alles geschieht von selbst. Niemand tut etwas. Wenn diese Einsicht gereift ist, kannst du niemanden mehr hassen. Dann erst erfüllt sich das Bibelgebot: Liebe deinen Nächsten! Es geschieht von selbst. Es gibt niemanden zu hassen.«

»Wird Liebe damit definiert als Abwesenheit der Vorstellung, dass ich der Handelnde bin?«

»Liebe bedeutet für mich die Abwesenheit von Getrenntheit. Und was ist diese Getrenntheit? Die Illusion eines individuell Handelnden.«

»In Deutschland gibt es ein wachsendes Interesse an

Advaita. Verschiedene Leute geben Satsang, meist mit dem Bild von Ramana Maharshi im Hintergrund. Die Frage ›Wer bin ich?‹ spielt dabei eine zentrale Rolle.«

»Was sagen die Satsang-Lehrer denn über diese Frage ›Wer bin ich?‹?«

»Sie fordern dazu auf, immer wieder auf sie zurückzukommen. Und manchmal gibt es da eine Art Ritual, dass der Schüler auf dem Stuhl sitzt, wo zuvor der Lehrer saß und ...«

»Also, das ist ja Therapie! Wer bin ich? – Wer fragt die Frage? – Darum muss es gehen. Es ist eine Frage, die aus einer persönlichen Erfahrung kommen muss, nicht weil der Verstand sie stellt. Was meine ich mit persönlicher Erfahrung? Die Erkenntnis: Was immer ich als meine eigene Handlung ansehe, ist nur eine Reaktion des Gehirns auf einen Impuls aus der Außenwelt. Analysiere Tag für Tag dein Tun und finde heraus: Habe ich das getan? Oder war es nur die Reaktion des Gehirns auf etwas, worüber ich keine Kontrolle habe?

Wenn du das aufrichtig praktizierst, sobald du dich erinnerst, und wenn du immer wieder zu dem Schluss kommst: Es war ein Ereignis, bei dem ich nicht selbst gehandelt habe; wenn du also aus eigener Erfahrung davon überzeugt bist, dass es da keinen Handelnden gibt, dann erst kommt die Frage: Wenn ich es nicht bin, der entscheidet und handelt, wer zum Teufel bin ich dann? An diesem Punkt fragt nicht mehr der Verstand. Dann kommt die Frage ›Wer bin ich?‹ aus dem Herzen. Und dann kann sie verschwinden. Denn dann ist die Erfahrung da: Ich kann überhaupt nichts tun. Ich kann nur beobachten, und zwar etwas, das unabhängig von meinem Willen passiert. Solange die Frage vom Verstand kommt, läuft alles im Kreis. Ich kenne etliche aufrichtige Sucher, die zugeben: ›Ich frage diese Frage Wer bin ich? seit 25 Jahren und habe keine Antwort gefunden.‹ Warum? Weil immer noch der Verstand eine Antwort erwartet. Doch es wird keine Antwort geben. Die Frage selbst wird verschwinden.«

Bei seinen Talks in Deutschland bittet Ramesh vier seiner Schüler, ihn auf der Bühne zu unterstützen: Wayne Liquorman, Elke von der Osten, Margarete und Marc Beuret. Sie sitzen nun rechts und links neben ihm auf dem Podium und nehmen nachmittags seinen Platz ein, um ihre eigene Geschichte zu erzählen. Sie beschreiben das Erwachen und beantworten Fragen. Sie demonstrieren, dass »es« wirklich jedem passieren kann.

Wayne berichtet, er habe sich 19 Jahre lang nur für Alkohol und Kokain interessiert – was er dank seiner kräftigen Konstitution überstanden hat. Eines Tages sei die Sucht völlig unerwartet verschwunden. Unbeabsichtigt, unerklärlich. Nach einem Jahr Zen-Studium habe er sich dann in den kleinen Kreis eines Ramesh-Retreats in Kalifornien begeben. Und dann die Krönung unverdienter Gnade: »Ich, Vater dreier Kinder, zynischer Geschäftsmann ohne jedes Bhakti-Verständnis, verliebe mich in einen bebrillten Bankier aus Bombay. Stecke ihm Liebesgedichte zu, suche jeden Vorwand, in seiner Nähe zu sein. In dieser eigenartigen Resonanz zweier Organismen spürte ich etwas, das ich zuvor nie auch nur im Traum geahnt habe.« Die Liebe vertieft sich, reift zur endgültigen Erkenntnis dessen, was Ramesh als Erleuchtung definiert. Das Gefühl, ein selbstständig agierendes Individuum zu sein, erlischt.

»Es gibt nur Bewusstsein – mit den darin erscheinenden Lebewesen.« Darin sind sich die vier erwachten Schüler einig. Ihre Geschichten und die Art, wie sie berichten und erläutern, unterscheiden sich natürlich. Insgesamt wirken die beiden Frauen zugänglicher und herzlicher. »Hast du dich einmal im Spiegel gesehen, weißt du, ob du ein Mann oder eine Frau bist. Genauso ist das eines Tages mit dem Erwachen«, sagt Margarete, die nachmittags zur Gitarrenbegleitung von Ehemann Marc Lieder zum Mitsingen anstimmt. Elke bekennt, sie hätte die Selbstverwirklichung nicht sich, sondern ihrem Mann gegönnt, Henning, der seit fünfzig Jahren auf der Suche sei. Die Realisation bedeute kein Mehr, sondern ein Weniger. »Vieles fällt ab, das Leben wird einfacher, wenn auch nicht unbedingt leichter.« Und doch: Sie mache sich weniger Sorgen und habe keine Angst mehr, dass ihr irgendetwas zustoße. Das spricht doch für Erleichterung.

Gegen Schluss interpretiert Ramesh einen viel zitierten Zen-Spruch. »Für den, der nicht versteht, sind Berge Berge. Für den, der zu verstehen beginnt, sind Berge nicht mehr Berge. Für den, der verstanden hat, sind Berge wieder Berge.« Zuerst ist da die Überzeugung: Hier bin ich, ein individuelles Subjekt, dort draußen ist die Welt, ein objektives Phänomen. Dann lerne ich: Die Welt ist nur ein Traum. Doch ich verstehe mich immer noch als Subjekt. Schließlich wird klar: Auch das Ich ist nur ein Objekt in der Welt – und alles entspringt und vergeht in dem einen unbegrenzten Bewusstsein. Die endgültige Einsicht ist unpersönlich. Der Berg darf wieder Berg sein.

Pyar Troll:
Im Retreat

»Die Wolken wandern durch den Himmel. Sie haben weder Wurzeln noch Heimat. Wie Wolken sind die einzelnen Gedanken, die deinen Geist durchziehen. Sobald der Geist sich selbst erkannt hat, hört jede Unterscheidung auf. Formen und Farben bilden sich im Raum, aber weder Schwarz noch Weiß hinterlassen in ihm Spuren. Aus diesem Geist des Geistes entstehen alle Dinge; weder Tugend noch Laster beflecken ihn.«

Nachdem Pyar diesen Text des tibetischen Meisters Tilopa (um 1100 n. Chr.) vorgelesen hat, sitzt sie eine Weile mit geschlossenen Augen da. Es ist ein Dezemberabend im Silvester-Retreat. Zu sechs Tagen Stille sind hundert Menschen in dieses entlegene Alpendorf gekommen.

»Da … die Regentropfen. Hört ihr das?« In der Stille lauschen wir dem Glucksen und Plätschern des Regens, der in einer plötzlichen Tauwetterphase die Schneemassen schmilzt. Pyar spricht mit langen Pausen: »Hört das ganz, ganz tief ... Dann erscheint es zunächst, als würde da jemand sitzen, mit Ohren, und draußen würde jemand schütten. Und dazwischen passiert etwas, eine Art Verbindung zwischen dem Regnen und dem Hören. Aber wenn ihr noch tiefer hört ... ganz in dem Hören verschwindet ... dann sind da nicht mehr drei: jemand der hört, das Geräusch und das Wahrnehmen des Geräuschs. Dann bleibt nur eins. Dann bleibt nur die eine Buddhanatur. Ein Bewusstsein ... Keine Trennung zwischen dem Klang und dem Hören ... Niemand da ... Nur Buddhanatur. Keine Trennung, kein Entweder-Oder, kein Erreichen, kein Wissen ... Und in diesem Verschwinden des Ichs, dem Verschwinden ins Nichts hinein ... ist alles. Farben, Formen, Töne, Gefühle, Sterne, Welten. Diese Unendlichkeit, dieses Mysterium, diese Offenheit, das ist es, was ihr seid. Es gibt nicht verschiedene Buddhanaturen. Es ist eine Buddhanatur. Die bleibt, die war immer, ist immer, wird immer sein ... und sie schließt nichts aus! Sie ist ganz leer und doch die Fülle selbst.«

Später kommen erste Wortmeldungen. Toni räuspert sich und beginnt. »Ich weiß gar nicht, ob ich das in Worte fassen kann. Ich konnte gar nicht mehr bestimmen, wo dieses Geräusch ist! Es war überall, in meinem Kopf oder ich weiß nicht wo. Es gab nicht mehr ›Ich hör das‹. Es war einfach alles eins!«

Tonis Stimme ist zu einem Flüstern geworden, das durch das Mikrofon jedoch sehr deutlich zu verstehen ist, und Pyar bestätigt, ebenfalls im intensiven Flüsterton: »Ja!« Ein intimes Ja, wie in einem Liebesspiel. »Ich hatte das Gefühl, dass etwas so Großes, so Überwältigendes ...«, Toni stockt. »Es war das Gefühl: Ich zerspringe!« – »Ja!« – »Es ist so groß!« – »Jaaa!« Lachen und Schluchzen. »Ich weiß nicht, warum ich jetzt weine, es ist einfach so wunderschön!« Pyar flüstert: »Beschreib es nicht – zerspring!« – »Was?« – »Zerspring ... ffffchchch!« Sie gibt einen Laut von sich wie das Fauchen einer Katze. Dann zählt sie die neuen Wortmeldungen: »Nadja, Paolo, Eckhard, Hendrik ...«

In den vielen Satsangs und Retreats, die ich mit Pyar erlebt habe, gab es oft vergleichbare Phasen tiefer Stille und Erkenntnis. Doch diese Momente des Lauschens müssen jetzt auf viele besonders stark gewirkt haben. Etliche melden sich zu Wort. Sie haben Ähnliches wie Toni erlebt. Einige vermissen bei sich die Ergriffenheit. Andere wünschen sich, dass solch eine Erfahrung nicht nur einmal geschehen, sondern wiederkehren und dauerhaft bleiben möge. Das passt gut zu einem Hauptthema dieses Retreats: Geduld.

Pyar erzählt eine Geschichte. Auf einer seiner Wanderungen bittet Buddha seinen Schüler Ananda, ihm etwas Wasser zu holen. Er sei durstig. Ananda eilt zu einem Fluss, den sie kurz zuvor überquert haben, kehrt jedoch enttäuscht zurück. Das Wasser sei nur schlammig, wohl aufgewühlt von einer Rinderherde. Er könne aber zu einem weiter entfernten Bach gehen. Nein, kehre zu dem

Fluss zurück und warte ab, besteht Buddha. So setzt sich Ananda an den Fluss und übt Geduld. Und siehe da, nach einiger Zeit setzt sich der Schlamm, das Wasser wird wieder klar und gut zum Trinken.

Eine Parabel auf die Meditation: still sitzen und warten, bis sich die Gedanken setzen und der Geist, wenn vielleicht auch nur für kurze Zeit, klar ist. »Geduld fällt uns heute besonders schwer.« Pyar bezieht sich häufig auf die Tradition des tibetischen und des Zen-Buddhismus, liest Aussprüche von Milarepa oder Rinzai und kommentiert die Zitate mit einfachen Worten.

Die vierzigjährige Nadja berichtet, dass sie schon einige Male an jenen inneren Abgrund gelangt sei, wo das Loslassen der Person, der »Sprung ins Nichts«, als nächster Schritt anstand. Doch die Angst sei zu stark gewesen. Jetzt überkomme sie in tiefen Momenten wie in der Regentropfenmeditation eher eine Art Schläfrigkeit. »Das ist völlig in Ordnung«, sagt Pyar, »jeder Moment ist schwanger mit Gott.«

Eckhard aus Wien seufzt: »Seit Stunden sind nur Kampf und Unfrieden in mir. Ich kreise zwischen Wut, Verwirrung und Abwertung, ich habe auch den Regentropfen nicht folgen können. Begonnen hat das mit meiner Ungeduld und der Frage: Warum bin ich hier? Ich glaube, aus ganz egoistischen Gründen: damit es mir besser geht.« – »Geht's dir denn so schlecht?« – »Das ist ja der Punkt. Eigentlich geht es mir gut. Doch etwas sagt mir: Das reicht nicht. Du musst etwas Besonderes sein! Ein besonders guter Meditierer!« – »Und siehst du die Absurdität dieses Musters?« – »Ja, aber es ist trotzdem da. Ich hab nicht die Demut von Ananda, der am Fluss sitzt und nicht fragt, wie lange.« – »Das heißt, du willst ein besonders guter Demütiger werden?« – »Ich weiß es einfach nicht, was ich werden will.« – »Dann werde gar nichts! Lass die ganze Werderei!« – »Aber ich weiß nicht, ob die Stille wirklich ist oder nur von meinem Verstand erzeugt. Am liebsten möchte ich drüben ins Wirtshaus gehen und ein Bier trinken – das ist wenigstens real!«

Eckhard beschreibt seine innere Zersplitterung und wie er nach einer Indienreise mit tiefen Erfahrungen vor Kollegen und Verwandten eine Person spielte, die er nicht mehr war. »Identifikationen lösen sich auf und werden in Frage gestellt«, sagt Pyar. »Das ist für dich mit den Phasen verbunden, die du beschreibst: Zersplitterung, Verwirrung, Frust, Wirtshaus. Der Eckhard, der nach Indien gefahren ist, existiert nicht mehr. Übrigens gilt das für jeden. Du gehst zum Fußballspiel und kommst nicht als derselbe zurück. Doch bei einer Indienreise wird es deutlicher. Wenn du die alte Person hervorzaubern willst, kommst du ins Schwitzen. Sei, wie du bist, von Moment zu Moment. Du weißt nicht, wie der andere reagiert. Und der andere weiß nicht, wer du bist. Das ist spannend. Die Kontinuität der Person mit ihrer Vorhersagbarkeit basteln wir uns nur aus Pappmaschee. Das sind immer nur Masken.«

»Davor fürchte ich mich, dass diese Masken wegfallen, immer mehr, und dann stehe ich da ...«

»Nackt! Bist du bereit, dich darauf einzulassen?«
»Ich weiß es nicht.«
»Wunderschön: Das ist eine ehrliche Antwort!«
Hendrik, ein tschechischer Philosophiestudent, sagt: »Wenn ich bereit bin aufzumachen, wird die Maske krass spürbar. Da ist eine extreme Empfindsamkeit. Ich bin hilflos. Wenn ich einen Schritt zurückgehe ins alte Muster, wird alles noch verspannter und künstlicher. Heute Nachmittag fühlte ich mich hin und her geschleudert. Der Geist, der stets verneint – und dabei diese Tropfen, diese Nicht-Erfahrung, beides war da, und dann ist es zersprungen. Und da hab ich Buddhas Herzsutra verstanden: Im Herzen werden Leere und Form als untrennbar wahrgenommen. Doch diese Intensität, das Zittern, die Schutzlosigkeit, wenn sich das Herz öffnet ...«

»Das ist es, was Chögyam Trungpa die ›weiche Stelle‹ nannte«, erklärt Pyar. »Zittern und Beben gehören dazu. Ja, das ist schon erschreckend, doch der eigentliche Schutz ist, dass es keinen Schutz braucht. Form und Leere sind nicht verschieden. Wenn du das tiefer und tiefer erfährst, inklusive dieser Schutzlosigkeit, die auch nicht getrennt ist von Leere, taucht ein bodenloser Schutz auf.«

»In den vergangenen Wochen musste ich immer wieder feststellen, dass ich mir Bedingungen schaffe, die es mir leichter machen, in die Stille zu gehen.«

»Nichts spricht dagegen, dass du stark wirst in der Stille. Du darfst dir die Zeit nehmen, dich zu gründen.«

»Und wenn andere mich für verrückt halten?«

»Du bist verrückt – in den Augen der Welt. Kannst du damit leben?«

»Ich baue mir selber Masken, wie ich sein müsste. Zugleich sehe ich: Es geht ohne all diese Masken.«

»Schau, ich bin ganz schutzlos. Aber das macht nichts. Verstehst du?«

»Irgendwie versteh ich's. Ja.«

Hendrik steht auf und umarmt sie. Er legt sich ihr in die Arme. Früher hatte Pyar neben sich einen Platz, auf den sich jeder setzen konnte, der eine Frage stellen oder ihr nur lange und still in die Augen schauen wollte. Dieser Platz verschwand zugunsten eines ständigen Kontakts zu allen. Hendrik scheint nun eine Art Bann gebrochen zu haben. Die nächsten Fragesteller kommen zur Umarmung nach vorne.

Eine Frau, die schon häufig im Retreat war, fragt nach der Beziehung zwischen Meister und Schüler: »Im September hast du gesagt, die Leute, die zu mir kommen, sind meine Schüler.« – »Nein«, widerspricht Pyar. »Es kommen auch Leute, die sind einfach nur neugierig. Die kommen zum Guru-Schauen. Aber für die spezielle Form von Beziehung braucht es ein Einlassen, braucht es Vertrauen. Das ist nicht bei allen Menschen da, die zum Satsang kommen.« – »Ich habe das Gefühl, dass ich deine Schülerin sein möchte. Als ich herkam, hatte ich die Erwartung, hier kriegst du was fürs Herz. Was mir aber fehlt, ist der direkte Kontakt. Ich hatte so ein Talkshow-Gefühl. Da erzählt einer, und dann geht das Mikrofon weiter. Ich würde am liebsten auch zu dir hinkommen und dich drücken.« – »Ja, dann komm doch!« – Die Frau lässt sich in Pyars Arme sinken: »Ich hab mich wie ein verstoßenes Kind gefühlt!« – »Das kennst du gut, dieses Gefühl, hm? Du gehörst hierher – egal, wie die Show läuft.«

Eine andere Frau spricht von einer schweren Zeit, die sie durchgemacht hat. Sie wurde wegen einer Psychose behandelt. »Was mich so bedrängt hat, war das Gefühl von Schuld: dass ich an der Psychose selbst schuld bin. Du hast gesagt, dass es keine Schuld gibt, aber das ist noch nicht in mich eingedrungen.«

»Soll ich es noch einmal sagen? Du bist nicht schuld. Wirklich nicht.«

»Aber es hat ja etwas mit mir zu tun!«

»Genauso wie ein Schnupfen.«

»Aber was ist der Unterschied?«

»Dass beim Schnupfen die Nase rinnt und bei der Psychose das Gehirn.«

Die Frau bleibt bei ihrer Sache: »In Wien hast du über den Unterschied zwischen Psychose und Erleuchtungserlebnis gesprochen. Das hat mich sehr beeindruckt. Ich kenne eben beides. Und ich sehe nun, dass die Psychose auch nur eine vorübergehende Erfahrung ist.«

»Und was ist jetzt? Du strahlst!«

»Ja, ich hab etwas wiedergefunden. Und jetzt möchte ich's gerne festhalten.«

»Was ist es denn?«

»Das Glück!«

»Wow! Aber du weißt ja: Festhalten kannst du es nicht.«

»Ich hatte solche Angst, dass die Psychopharmaka mein Bewusstsein verändern.«

»Das hängt davon ab, was du unter Bewusstsein verstehst.«

»Ja, das hab ich mir auch schon gedacht. Es kann ja eigentlich nicht verändert werden.«

»Das wirkliche, letztendliche Bewusstsein bleibt immer unberührt.« Pyar holt wieder das Buch hervor, aus dem sie anfangs zitiert hat: »Formen und Farben bilden sich im Raum – ein Psychopharmakon auch –, aber weder Schwarz noch Weiß hinterlassen in ihm Spuren. Da reicht nichts hin. Da kann nichts passieren. Da reicht weder die Psychose hin noch das Psychopharmakon. Wenn du allerdings unter Bewusstsein das Denken verstehst, da verändert das Medikament schon etwas. Doch am Bewusstsein, an der Buddhanatur selbst ändert sich nichts – selbst wenn du Alzheimer kriegst.«

»Ich bin froh, dass ich gekommen bin.«

Die beiden schauen sich in die Augen. Es ist lange ganz still.

Pyar Troll:
Satsang ist kein Konsumartikel

Pyar schreibt über ihre Satsang-Erfahrungen:

»Satsang ist weder Kontaktbörse noch soziales Happening. Es ist keine Sensation und keine Story, keine Bewegung und kein Geschäft. Es ist einfach nur nacktes Sein in Wahrheit – ohne Bedingung.

Gelegentlich sehe ich die Gier, die auch im ›Spirituellen‹ wieder greift. Hier noch einen Satsang mitnehmen, da noch einen Meister sehen, dort noch einen Lehrer erleben, diese oder jene innere Erfahrung machen. Vielleicht bringt es ja der oder die? Und da ist was Neues auf dem Markt – vielleicht ist das billiger? Vielleicht ist es bequemer?

Die Wahrheit ist: Es kann nicht bequemer oder billiger werden. Es geht nicht unter 100 Prozent. Es geht nicht, ohne dass das Ego stirbt. Es geht nicht ohne Hingabe. Und es ist nicht konsumierbar, nicht habbar, nicht haltbar.

Meine eigene Erfahrung ist, dass es in diesem Prozess des Ent-Werdens und Sterbens hilfreich und notwendig war, nur mit *einem* spirituellen Freund (ein Wort, das mir besser gefällt als Meister) zu sein. Solange Osho lebte, hatte ich nie auch nur einen Gedanken, woanders hinzugehen (ohne dass ich dadurch andere Meister und andere Wege jener Zeit abgewertet oder abgelehnt hätte). Und als ich Samarpan traf, war ich nur mit ihm. In der Zeit mit Samarpan ging ich einmal zu Tyohar und merkte, wie leicht es wäre und wie groß die Versuchung wäre, dem, was durchaus schmerzlich ist in diesem Enthüllen und Tiefer- und Tiefersinken, auszuweichen, wenn ich mehrere Meister aufsuchen würde. Schließlich wollte ich nichts anderes mehr, als mir den Kopf abschneiden lassen. Diese Entschlossenheit und Bereitschaft ist notwendig, und sie zu verwässern oder zu verharmlosen bringt nur neue Schleier, neue Verblendung.

Es gibt viele Finger, die auf denselben Mond deuten. Das ist wunderschön. Und ich liebe diese Vielfalt. Doch die Finger sehen zunächst verschieden aus. Und solange jemand noch mehr auf den Finger als auf den Mond sieht, geschieht leicht Verwirrung durch das Ansehen zu vieler Finger. Dann geschieht ein Vergleichen, mehr Denken als Sehen, mehr Ansammeln von Wissen als inneres Verstehen. Und dann starrst du noch mehr auf die Finger und siehst noch weniger den Mond, der in der Stille leuchtet. Wenn die Gnade des Vertrauens in einen spirituellen Freund geschieht, dann halte ich es für das Einfachste, dem wirklich zu vertrauen und nicht mehr herumzuspazieren.

Auch sehe ich in der momentanen Landschaft die Versuchung dessen, was Chögyam Trungpa ›spirituellen Materialismus‹ nennt. Die Versuchung des spirituellen Egos, das eine Gipfelerfahrung nimmt, zum Besitz macht, hinausposaunt und das Satsang nennt. Geschichten dazu erlebe ich immer wieder in Briefen, die mir Menschen schreiben, die das entweder in der Rolle des Hörenden erfahren oder in der Rolle des Posaunenden – und die das auch in beiden Rollen erleiden. Sogar Geschichten der Art, dass ein Mensch, der nicht recht weiß, wie er sein Leben bestreiten soll, einen Ausweg zu finden versucht, indem er sagt: ›Ach, ich könnte doch Satsang geben.‹ Doch auch das sind nur Geschichten. Die dazugehörigen Namen sind nicht wichtig. Wichtig ist da nur Wachsamkeit, Achtsamkeit, Ehrlichkeit. Sein statt Schein.

Und wie ist es mit Pyar? Warum gibt sie Satsang? Auf das Warum habe ich keine Antwort. Da war nie ein Vorhaben dieser Art, und ich will nichts davon. Wachsamkeit ist da – ein ständiges Überprüfen, ob da irgendetwas ist, was ich mir erwarte oder will oder bekommen möchte (auf welcher Ebene auch immer) von dem, was ich da staunend geschehen sehe. Ansonsten bin ich einfach nur da. Bin still. Im Sprechen, im Schweigen, ob im formellen Satsang oder wenn ich ganz alleine sitze, wenn ich im Garten arbeite oder in der Praxis oder beim Lesen und Schreiben vieler, vieler Briefe, beim Bergsteigen, bei der Buchführung, wenn ich Auto fahre oder sonst wo.

Mir ist alles recht und ich bin glücklich und in Frieden. Und in all dem ist Mitgefühl. Es kommt mir vor, als ob all die Energie, die gebunden war in Wollen und Nichtwollen und in der Aufrechterhaltung eines Egos, sich nun einfach ausdrückt in Mitgefühl. Ich kann gar nichts dagegen tun. In welcher Form dann wiederum Mitgefühl sich ausdrücken will oder in welcher Art die Existenz es ausdrücken will, ist wirklich gleich-wertig und gleich-gültig. Es spielt keine Rolle. Also bin ich da. Bin still. Sonst nichts.«

Geschichten des Erwachens

Spätestens seit Bertoluccis Film *Little Buddha* kennt jeder die Geschichte von Prinz Siddharta, der seine schwangere Frau und den Königshof verlässt, um in Meditation und Askese das Unvergängliche zu finden. Seine Geschichte ist zum Vorbild geworden für das spirituelle Erwachen, für »Erleuchtung«: Die hundertprozentige Suche. Die Übungspraxis. Die völlige Erschöpfung. Die schließliche Erkenntnis, dass eigene Anstrengung nicht weiterführt. Die tiefe Entspannung unter dem Bodhi-Baum, dem Baum der Erkenntnis. Das Beobachten aller inneren Bilder und Versuchungen. Endlich die vollkommene Stille, der reine Spiegel des Bewusstseins, als der letzte Stern in der Morgendämmerung verschwindet. Siddharta ist fortan *Buddha*, der »Erwachte«.

So ein Modell der Erleuchtung gibt es in den westlichen Religionen nicht. Wann und wie erwachte Jesus? Bei seiner Taufe durch Johannes? Als die Taube aufflog und eine göttliche Stimme sagte: Siehe, dies ist mein Sohn? Als Jesus nach langer Meditation in der Wüste den Versuchungen widerstand? Oder am Kreuz bei den Worten: Es ist vollbracht? Das Thema Erwachen wird selten in einem Gottesdienst angesprochen. Im Christentum vielleicht zum letzten Mal von Meister Eckart vor ungefähr 700 Jahren.

Erleuchtung ist im Westen zunächst durch indische Gurus, japanische Zen-Meister und tibetische Lamas populär geworden. Sie haben viele Geschichten des Erwachens mitgebracht. Die östlichen Traditionen sind voll davon. Jede Geschichte ist einzigartig. Zugleich gibt es einen gemeinsamen Kern. Und nun kommen neue Geschichten dazu, von Menschen aus Vancouver, Berlin oder dem Chiemgau.

Eckhart Tolle: Wie neu geboren

Bis zu meinem 30. Lebensjahr lebte ich in einem Zustand fast ständiger Angstgefühle, unterbrochen von Phasen lebensmüder Depression. Jetzt fühlt es sich so an, als spräche ich über ein vergangenes Leben oder über das Leben eines anderen.

Eines Nachts, nicht lange nach meinem 29. Geburtstag, erwachte ich in den frühen Morgenstunden mit einem Gefühl absoluten Grauens. Ich war schon oft mit einem solchen Gefühl aufgewacht, aber diesmal war es intensiver als je zuvor. Die Stille der Nacht, die vagen Umrisse der Möbel im dunklen Zimmer, das entfernte Geräusch eines vorüberfahrenden Zuges – alles fühlte sich so fremd an, so feindselig und so absolut bedeutungslos, dass in mir ein tiefer Abscheu vor der Welt entstand. Und das Abscheulichste von allem war meine eigene Existenz. Welchen Sinn machte es, mit dieser Elendslast weiterzuleben? Warum diesen ständigen Kampf weiterführen? Ich konnte fühlen, dass die tiefe Sehnsucht nach Auslöschung, nach Nicht-Existenz jetzt wesentlich stärker wurde als der instinktive Wille, weiterzuleben.

»Ich kann mit mir selbst nicht weiterleben.« Dieser Gedanke kreiste endlos in meinem Verstand. Plötzlich wurde mir bewusst, was für ein sonderbarer Gedanke das war. »Bin ich einer oder zwei? Wenn ich nicht mit mir selbst leben kann, dann muss es zwei von mir geben: das ›Ich‹ und das ›Selbst‹, mit dem ›Ich‹ nicht mehr leben kann.« »Vielleicht«, dachte ich, »ist nur eins von beiden wirklich.«

Ich war so fassungslos über diese seltsame Erkenntnis, dass mein Verstand anhielt. Ich war bei vollem Bewusstsein, aber es waren keine Gedanken mehr da. Dann fühlte ich mich in eine Art Energiewirbel hineingezogen. Zuerst war die Bewegung langsam, dann beschleunigte sie sich. Ich wurde von heftiger Angst ergriffen und mein Körper begann zu zittern. Wie aus dem Inneren meiner Brust hörte ich die Worte: »Wehre dich nicht.« Ich fühlte, wie ich in eine Leere hineingesaugt wurde. Es fühlte sich an, als sei die Leere in meinem Inneren, nicht außen. Plötzlich war keine Angst mehr da und ich ließ mich in diese Leere hineinfallen. Ich habe keine Erinnerung daran, was danach geschah.

Ich wurde vom Zwitschern eines Vogels draußen vor dem Fenster geweckt. Nie zuvor hatte ich einen solchen Klang gehört. Meine Augen waren immer noch geschlossen, und ich sah das Bild eines kostbaren Diamanten. Ja, wenn ein Diamant ein Geräusch machen könnte, dann würde sich das so anhören. Ich öffnete meine Augen. Das erste Licht der Morgendämmerung sickerte durch die Vorhänge. Ohne jeden Gedanken wusste ich, fühlte ich, dass es über das Licht unendlich viel mehr zu erfahren gibt, als wir ahnen. Diese weiche Helligkeit, die durch die Vorhänge sickerte, war Liebe selbst. Tränen stiegen mir in die Augen. Ich stand auf und ging im Zimmer umher. Ich erkannte das Zimmer, und doch wusste ich, dass ich es nie zuvor wirklich gesehen hatte. Alles war frisch und unberührt, als ob es gerade erst entstanden wäre. Ich nahm einige Dinge in die Hand, einen Bleistift, eine leere Flasche, voll Wunder über die Schönheit und Lebendigkeit von allem.

An diesem Tag ging ich in der Stadt umher, voller Staunen über das Wunder des Lebens auf der Erde, so als wäre ich gerade erst in diese Welt hineingeboren worden.

Fünf Monate lang lebte ich ununterbrochen in einem Zustand tiefen Friedens und tiefer Glückseligkeit. Danach ließ die Intensität etwas nach, oder vielleicht schien es auch nur so, weil mir dieser Zustand so selbstverständlich geworden war. Ich konnte weiterhin in der Welt funktionieren, obwohl mir bewusst war, dass jegliches Tun nicht das Geringste zu dem hinzufügen konnte, was ich bereits hatte.

(Abdruck mit freundlicher Genehmigung des Kamphausen Verlages)

Elke von der Osten:
Alles ist so einfach!

Im Jahr 1987 rief uns – meinen Mann Henning und mich – Heiner Siegelmann an: Er habe seinen Meister, Ramesh Balsekar, in Indien gefunden. Heiner wollte ein Seminar mit Ramesh an der Südspitze Indiens, in Kovalam Beach, anbieten und bat uns, Teilnehmer zu finden. Wir sind dann 1988 mit einer Gruppe von 38 Teilnehmern nach Indien geflogen. Seit 1976 war ich Sannyasin von Osho/Bhagwan Shree Rajneesh und keineswegs auf der Suche nach einem neuen Meister.

Und da war Ramesh: klein und zerbrechlich. Er trug eine dicke Hornbrille beim Lesen, sprach ein kompliziertes Oxford-Englisch und erschien mir sehr eng, wenig humorvoll und in keiner Weise spektakulär im Vergleich zu Osho. Es war nicht »Liebe auf den ersten Blick«. Im Nachhinein bin ich froh, dass Rameshs äußere Erscheinung mich nicht beeindruckte. Da war seine Lehre, die er im Laufe der Jahre immer einfacher und inzwischen mit viel Humor lehrt. Die feine, subtile Schwingung, die von ihm ausgeht. Keine Guru-Attitüden. Unendliche Geduld beim Beantworten der immer wieder gleichen Fragen.

Am Ende dieses ersten Seminars hatte ich ein persönliches Gespräch mit Ramesh. Und plötzlich war da die Klarheit, dass ich nicht erleuchtet werden kann. Dass dieses Ego, zu dem ich »Ich« sage, einfach nicht erleuchtet werden kann. Gleichzeitig kam die Einsicht: Wenn dieses Ich ohnehin nicht erleuchtet werden kann, dann ist es egal, ob *diesem* – wie Ramesh Balsekar es nennt – »Körper-Geist-Mechanismus« Erleuchtung widerfährt oder einem *anderen* oder gar nicht. Teilweise war mir das intellektuell schon lange klar. Doch dieses Mal ging es in die Tiefe, verbunden mit einem Gefühl von Freiheit.

Nun hatte ich Blut geleckt oder, um es mit den Worten von Ramana Maharshi zu sagen, ich befand mich im »Rachen des Tigers«. Ich nahm noch an zwei Seminaren in Kovalam teil. In einem dieser Seminare kam ein Gefühl unendlicher Liebe zum Meister – nicht zu dem Menschen Ramesh, den ich sehr mag –, sondern zu dieser »Meisterhaftigkeit«, dieser Leere, dieser Schwingung. Und es kamen die Worte: »Ich möchte immer in deiner Gegenwart sein.«

Bei diesen Seminaren erlebte ich immer mehr Klarheit, Verstehen. Mir erschien es wie ein Puzzle, bei dem jedes Mal ein Puzzlestück eingefügt wurde. Doch das letzte große Puzzlestück, das mich das ganze Bild hätte erkennen lassen, fehlte. Am Ende des letzten Seminars sagte mir Ramesh: »Du stehst an der Klippe. Jetzt muss nur noch der Sprung geschehen!«

Das erinnerte mich an eine Episode aus meiner Schulzeit. Wir sollten im Schwimmunterricht den Schein für den Freischwimmer machen. Es war eine bestimmte Strecke zu schwimmen, die ich ohne Schwierigkeiten mehrfach zurücklegte. Nur den obligaten Sprung wollte ich einfach nicht machen. Daraufhin stieß mich der Schwimmlehrer ins Wasser, und dieser »Sprung« bescherte mir dann den Freischwimmerschein. So eine Art Schwimmlehrer erhoffte ich mir nun auch.

Die Seminare in Kovalam fanden nicht mehr statt. Im Dezember 1995 flog ich zu Ramesh nach Bombay, heute Mumbai. Ramesh hält seine Talks jeden Morgen von 10 bis 11.30 Uhr in seiner Wohnung. Jeder ist ohne vorherige Anmeldung willkommen. Es war der erste Morgen in Mumbai bei Ramesh. Seine Worte drangen in mich ein, wie eingestanzt, gleichzeitig fühlte ich eine Art Erregung. Nach einiger Zeit glaubte ich, unbedingt etwas sagen zu müssen, sonst würde es mich in tausend Stücke zerreißen. Wie bei einem Dampfkochtopf, bei dem gleich mit Getöse der Deckel abgesprengt wird.

Dann ist etwas passiert – aber es ist nicht *mir* passiert. Das ist schwer zu verstehen. Doch da haben sich Dinge abgespielt, bei denen ich nicht die Erlebende war. Es ist nicht möglich, die letzte Wahrheit sprachlich zu schildern. Diese Wahrheit kann nur erfahren werden ohne Erfahrenden. Alles, was ich hier schreibe, ist ein Konzept, sozusagen die Speisekarte. Das Essen kann nur jeder selbst schmecken. Anders ausgedrückt: Dies ist die Landkarte. Wald, blühende Blumen, Sträucher, Wind, blauer Himmel dagegen können nur direkt erlebt werden.

Von außen betrachtet sah es so aus: Ich lachte, und wenn ich das Wort »Enlightenment« (Erleuchtung) ausprustete, löste das weitere Lachsalven aus. Doch in Wirklichkeit war nicht ich es, die lachte. »Es« hat mich gelacht. Vielleicht war es der berühmte kosmische Witz! Welch ein Witz, dass wir meinen, wir seien Sucher, die etwas finden könnten. In das Lachen mischte sich auch immer wieder der Ausruf: »Es ist ja alles so einfach!« Irgendwann war das dann vorbei.

Ich war und bin derselbe Mensch wie vorher, mit denselben Charakterprägungen. Es ist nicht so, dass die Glocken klingeln, die Engel singen und eine Stimme sagt: »Du bist erleuchtet.« Es ist nichts passiert. Wir glauben, Erleuchtung – was immer wir damit verbinden – gebe uns etwas, das wir festhalten und benennen können. Es ist aber im Gegenteil so, dass uns vieles genommen wird: die Illusion, dass wir die Handelnden sind; die Vorstellungen, die wir uns von uns selbst gemacht haben; der Wunsch, jemand sein zu wollen; und, und, und ... Wir verlieren nicht wirklich etwas, sondern nur die Illusionen von etwas, was nie real war.

Eine junge Amerikanerin sagte mir mal, wenn sie nach Erleuchtung suche, dann sei das wie das Graben nach einem Schatz. Und wenn sie lange und tief genug graben würde, würde sie diesen Schatz finden. Doch der Schatz besteht einfach darin, dass das Graben aufhört.

(Abdruck mit freundlicher Genehmigung der Autorin)

Karl Renz:
Die Hölle akzeptieren

Ende der achtziger Jahre stellte sich bei mir ein Kopfschmerz ein, zuerst im Nacken und nur ein- bis zweimal in der Woche. Nach etwa einem Jahr war aus den Kopfschmerzen eine tägliche Migräne geworden. Ich wachte mit ihr auf und ging mit ihr zu Bett. Alle Versuche, sie zu bekämpfen, machten sie nur noch schlimmer. Keine Medikamente, ob Natur oder Chemie, konnten sie in irgendeiner Art und Weise beeinflussen. Die einzige Möglichkeit, ihr zu entkommen, war Schlaf oder eine Art Meditation. Ich war immer gegen jegliche Art von sogenannter spiritueller »Arbeit«. Doch diese permanenten Schmerzen ließen mich jeden Morgen gleich nach dem Aufwachen in einen Zustand der Nichtanwesenheit versinken. In diesem Zustand waren die Schmerzen nur noch als eine Art vibrierendes Licht im Gewahrsein zu erfahren. Es gab niemanden mehr, der Schmerzen hatte. Meistens tauchte ich nach vier bis fünf Stunden spontan wieder aus der Meditation auf, und mit »mir« waren auch die Schmerzen wieder da. Aus dem Himmel in die Hölle. Irgendwie schaffte ich es danach, ins Atelier zu gehen und zu malen und mehr oder weniger meinen Alltag zu bewältigen.

Eines Morgens, inzwischen waren etwa vier Jahre vergangen, tauchte ich schon nach zwei Stunden aus der »Meditation« auf und schaltete den Fernseher ein, um mal wieder die Börsennachrichten zu sehen. Da wurde gerade auf Bayern 3 ein Fernsehspiel des BBC gezeigt, das *Mahabharata*. Das *Mahabharata* ist ein indisches Helden- und Götter-Epos, in dem Gott Krishna dem Helden Arjuna in vielen Lektionen zu vermitteln versucht, dass er keinen freien Willen hat. Dass er trotz seiner pazifistischen Lebenseinstellung in Schlachten und Kriege verwickelt werden und darin unzählige Gegner töten wird. Eigentlich wollte ich gleich weiterschalten zur Börse, aber irgendetwas hielt mich davon ab. Erst mit wenig, dann mit immer mehr Interesse verfolgte ich das ganze Drama. Am Ende waren alle tot und Krishna nahm den Bruder von Arjuna, Yudhishthira, der sich inzwischen als wahrer Schüler erwiesen hatte, in den Himmel. Als er dort nur alle seine Feinde sah, die es sich gut gehen ließen, fragte er Krishna, wo denn seine Freunde und seine Familie seien. Der antwortete, sie seien in der Hölle gelandet. »Ich will mit meinen Freunden sein, die relative Freude des Himmels bedeutet mir nichts mehr«, drängte Yudhishthira. So, ab in die Hölle. Dort sah er alle seine Freunde und seine Familie im Höllenfeuer des Leids brennen und sank selbst in die tiefste Traurigkeit des Seins. Nach einer Weile fragte Krishna ihn, ob er akzeptieren könnte, für alle Zeiten in diesem Zustand zu bleiben.

Inzwischen war ich so involviert, vollkommen identifiziert mit Yudhishthira, dass die Frage wie an mich gerichtet war. Ich antwortete mit ihm: Ja, in mir ist kein Wunsch nach Veränderung oder Vermeidung von Schmerz oder Leid, und wenn dies für den Rest meiner Existenz so bleiben sollte, so sei es. Meine Kopfschmerzen hatten sich inzwischen ins Unerträgliche gesteigert. In diesem Moment strömte reines Licht explosionsartig durch den Hinterkopf und füllte meine gesamte Wahrnehmung. In der absoluten Akzeptanz des Seins, der Annahme dessen, was ist, hörte die Zeit auf. Karl und die Welt waren verschwunden. Eine Form von Istheit erschien in einem gleißenden Licht, eine pulsierende Stille, eine absolute Lebendigkeit, in sich selbst vollkommen, und ich war das. Nach einer »Ewigkeit« (drei bis vier Stunden) waren Karl und die Welt wieder da, doch die Kopfschmerzen waren verschwunden. Dafür blieben die absolute Akzeptanz und das Wissen, dass die Zeit in dem auftaucht, was ich bin, und dass das, was ich bin, vor der Zeit ist. Dass alles, was in der Zeit ist, jede Empfindung, nicht das berühren kann, was in sich selbst absolut ist, was an sich Leben ist.

Durch eine Kette von Ereignissen und Umständen, die in keinem Moment von mir gewollt oder beabsichtigt waren, trotz und nicht wegen allen Suchens, ist die absolute Akzeptanz, die vollkommene Liebe ist, sich ihrer selbst gewahr geworden. Und das war und ist nicht mein oder dein Erleben, sondern das Leben selbst lebt sich in allem, was ist und nicht ist.

Und du bist das. Die absolute Wahrnehmung, die sich selbst wahrnimmt. Die Wahrheit an sich.

(Abdruck mit freundlicher Genehmigung des Autors)

Francis Lucille:
Der Ich-Gedanke erlosch

Ich saß in Stille in meinem Wohnzimmer, wo ich mit zwei Freunden meditierte. Es war noch zu früh für unsere nächste Aktivität, die Zubereitung des Abendessens. Es gab nichts zu tun, ich erwartete nichts und war verfügbar. Ich war frei von mentaler Dynamik, mein Körper war entspannt und sensibel, obwohl mein Rücken und Nacken mir einige Beschwerden machten.

Nach einer Weile stimmte einer meiner Freunde plötzlich eine traditionelle Sanskrit-Anrufung, das *Gayatri*-Mantra an. Die heiligen Silben fielen auf geheimnisvolle Weise in Resonanz mit meiner stillen Präsenz, die auf das Intensivste lebendig zu werden schien. Ich verspürte ein tiefes Sehnen in mir, doch ein gleichzeitiger Widerstand hinderte mich daran, die gegenwärtige Situation in ihrer ganzen Fülle zu leben, mit meinem gesamten Wesen auf diese Einladung des Jetzt zu antworten und mit ihm zu verschmelzen. Mein Hingezogensein zur Schönheit, das durch die Anrufung angekündigt worden war, vertiefte sich – doch mein Widerstand vertiefte sich gleichermaßen und enthüllte sich als wachsende Angst, die zu einem intensiven Entsetzen wuchs.

An diesem Punkt fühlte ich, dass mein Tod unmittelbar bevorstand und dieses entsetzliche Ereignis durch jedes weitere Loslassen meinerseits, jedes weitere Willkommenheißen dieser Schönheit hervorgerufen werden würde. Ich hatte einen entscheidenden Punkt in meinem Leben erreicht.

Aufgrund meiner spirituellen Suche hatten die Welt und ihre Objekte ihre Anziehungskraft verloren. Ich erwartete nichts Bedeutendes mehr von ihnen. Ich war ausschließlich in das Absolute verliebt, und diese Liebe verlieh mir den Mut, in das große Nichts des Todes zu springen und um jener Schönheit willen, die mir nun so nah war, zu sterben – um jener Schönheit willen, die mich von jenseits der Sanskritworte rief.

Diese Hingabe führte dazu, dass mich das heftige Entsetzen, welches mich ergriffen hatte, sofort losließ und sich in einen Fluss von Körperwahrnehmungen und Gedanken verwandelte, die rasch zu einem einzigen Gedanken, dem Ich-Gedanken zusammenliefen – so wie die Wurzeln und Äste eines Baumes in seinem einen Stamm zusammenlaufen. In einer fast gleichzeitigen Erkenntnis enthüllte sich die persönliche Wesenheit, mit der ich mich identifiziert hatte, in ihrem vollen Ausmaß. Ich sah ihre Überstruktur, die von dem »Ich-Konzept« ausgehenden Gedanken sowie ihre Infrastruktur, die Spuren meiner Ängste und Begierden auf körperlicher Ebene. Der gesamte Baum wurde jetzt von einem unparteiischen Auge betrachtet, und sowohl die Überstruktur der Gedanken als auch die Infrastruktur der körperlichen Empfindungen verschwanden im Handumdrehen, wodurch im Feld des Bewusstseins nur noch der »Ich-Gedanke« zurückblieb. Einen Moment lang schien der reine »Ich-Gedanke« zu flackern wie die Flamme einer Öllampe, der der Brennstoff ausgeht – um dann plötzlich in der ewigen Herrlichkeit des Seins zu verschwinden.

(Abdruck mit freundlicher Genehmigung des Kamphausen Verlages)

Wie Satsang in den Westen kam

Woher kommt die Satsang-Welle? Gab es vor hundert Jahren in Deutschland Menschen, die zum Satsang gingen? Nein. Vor fünfzig Jahren? Ja. Ein gewisser Swami Yatiswarananda aus Madras, Leiter des dortigen Vedanta-Zentrums, unterwies in den dreißiger Jahren ein Dutzend Schüler in Wiesbaden in *Advaita-Vedanta*. Advaita-Vedanta ist die aus den indischen Veden entwickelte Lehre der Nicht-Dualität.

Und vor zwanzig Jahren? Da wurde in über zwanzig Bhagwan-Zentren so etwas wie Satsang zelebriert, mit Videovorträgen des indischen Meisters. Die Zahl der deutschen Schüler betrug damals schätzungsweise einhunderttausend.

Und heute? Die Szene ist bunt. Nach wie vor unterrichten gelehrte Swamis in Advaita-Vedanta. Sanfte indische Mamas wie Amma oder Mother Meera umarmen hunderte Trostbedürftige an einem Abend. Osho-Schüler schauen sich weiterhin Videos an. Aber, und das ist das eigentlich Neue, auch ziemliche gewöhnliche Menschen aus Berlin, Hamburg oder München vermitteln in ihren Satsangs eine Mischung aus Selbsterkenntnis, Advaita-Vedanta und gelegentlich Osho-Lehren. Von Advaita-Vedanta ist dabei selten oder gar nicht die Rede. Dafür von zwei indischen

Weisen: Ramana Maharshi und H. W. L. Poonja. Vieles in der aktuellen Satsang-Bewegung im Westen geht von ihnen aus.

Advaita-Vedanta

Eine Waldlichtung in der Morgendämmerung. Zwanzig Männer und Frauen sitzen regungslos auf dem taufeuchten Gras, lauschen dem Gesang der Vögel und dem Gurgeln des nahen Flusses. Sie warten. Gleich wird der alte Shivadas das heilige Om anstimmen. Sie werden mitsingen und weiterhin lauschen und spüren, wie der Laut im Körper vibriert. Und dann ertönen die ersten Worte, leise, beinahe vorsichtig. »Om ist der Bogen, Atman der Pfeil, Brahman das Ziel; ohne sich ablenken zu lassen, muss man *Dies* treffen, indem man sich gleichmacht dem Pfeil, der sich mit dem Ziel vereint.«

Ein Satsang vor 3000 Jahren am Ganges. *Sat* heißt Wahrheit, *Sang(ha)* heißt Gemeinschaft. Satsang heißt: in der Wahrheit zusammen sein. Worte wie die des längst vergessenen Shivadas wurden in den Veden und Upanischaden überliefert (die zitierten in der *Mundaka Upanischad*, II, 2, 3–4). Das sind Schriften, die in Indien als Ausdruck des Brahman, des zeitlosen Bewusstseins gelten. Rishis, »Seher« wie Shivadas, waren die Vermittler.

Om, der heilige Klang, steht für das, was gerade wahrgenommen wird. Atman, die Seele oder das Selbst: Das bin ich, der jetzt wahrnimmt. Indem ich meine Aufmerksamkeit auf mich selbst richte, auf das, was diese Worte jetzt liest, werde ich zum Pfeil, der das Ziel immer schon erreicht hat. Ich bin Dies, Brahman, kein Objekt, kein Subjekt, sondern reines Bewusst-Sein, jetzt.

Die meisten der heutigen Satsang-Lehrer leiten zu dieser Art der Selbsterforschung an. Von den alten Veden spricht dabei allerdings niemand – abgesehen vom italienischen Meister Raphael (siehe unter Satsang-Lehrer). Einige mögen ein Om anstimmen, doch Begriffe wie Atman oder Brahman sind out. In ist allenfalls noch das Sanskritwort *A-dvaita*, das heißt »nicht-zwei«, Nicht-Dualität.

Wollte ein Religionswissenschaftler die heutige Satsang-Welle auf Traditionen zurückführen, würde er zwangsläufig auf Advaita-Vedanta kommen. Das ist die mystische Unterströmung des Hinduismus, vergleichbar dem Sufismus im Islam. Der Religionswissenschaftler würde in den Satsangs zwar keine ausdrücklichen Hinweise auf die Veden oder auf klassische Advaita-Vedanta-Philosophen wie Gaudapada oder Shankara finden. Er könnte jedoch notieren, wie oft und unter welchem Aspekt der indische Weise Ramana Maharshi (1879–1950) erwähnt wird. Dessen Erkenntnis und Selbstverwirklichung mag zwar jede Tradition hinter sich lassen. Doch was er als Lehre in Worten vermittelte, lässt sich nicht mit Buddhismus, Taoismus, Sufismus oder gar Schamanismus verwechseln.

In Indien wird Ramana Maharshi als hinduistischer

Heiliger verehrt. Was heute weltweit unter Satsang läuft, ist meist eine westliche Aufnahme der Advaita-Vedanta-Tradition. Die kahlköpfigen Hare-Krishna-Jünger, die Maharishi-Mahesh-Yogi-Manager mit ihren Nadelstreifen-Anzügen, die Ramakrishna- und die Yogananda-Anhänger und eben auch die meisten Satsang-Lehrer sind Kinder der Veden. Doch zugleich ist der Unterschied offensichtlich.

Der Grund dafür ist die spezielle Praxis der Selbsterforschung. In der berühmten *Bhagavad Gita*, auf die sich alle hinduistischen Traditionen als *das* Buch der Weisheit berufen, versucht der Gott Krishna seinen Schüler Arjuna auf verschiedenen Wegen zur höchsten Einsicht zu führen: Rechtes Handeln (Karma-Yoga), Hingabe (Bhakti-Yoga) und Erkennen (Jnana-Yoga). Kein Weg schließt den anderen aus. Doch es macht schon einen Unterschied, worauf sich der Schüler konzentriert. Ramana Maharshi und die von ihm inspirierten heutigen Satsang-Lehrer setzen auf den Weg der Erkenntnis, der Selbsterforschung.

Das war auch Buddhas Weg. So kam es immer wieder zu Überschneidungen zwischen Advaita-Vedanta und Buddhismus. In vielen Punkten sind sich die Lehren zum Verwechseln ähnlich. Das führte von Anfang an, schon zu Buddhas Zeiten, zu heftigen Debatten. Sozialpolitisch war Buddha gegen das Brahmanentum und das Kastensystem. Spirituell ging es um die Frage: Gibt es ein höchstes Selbst – Brahman – oder nicht? Er fand: Nein.

Beide Traditionen fordern ursprünglich zur unvoreingenommenen Selbsterforschung auf. Der Advaita-Meister Sri Nisargadatta Maharaj (1897–1981) betonte die Wissenschaftlichkeit dieser Methode: »Schließlich biete ich Ihnen ein Verfahren an, wie es in der westlichen Wissenschaft sehr geläufig ist. Wenn ein Wissenschaftler ein Experiment und seine Ergebnisse beschreibt, dann akzeptieren und vertrauen Sie normalerweise seinen Behauptungen und wiederholen seine Experimente, so wie er sie beschrieben hat. Wenn Sie die gleichen oder ähnliche Ergebnisse bekommen, brauchen Sie ihm nicht mehr zu vertrauen, Sie vertrauen Ihrer eigenen Erfahrung. Ermutigt gehen Sie weiter und erreichen am Ende im Wesentlichen die gleichen Resultate.«

Ramana Maharshi

Am 1. September 1896 betritt ein 16-jähriger Brahmanenjunge schweigend das innere Heiligtum des großen Arunachala-Tempels in Tiruvannamalai, Südindien. Nach der plötzlichen Erkenntnis der Unvergänglichkeit allen Bewusstseins hat er seine Familie verlassen und fühlt sich gerufen von dem heiligen Berg Arunachala. Der Berg gilt seit Urzeiten als Verkörperung Shivas. Hier will er bleiben. Und er bleibt – bis zu seinem Tod im Jahre 1950. Zunächst allein in dunk-

len Höhlen, vollkommen versunken im Gewahrsein des ewigen Selbst, das die Hindus *Brahman* nennen.

Bald fühlen sich die ersten Wahrheitssucher zu der kraftvollen Präsenz des stillen Jungen hingezogen. Sie geben ihm einen Ehrennamen: Bhagavan Shri Ramana Maharshi. Dieser Name verbreitet sich und wird schließlich weltbekannt. Ein Ashram entsteht. Tausende besuchen den Mann, der wie ein Gott verehrt wird und durch seine ungewöhnliche Einfachheit und Bescheidenheit beeindruckt. Er lebt, schläft und empfängt Besucher in der allen jederzeit zugänglichen Gemeinschaftshalle. Sein einziger Besitz sind ein Lendentuch, ein Wasserkrug und ein Spazierstock.

Ramana gibt Satsang. Zunächst schweigend. Als Vorbild führt er oft einen legendären Yogi namens Dakshinamurti an, der seine vier Schüler allein durch Stille zum Erwachen geführt haben soll. Auf die Frage, warum Schweigen so mächtig sein kann, antwortet Ramana (so jedenfalls hat es ein Schüler notiert): »Ein Verwirklichter sendet Wellen spiritueller Kraft aus, die viele Menschen anziehen. Er mag dabei in einer Höhle sitzen und schweigen. Wir können uns lange Vorträge über die Wahrheit anhören und doch kaum etwas begreifen. Doch wenn wir in Verbindung mit einem Verwirklichten kommen, werden wir sofort begreifen, auch wenn er nichts sagt.«

Je mehr Sucher ihre Fragen stellen, desto deutlicher erkennt der Weise, dass er den unterschiedlichen Anforderungen gerecht werden, dass er auch mit Worten auf die

Wahrheit hinweisen muss, obwohl sie »jenseits der Worte ist und keine Erklärungen erlaubt«.

Seine mündlichen Antworten werden aufgeschrieben, aus dem Tamil und anderen südindischen Sprachen in teils altertümliches Englisch übersetzt und als nummerierte Lehrsätze gesammelt. Sie erscheinen gelegentlich widersprüchlich. Mal wird ein individuelles Selbst als real angenommen, mal als Illusion dargestellt, je nach Auffassungsvermögen des Fragenden. Im Kern besagt die Lehre ganz klar: Gib die Vorstellung eines individuellen Ichs, die Identifikation mit deinem Körper und Geist auf, und das wahre Ich offenbart sich von selbst. Die Wirklichkeit ist schon immer gegenwärtig; es gibt also nichts zu erreichen oder zu verwirklichen.

»Verwirklichung ist bereits da. Der Zustand, der frei von Gedanken ist, ist der einzig wirkliche Zustand. Es gibt keine solche Tätigkeit wie Verwirklichung. Gibt es irgendjemanden, der nicht sein Selbst erfährt? Verleugnet jemand seine eigene Existenz?«

Auf die Bitte vieler Sucher, Ramana möge ihnen eine spirituelle Übung geben, führt er die Methode der Selbsterforschung *(Vichara)* ein. Dabei wird die Aufmerksamkeit auf das subjektive Empfinden von »Ich« oder »Ich bin« gerichtet und die Verbindung zu weiteren Objekten wie »Ich bin der Körper«, »Ich denke«, »Ich lese«, »Ich bin wütend« abgeschnitten. Das wahre Ich hat nie die Vorstellung, dass es denkt oder handelt. Erst durch die Begrenzung auf »Ich bin der Körper« entsteht die Fiktion, ich würde eigenständig (getrennt von dem einen Selbst) denken, fühlen und handeln.

»Das Radio singt und spricht, aber wenn Sie es öffnen, ist niemand drin. So ist es mit meiner Existenz: Obgleich der Körper spricht wie ein Radio, ist niemand als Handelnder darin.«

Während sich in traditionellen Meditations- und Yogaübungen ein Subjekt auf Objekte bezieht (»Ich beobachte den Atem«), soll in der Selbstergründung das Aufsteigen des Ich-Gedankens aus dem Selbst und das Zurücksinken darin beobachtet werden. So leitet Ramana immer wieder dazu an, den Ich-Gedanken zur Quelle zurückzuverfolgen, so »als würde ein Hund seinen Herrn durch dessen Geruch aufspüren«.

»Woher steigt dieses ›Ich‹ auf? Suchen Sie im Inneren danach, dann verschwindet es. Dies ist das Streben nach Weisheit. Wenn der Geist unaufhörlich nach seiner eigenen Natur forscht, stellt sich heraus, dass es so etwas wie den Geist gar nicht gibt. Dies ist der direkte Weg für alle. Der Geist besteht nur aus Gedanken, und der Gedanke ›ich‹ ist die Wurzel aller anderen Gedanken. Deshalb ist der Geist nichts als der Ich-Gedanke. Die Geburt des Ich-Gedankens ist unsere eigene Geburt, sein Tod ist der Tod der Person. Nachdem der Ich-Gedanke entstanden ist, entsteht die falsche Identifizierung mit dem Körper. Werden Sie den Ich-Gedanken los. Solange das ›Ich‹ da ist, gibt es Kummer. Wenn es aufhört, ist auch der Kummer verschwunden.«

Satsang, die Gemeinschaft mit dem Sein und mit der Wahrheit, gilt traditionellerweise als Zusammensein mit dem erwachten Guru. Die körperliche Nähe des Gurus scheint aber nicht das Entscheidende zu sein. »Was ist Gutes daran? Nur das Bewusstsein zählt, mit ihm muss Verbindung aufgenommen werden. Sat-Sangha lässt den Geist in das Herz versinken. Der äußerlich sichtbare Guru drängt den Geist nach innen. Er ist aber auch im Herzen des Suchenden und zieht dessen nach innen gewandten Geist ins Herz.«

Mit »Herz« ist hier weder das Herzchakra noch ein Gefühlsbereich gemeint, sondern das Zentrum, das Selbst. Der Guru ist das Selbst. So kann Ramana sagen: »Ein Guru ist nicht die Körperform. Deshalb bleibt der Kontakt erhalten, wenn der Körper des Gurus verschwindet. Man kann einen anderen Guru aufsuchen, wenn der eigene gestorben ist, aber alle Gurus sind eins, und keiner von ihnen ist die Form, die Sie sehen. Der geistige Kontakt ist stets der beste.«

Als Ramanas Schüler merken, dass er bald seinem Krebsleiden erliegen und sterben wird, beginnen einige zu klagen. Wie sollen sie ohne ihn die Wahrheit finden? Er antwortet lächelnd: »Wo kann ich denn hingehen? Ich bin immer hier.«

(Zitate aus David Godman, Hrsg.: *Ramana Maharshi. Sei, was du bist!*, O. W. Barth Verlag 1991)

H. W. L. Poonja

Sri H. W. L. Poonja, von seinen Schülern »Papaji« genannt, wurde am 13. Oktober 1910 im Punjab im heutigen Pakistan geboren und starb 1997 in Lucknow, Nordindien. Nach eigener Aussage erkannte er das Selbst in Gegenwart von Ramana Maharshi, den er bis zuletzt als seinen Meister verehrte. »Wer bin ich? Was bin ich? Ich denke nie, dass ich, Poonja, spreche. Er ist es, der Maharshi, der Meister. Sollte ich jemals glauben, diese Person, genannt Poonja, spricht zu euch, hätte ich kein Recht, hier zu sitzen; denn was immer aus meinem Mund käme, wäre falsch. Poonja ist verschwunden, aber der Meister wird immer bleiben. Er ruht in meinem Herzen als mein eigenes, unvergängliches Selbst. Er allein leuchtet als das ›Ich‹.«

Poonja folgt Ramanas Rat, im Selbst zu ruhen und zugleich alle weltlichen Aufgaben wahrzunehmen und für seine große Familie zu sorgen. Nach seiner Pensionierung 1966 lebt Poonja an den Ufern des Ganges, reist in der Welt umher und lässt sich schließlich in Lucknow nieder. Zwischen 1990 und 1997 wächst die Zahl der westlichen Besucher seiner Satsangs rapide. Viele berichten von einem überraschend einfachen Erwachen, von der Erkenntnis, dass jede Suche ein Witz sei: Der Sucher ist ja das Gesuchte, immer hier und jetzt gegenwärtig!

Einige der ersten Westler, die sich in Poonjas Wohnzimmer einfinden, erklärt der Meister zu Botschaftern: Andrew Cohen, Antoinette Varner, die er »Gangaji« nennt, Nick Ardagh, den er »Arjuna« nennt, Isaac Shapiro und ein paar andere Amerikaner, die bisher nicht in Deutschland aufgetreten sind. Seine Aufforderung an die Botschafter, Satsang im Westen zu geben, bedeute nicht, sie seien voll realisierte Meister, betont Poonja. Er selbst sei in seinem ganzen Leben nur einem solchen *Satguru* begegnet, nämlich Ramana Maharshi.

»Botschafter sind Botschafter. Sie sollten sagen: Ich habe dies von da und da, und wenn du das auch willst, solltest du dorthin gehen. Doch das Ego ist stark. Deshalb soll der Schüler nach der Tradition dem Guru zwölf Jahre dienen, damit sein Ego verschwinden kann.«

Es gibt keinen Weg zur Freiheit, betont Poonja. Weg bedeute immer: an einem Ort beginnen und woanders ankommen. »Du musst jedoch nirgendwo hingehen. Entfernung ist eine Täuschung des Verstandes. Bleib, wie du bist, wo immer du bist. Wenn du diesem Rat folgst, in diesem Moment, wirst du erkennen, dass du bist, was du Millionen von Jahren gesucht hast. Es gibt keine Suche, denn man sucht nur das, was man verloren hat. Hier sei einfach still. Lass alle Gedanken beiseite. Dann wirst du wissen, wer du wirklich bist.«

Alles Üben, alles spirituelle Bemühen ist demnach überflüssig. »Übung ist nötig, wenn dir etwas fehlt. Willst du Ingenieur werden, musst du lernen und üben, um deinen Abschluss zu machen. Hier musst du nicht üben, weil die Wahrheit bereits hier ist. Was du erreichen kannst, wirst du verlieren, doch was bereits ist, brauchst du nur zu sehen. Erkenne, wer und was ›Ich bin‹ ist. Versuche nicht, es mit Hilfe irgendeiner Methode zu finden. Der Verstand wird dich immer an der Nase herumführen. Höre nicht auf den Verstand. Bleibe einfach still, und Es wird sich von selbst offenbaren.«

(Zitate aus Sri H. W. L. Poonja: *The Truth Is,* Yudhishthira, 2. Aufl. 1997)

TEIL III
Porträts

Die Porträts von John de Ruiter, Torsten und Gertrud schrieb Dietmar Bittrich, die anderen wurden von Christian Salvesen verfasst und von Dietmar Bittrich ergänzt und bearbeitet.

Satsang-Lehrer von A bis Z

Im folgenden Teil werden Lehrer vorgestellt, die als erleuchtet oder erwacht gelten und die eine Verbindung zum Satsang haben. Sie erscheinen alphabetisch nach ihren spirituellen Namen oder Vornamen.

Zur Zeit sind im Westen rund zweihundert Satsang-Lehrer aktiv, davon dreißig deutschsprachige. Wir porträtieren die international bekanntesten, die regelmäßig nach Deutschland kommen, und die bekanntesten deutschsprachigen, die wiederum zum Teil international auftreten. In beiden Fällen war uns wichtig, dass wir die vorgestellten Lehrer selbst kennen gelernt haben.

Die meisten Lehrer finden Angaben zu ihrer Person überflüssig. Wenn sie über sich selbst reden sollen, reden sie über das Selbst, das allen gemeinsam ist. Typisch ist die Aussage von Tyohar: »Zu wissen, wann ich geboren wurde oder wo ich aufwuchs, hilft dir nicht, mich kennen zu lernen. Wir können uns nur begegnen, wenn du vollkommen still wirst und mit dem gegenwärtigen Moment verschmilzt.«

Dennoch haben wir ein paar Fakten zusammengetragen, um die Lehrer in ihrer Individualität zu würdigen. In den Porträts gibt es also eine knappe Biografie, einige Hinweise zum speziellen Satsang-Auftritt des jeweiligen Lehrers und schließlich seine Botschaft in Zitaten, gefolgt von Adressen. Fast alle Lehrer haben eine Website.

Einen guten Überblick zu den Websites inklusive Links bietet www.satsang.de. Zum Internet-Auftritt der Zeitschrift *Connection* (www.connection-medien.de) gehört ein regelmäßig aktualisierter Satsang-Kalender mit Terminen, Auftrittsorten und Kurzporträts. Die Zeitschrift *Mensch & Sein* bringt solch einen Kalender monatlich in gedruckter Form.

Andrew Cohen

Andrew Cohen, geboren 1955 in New York, zählt zu den bekanntesten spirituellen Lehrern der USA. Als Sechzehnjähriger machte er eine vorübergehende Erfahrung »kosmischen Bewusstseins«, die ihn nicht mehr losließ. Seinen Plan, Musiker zu werden, gab er auf, um dieses kosmische Bewusstsein wiederzufinden. Er versuchte es mit Zen, Yoganandas Kriya-Yoga und Buddhismus, bevor er sich mit anderen westlichen Suchern nach Indien aufmachte. Dort traf er 1986 seinen letzten Lehrer – H. W. L. Poonja –, bei dem er erwachte. Danach machte er dessen »Nicht-Lehre« einem schnell wachsenden Kreis bekannt, bevor er sich von seinem Lehrer zurückzog und einen eigenen Weg ging. Auf seiner Homepage heißt es: »Seit seinem Erwachen 1986 lebt, atmet und spricht er nur für eine Sache: die Kraft, sich von Unwissenheit, Aberglauben und Egoismus vollkommen zu befreien.«

Andrew Cohen gründete die »International Fellowship for the Realization of Impersonal Enlightenment«, kurz IEF, mit Zentren in London, Boston, Paris, Stockholm, Amsterdam, Kopenhagen, New York, Rishikesh, Sydney und Köln. Die von ihm herausgegebene Zeitschrift *What Is Enlightenment*, deutsche Ausgabe: *Was ist Erleuchtung?*, setzt sich mit allen spirituellen Traditionen und ihren bekanntesten Vertretern auseinander und genießt dank seriöser Recherche, Debattierfreudigkeit und unbestechlicher Interviews hohes Ansehen.

Bei seinen Vorträgen und Retreats ist Andrew lebhaft und engagiert. Er spricht schnell, sucht nach Worten und verhaspelt sich gelegentlich. Da ist wenig geplant, nichts inszeniert. Was er sagt, kommt spontan. Oft klingt es abstrakt, er ist der Intellektuelle unter den Satsang-Lehrern. Doch er fesselt die Zuhörer dank seiner Ausstrahlung. Einer beträchtlichen Anhängerschaft stehen auch etliche Kritiker gegenüber. Zu den schärfsten gehört Andrews eigene Mutter, Luna Taro. In ihrem Buch *The Mother of God* (Plover Press, N. Y.) beschreibt sie ihre Erfahrungen in Andrews spiritueller Gemeinschaft, in der sie allerlei Anmaßung und Narzissmus erfahren hat.

Andrew Cohen selbst wertet solche Phänomene als Reste des sterblichen Egos. »In der Beziehung zum Lehrer kommen viele Dinge hoch. Sosehr der Schüler sich auch hingeben will – ein großer Teil von ihm wehrt sich dagegen. Dieser Teil will unbedingt das Programm des Egos weiterleben. In der Beziehung zum Lehrer beginnt ein Prozess der Reinigung. Es ist ein kraftvoller Prozess. Der Schüler merkt, dass er einen Preis zahlen muss. Dieser Preis ist das Ego. Gefordert ist nicht weniger als seine Bereitschaft zum lebendigen Sterben.«

www.AndrewCohen.org
E-Mail: iefkoeln@andrewcohen.de
Tel. 0221 3101040 (Impersonal Enlightenment Fellowship, IEF, Köln)
Bücher: *Freisein* und *Himmel und Erde umarmen,* beide Param Verlag;
Erleuchtung ist ein Geheimnis, Ch. Falk Verlag

Arjuna

Nick Ardagh wurde 1957 in London »in kaputte Familienverhältnisse« geboren. Seine Eltern ließen sich scheiden, als er vier Jahre alt war. »Ich hatte schon als Kind das Gefühl, dass all dieses Leiden unnötig war. Das war wie eine zelluläre Erinnerung an etwas, das natürlicher, liebevoller, wahrhaftiger war.« Mit sieben Jahren wanderte er allein in Kirchen und Kathedralen umher, als Dreizehnjährigen erschütterte ihn die Lektüre von Krishnamurti, mit siebzehn wurde er Lehrer für Transzendentale Meditation. Nick Ardagh studierte Psychologie in Cambridge. Seine spirituelle Suche führte ihn unterdessen zu tibetischen Lehrern und zu Osho, bis sie im indischen Lucknow bei Poonja endete. Das war 1991. Bei Poonja nahm Nick Ardagh den Namen Arjuna an – nach dem von Krishna belehrten Helden der *Bhagavad Gita*, und bei Poonja heiratete er eine Frau, von der er mittlerweile wieder geschieden ist. Poonja ernannte ihn 1992 zu seinem »Botschafter im Westen«. In Kalifornien gründete Arjuna die »Living Essence Foundation« mit dem Ziel, Methoden zu verbreiten, um Satsang in den Alltag zu integrieren. Bei diesen Methoden greift Arjuna auf seine Erfahrungen in der Hypnotherapie zurück. In den USA hatte er bereits mit der Mentaltrainerin Louise Hay zusammengearbeitet und eine erfolgreiche Kassettenserie zur Erforschung des Unterbewusstseins herausgegeben, die »Alchemical Journey Tapes«. Die englischsprachige Kassettenserie zum Satsang heißt »Living Essence Tapes«. Sie enthält die Methoden, die auch auf Arjunas Intensiv-Wochenenden praktiziert werden. Ein einfaches Beispiel: »Du kannst das Urteilen mit einer kleinen Phrase auflösen: ›genau wie ich‹. Füge das einfach zu allem hinzu, das du über andere sagst – ›genau wie ich‹ – und die Projektion löst sich auf.«

Bei seinen Satsangs gibt es keine Aura von Heiligkeit. »Der Guru soll vom Podest verschwinden und in den Herzen Wirklichkeit werden.« Arjuna, drahtig, sensibel, feinsinnig, erzählt freundschaftlich und humorvoll, mit vielen geduldigen Wiederholungen. Seine Schüler sehen in ihm zugleich einen Lehrer und einen Freund. Er lebt mit seinen zwei Söhnen in Nevada City.

»Früher wurde das Erwachen nicht selten von einem Feuerwerk begleitet, weil es so sehr im Widerspruch zum allgemein vorherrschenden Bewusstsein stand. Jetzt ist alles anders: Die Leute gleiten einfach hinein in dieselbe Verwirklichung, dieselbe Wachheit, dieselbe Seligkeit, dieselbe bedingungslose Liebe, die der Buddha erfahren und gelebt hat. ›Moment mal!‹, sagen sie, ›wo ist diese gewaltige traumatische Erfahrung?‹ Das allgemein vorherrschende Bewusstsein hat einen so weiten Zugang geöffnet, dass der ganze Planet in irgendetwas zu gleiten scheint. Jetzt kann man Es überall finden.«

www.livingessence.com
Satsang-Termine: http://www.livingessence.com/event.htm
E-Mail: arjuna@livingessence.com
Tel. 030 6268987 (Aloha Forum, Mario Schwenninger)
Bücher: *Klares Sehen* (Methoden) und *Warum nicht jetzt?* (Satsang-Mitschriften), beide Alf Lüchow Verlag

Artur

Artur wurde am 16. November 1967 in Schlesien geboren. Seine Mutter ist Polin, sein Vater Deutscher. Er gehört zu den so genannten Spätaussiedlern und lebt heute zusammen mit seiner Lebensgefährtin Govinda Kunert bei Stuttgart. Schon als Jugendlicher spürte er, dass die äußere Welt nicht die letzte Wirklichkeit ist. Bücher von und über Ramana Maharshi bestätigten und vertieften die Sehnsucht nach einer Wahrheit hinter allem Vergänglichen. Er wurde Schüler von Samarpan. Innerlich erfüllt, löste er sich von allen Bindungen. Auch der Wunsch nach Erleuchtung verschwand. Einige Monate »nach einer Phase bedingungslosen Akzeptierens allen Seins« geschah plötzlich das Erwachen. »Die Vorstellung von einem Ich verschwand unwiderruflich. Wie ein Ausschalten des Lichts. Nur das reine Bewusstsein und tiefer Frieden blieben zurück. Ich erkannte das Bewusstsein als einzige Wirklichkeit und die äußere Welt als Erscheinung im Bewusstsein. Die Person namens Artur war nicht mehr da.«

Für die Schüler scheint sie noch da zu sein. Artur ist zu einem der meistverehrten Lehrer in Deutschland geworden. Und das, obgleich in seinen Satsangs mehr geschwiegen als gesprochen wird. Aber dieses Schweigen ist machtvoll. Arturs erzengelhaftes Gesicht bleibt fast unbewegt, die großen klaren Augen sind still. Seine Gestik ist zeitlupenhaft, wenn er mit sanfter Stimme und wenigen Worten auf Fragen eingeht. In dieser Stille hat sein Blick verwandelnde Kraft.

»Es gibt keine Meister – nur einen Meister: das Sein. Im Satsang begegnest du dem Sein. Du begegnest dem Unfassbaren. Dem, was dich nicht mehr an das glauben lässt, was du gelebt hast. Was dich nicht mehr der Gleiche sein lässt. Es ist in deinem Leben etwas geschehen, was dich nicht mehr so leben lässt wie zuvor.«

www.artursatsang.de
E-Mail: artur@satsang.de
Tel. 07151 43820 (Govinda Kunert)
Video: *Du bist Das. Satsang mit Artur* u. a.

Byron Katie

Byron Katie ist die erfrischendste Botschafterin des Erwachens. Sie gehört zu den unermüdlich um den Globus reisenden Stars. Weil sie ohne Lehrer zu einem alles umstürzenden »Augenblick der Klarheit« gelangte, hat sie mit Traditionen wenig im Sinn. »Sei nicht spirituell, sei aufrichtig«, fordert sie. Mit Witz, Energie und Mitgefühl leitet sie Suchende durch ein wirksames Programm der Selbsterforschung. Sie nennt es nicht Satsang, sondern *The Work*. Es wird mittlerweile von zahlreichen Coaches und Therapeuten angewandt und hat die Urheberin auf die Bestsellerlisten und auf die Vorschlagsliste für den Friedensnobelpreis befördert.

Byron Kathleen Reid wurde am 6. Dezember 1942 in der texanischen Kleinstadt Breckenridge geboren. Sie heiratete ihre Jugendliebe, wurde erfolgreiche Unternehmerin und Mutter von drei Kindern. Doch als sie sich nach vierzehn Jahren scheiden ließ, steckte sie in tiefen Depressionen. Sie wurde von Platzangst befallen, traute sich nicht mehr aus dem Haus und bald auch nicht mehr aus dem Bett. Im Februar 1986 wurde sie als tablettensüchtig, aggressiv und selbstmordgefährdet in eine betreute Wohngemeinschaft für psychisch Gestörte eingeliefert.

»Eines Morgens wachte ich davon auf, dass etwas über meinen Fuß krabbelte. Ich sah hin, es war eine Kakerlake. In diesem Augenblick wachte etwas auf. Etwas wurde geboren, das nicht Ich war. Es öffnete die Augen. Es sah durch Katies Augen. Es erkannte nichts wieder. Und es war voller Freude. Nichts war getrennt davon. Alles stimmte.« Byron Katie war 43 Jahre alt, fühlte sich neu geboren und zugleich wie nie geboren. »Ich war alles, und alles war ich. Ich wusste nicht mehr, was irgendetwas war. Ich wusste nicht, ob da irgendetwas sein sollte. So musste ich das Menschsein neu lernen. Ich musste lernen, so zu sprechen, wie ich sehe. Und die Art, wie ich sehe, ist ausschließlich in der Gegenwart, ohne Vergangenheit und ohne Zukunft, ohne eine Überzeugung, ohne ein Urteil.«

Weil nach diesem »moment of clearness« alte Überzeugungen und Urteile auftauchten, und weil sie das jedes Mal als Schmerz erlebte, begann Byron Katie, diese Urteile zu untersuchen. Sie überprüfte jeden auftauchenden Gedanken auf seinen Wahrheitsgehalt. Sie fand, dass von jedem Gedanken auch das Gegenteil zutrifft. Und dass also letzten Endes kein Gedanke wahr ist. Trotzdem an einem Gedanken festzuhalten – das bedeutet leiden. »Du kannst an einem Gedanken leiden. Oder du kannst ihn untersuchen.«

The Work ist die schriftliche Untersuchung von Gedanken, Überzeugungen, Glaubenssätzen. Also die Untersuchung von Leiden. »Es gibt kein physisches Leiden, nur mentales.« Dieses Leiden wird durch die Untersuchung aufgelöst. »The Great Undoing« nennt Byron Katie ihr Vorgehen auch, »die große Auflösung«. Alles wird aufgelöst, was die Wahrheit, den Frieden, die Liebe verdeckt. »Das ist wie ein Exorzismus«, sagt sie, ein Exorzismus schmerzhafter Gedanken.

Byron Katie hat dazu einen Fragebogen entwickelt. Wer ihn ausfüllt, wird gebeten, streng und ungeniert über seine Mitmenschen zu urteilen. »Jahrelang hat man uns beigebracht, nicht zu urteilen; und doch ist es immer noch das, was wir am besten können.« Die Urteile über andere erweisen sich als Königsweg zur Selbsterkenntnis. Wer die Bühne erklimmt und sich neben die teetrinkende Dame aufs Sofa oder in den Sessel setzt, nimmt also seinen ausgefüllten Fragebogen mit.

»Wer oder was ärgert dich? Wer, was macht dich traurig, enttäuscht dich? Warum?«, lautet die erste Frage. Die Antwort ist notiert. Sie könnte etwa lauten: »Mein Partner enttäuscht mich, weil er mich nicht versteht.« Byron Katie stellt nun vier Gegenfragen: »Dein Partner sollte dich verstehen – ist das wahr? Kannst du wirklich wissen, dass das wahr ist? Was geht in dir vor, wenn du diesen Gedanken denkst, wie behandelst du dich, wie behandelst du den anderen? Wer oder wie wärest du ohne diesen Gedanken?«

Es zeigt sich – unter Verblüffung, Witz und Tränen –, dass kein Urteil, keine Überzeugung, kein Glaubenssatz der schlichten Überprüfung standhält. Ja, dass sogar das Gegenteil jeder Überzeugung wahr ist: »Ich sollte meinen Partner verstehen« oder: »Ich sollte mich selbst verstehen.« Wer von der Bühne wieder heruntersteigt, ist befreit und erleichtert. Nichts entspannt so sehr, wie die Nichtigkeit der eigenen Überzeugungen zu erkennen. Sie müssen nun nicht mehr mit scheinbaren Beweisen untermauert und verteidigt werden. Ohne sie geht es viel besser. Die Realität gewinnt an Charme. Die Liebe darf aufblühen. Die Liebe zu dem, was ist. *Lieben, was ist* heißt das Buch, das Byron Katie zusammen mit ihrem Mann Stephen Mitchell geschrieben hat.

Die Einfachheit und unmittelbar klärende Wirkung haben *The Work* binnen kurzem populär gemacht. Der innere Frieden stellt sich unfehlbar auch in der Arbeit mit einem Trainer ein, ob zertifiziert oder nicht, oder bei der selbstständigen Untersuchung zu Hause. Einen entscheidenden Unterschied allerdings macht die Entdeckerin der Methode selbst, abgesehen davon, dass sie alles kostenlos zur Verfügung stellt: Sie strahlt die Kraft und die Stille der Erleuchteten aus. »Erleuchtung? Ich wüsste nicht, was das sein soll«, lacht sie. »Ich bin glücklich und frei, das ist mehr als genug.«

www.thework.org
Kostenloses Buch-Download:
    http://www.thework.org/pdf/GermanLittleBook.pdf
Tel. 0700 08439675
Buch: Byron Katie/Stephen Mitchell: *Lieben, was ist*, Goldmann Verlag

Charya

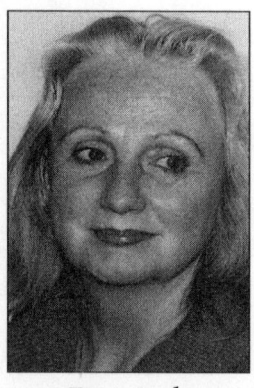

Ruth Rothweiler wurde am 30. März 1946 in Wuppertal geboren. Bereits als Kind interessierte sie sich für Religion, mit zwölf Jahren schnupperte sie an den Schriften von Kant und Hegel. Ruth Rothweiler war als Werbetexterin erfolgreich, heiratete zweimal und ist mittlerweile Großmutter.

Eine Andeutung des Erwachens erfuhr sie – mittlerweile unter dem Namen Charya – in einer Meditation im Ashram von Poona. Da fühlte sie jene Energie aufsteigen, die in der Yogatradition Kundalini genannt wird. »Es war, als stünden Körper und Seele in Flammen.« Ein Jahr darauf, im März 1982, in einem Energie-Workshop, verschwand ihr Ich. »Eine enorme Kraft stieg im Körper auf und explodierte über die Schädeldecke hinaus. Dabei schien der Verstand in Millionen Stücke zu zerbrechen und im leeren Raum zu verschwinden. Danach waren absolute Stille und eine unendlich liebevolle Gegenwart das Einzige, was übrig blieb.«

Dieses Erleuchtungserlebnis erwies sich nicht nur als Segen. Jahrelang konnte sie sich mit anderen kaum verständigen. Körperlich erlebte sie Wechselbäder von überflutender Energie und annähernder Leblosigkeit. »Ich war einfach nicht genügend vorbereitet. Eigentlich geschieht erst in den letzten Jahren die Integration. Nun kann ich meine Intelligenz viel besser einsetzen als früher.«

Das tut sie in öffentlichen Seminaren und Retreats. Und das ist der Stand heute – für sie selbst und für ihre kleine Gemeinschaft, die mit ihr auf einem Bauernhof in einem Naturschutzgebiet nicht weit vom Chiemsee lebt. »Wirklich helfen kann der Erwachte nur als Bewusstsein, als Leere, als Stille, als Liebe, aber nicht als Mensch.« Ihre öffentlichen Seminare und Retreats nennt sie »Integrales Intelligenz-Training«.

Tel. 08624 829868
CDs: *Ya Salam – Im Namen der Liebe. Sufimantren zum Mitsingen. Om Vairocana. Buddhistische Mantras. Satsang with Charya in Ireland* (Satsang-Musik)

Cyrus

Cyrus gehört zu den Erwachten, die in verlässlicher Regelmäßigkeit zum Satsang laden. Seine schlicht *Meetings* genannten Zusammenkünfte finden jeden Donnerstagabend in Berlin statt, selten nur unterbrochen von Gastspielen in Köln oder Hamburg. Cyrus hat ein lebhaftes Temperament. Schweigend geht es bei ihm nur minutenweise zu. Die Stille ist dennoch da.

Cyrus Bruton wurde am Silvesterabend 1960 im englischen Woking geboren. Seine Mutter stammte von der Kanalinsel Jersey, der Vater aus Gambia. Als Achtzehnjähriger hörte Cyrus zum ersten Mal von Osho. »Ich wusste sofort, dass dieser Mann mir aus dem Herzen sprach; es war die Wahrheit.« Es dauerte allerdings fünf Jahre, bevor Cyrus Oshos Schüler wurde. »Zunächst ging ich durch eine wüste Phase, bis ich erkannte, dass ich mich umbringen würde, wenn ich keinen Frieden fände.« Er erinnerte sich an ein Wort von Osho, wonach Leben ohne Meditation Selbstmord sei. Seine Mutter war mittlerweile Sannyasin geworden. Nun brachte sie ihrem Sohn das Meditieren bei. Cyrus ging nach Poona, arbeitete als DJ in diversen Discos, kostete immer wieder den »Geschmack des wahren Selbst« und verlor ihn immer wieder. »Das Verständnis für diesen Prozess und für die Bedeutung innerer Arbeit bekam ich erst in den Satsangs von Mikaire.« In einem dieser Satsangs erwachte er bei den Worten »Follow your bliss!« (Folge deiner Glückseligkeit.) »Es war ein Moment der Erkenntnis jenseits allen Zweifels: Es gibt kein Ich, nur ›Das‹, und ich bin ›Das‹.« Erwachen sei erst der Anfang, sagt er heute, »der Anfang der Verantwortung und der Arbeit im Bewusstsein«.

Cyrus gibt Satsangs seit Ende 1999. Seither hat sich eine feste Gruppe von zwanzig jungen Leuten um ihn geschart, die mit der Organisation der Abende und der *Intensives* beschäftigt ist. Was den äußeren Rahmen betrifft, legt er Wert auf Disziplin und Pünktlichkeit. Bei den Meetings zählen Offenheit und Spontaneität. Man redet oder fragt, ohne sich vorher zu melden. Falls keine Fragen kommen, fragt Cyrus selbst. Schweigende Zurückhaltung der Gruppe, die im doppelten Halbkreis um ihn sitzt, duldet er nicht lange. Wo er Mut und Aufrichtigkeit vermisst, fordert er dazu heraus. »Was verteidigst du?«, »Warum kommst du zum Satsang?«, »Was willst du wirklich?«, »Was hält dich zurück?«, »Was ist deine direkte Erfahrung, jetzt?«

Gesegnetes Einschlummern wie bei manchen anderen Satsang-Lehrern ist hier unmöglich. Cyrus ist fordernd. Die Schar der Schüler, speziell der neuen, verharrt deshalb zu Beginn oft ein wenig eingeschüchtert. Das gibt sich angesichts der warmherzigen Zuwendung des Lehrers, der nichts lehren will: »Ich teile nur etwas.« Das geschieht auf Englisch mit zuverlässiger Parallelübersetzung.

»Das Erwachen selbst ist eine Gnade. Es wird durch nichts verursacht. Du kannst es nicht erreichen, aber du kannst den Tempel reinigen. Du kannst dir der Hindernisse bewusst werden. Du wirst sehen, dass es nur scheinbare Hindernisse sind. In Wahrheit ist alles unterstützend. Die Schwerkraft des Selbst ist unwiderstehlich. Folge ihr. Folge deiner Glückseligkeit. Zu wissen, wer du bist, ist die einzige Erfüllung. Nichts anderes wird dich befriedigen.«

E-Mail: ToCyrus@aol.com
Tel. 030 84309272 (Satsang-Termine)
Weitere Info: Tel. 030 53655533 (Astrid Arlt)

Eckhart Tolle

Eckhart Tolle, geboren 1948, versteht sich nicht als Satsang-Lehrer. Und doch hat er den Bestseller der Satsang-Szene geschrieben: *The Power of Now*. Seine Botschaft: Frieden und Glück gibt es nur in der Gegenwart, immer nur im Moment. Und weil Vergangenheit und Zukunft Erfindungen des Verstandes sind, gibt es Frieden immer dann, wenn die Gedanken schweigen. »Im Augenblick gibt es niemals Angst oder Sorgen. Angst und Sorgen entstehen allein dadurch, dass wir uns in die Zukunft denken. Die Sorgen sind überflüssig. Wir können immer mit dem Jetzt zurechtkommen. Und mehr als den kleinen Ausschnitt, der Jetzt heißt, müssen wir nie akzeptieren.«

Das Buch ist mittlerweile in sechzehn Sprachen übersetzt und viele hunderttausendmal verkauft worden. Der Erfolg hat den Autor genötigt, sein bevorzugtes eremitenhaftes Dasein zu verlassen und als spiritueller Lehrer um die Welt zu reisen. »Lehrer ist die Funktion, aber es ist nicht meine Identität. In dem Augenblick, wo ich alleine bin, ist es meine tiefste Freude, niemand zu sein.«

Tolles Auftritte bleiben inhaltlich hinter dem Buch zurück, zumal er ungern Fragen zulässt. Er hält Vorträge, die Satz für Satz übersetzt werden, es sei denn, sein Sprachgedächtnis meldet sich rechtzeitig. Tolle hat nur seine ersten dreizehn Jahre in Deutschland verbracht und seither im angelsächsischen Raum gelebt. Er studierte an der London University und arbeitete als Assistent Professor in Cambridge. In einer schweren psychischen Krise im Alter von 29 Jahren beschloss er, seinem Leben ein Ende zu setzen. In dieser Bereitschaft zum Sterben erlebte er das, was er als sein Erwachen geschildert hat (siehe unter »Geschichten des Erwachens«).

»Es war eine so erfüllende Glückseligkeit, einfach nur zu sein, dass ich jedes Interesse daran verlor, etwas zu tun oder zu interagieren. Für einige Jahre war ich vom Sein überwältigt. Das Handeln hatte ich fast vollständig aufgegeben – ich tat nur genug, um mich selbst am Leben zu erhalten, und sogar das war eigentlich ein Wunder. Das Interesse an der Zukunft hatte ich völlig verloren. Und dann stellte sich nach und nach wieder ein Gleichgewicht her. Es hat sich eigentlich erst vollständig wieder hergestellt, als ich die Arbeit an dem Buch begann.«

Tolle lebt im kanadischen Vancouver. Etwas von einem schrulligen Sonderling haftet ihm immer noch an. Wie ein Spitzwegscher Bücherwurm, den man gegen seinen Willen aus den Spinnenweben einer Bibliothek hervorgezogen hat, blinzelt er ins Licht der Podien. Liebenswert linkisch gebärdet er sich vor dem Mikrofon. Er macht zuweilen närrische Faxen, wenn er Anekdoten erzählt, und fabriziert beim Reden eigentümliche Begleitgeräusche. Was er sagt, ist allerdings von einleuchtender Überzeugungskraft. Und er strahlt eine Stille aus, die niemanden im Auditorium unberührt lässt.

»Das größte Hindernis ist die Identifikation mit deinem Verstand. Die Unfähigkeit, das Denken anzuhalten, ist eine schlimme Krankheit, aber wir sehen das nicht so, wir halten es für normal, weil fast jeder darunter leidet. Der unaufhörliche geistige Lärm hindert dich daran, den Raum innerer Stille zu finden, der vom Sein untrennbar ist. Er erschafft außerdem ein falsches verstandgeborenes Selbst, das einen Schatten von Angst und Leiden wirft. Die gute Nachricht ist, dass du dich von deinem Verstand befreien kannst. Eines Tages wirst du über die Stimme in deinem Kopf lachen, so wie du über die Streiche eines Kindes lachst.«

www.eckharttolle.com
Bücher: Eckhart Tolle: *Jetzt! Die Kraft der Gegenwart*, J. Kamphausen Verlag, und *Leben im Jetzt*, Goldmann Verlag
Diverse CDs und Kassetten
Tel. 089 64949865 (Marianne Nentwig)

Eli Jaxon-Bear

Elliot Jay Zeldow wurde am 19. Januar 1947 als Kind jüdischer Eltern in einer »irisch-katholischen Umgebung« in Brooklyn geboren. »Als Kind habe ich kämpfen gelernt, weil die anderen mich Jesus-Mörder nannten.« Als Heranwachsender wurde er zum Rebell gegen den Vietnamkrieg und kam wegen heftiger Proteste ins Gefängnis. Von den siebziger Jahren an probierte er außer Drogen die gesamte Palette der spirituellen Alternativbewegungen: Zen, Sufismus, tibetischen Buddhismus, indianischen Schamanismus. Unter dem von Apachen verliehenen Namen Eli Jaxon-Bear wurde er bekannt, zunächst als Experte für das Enneagramm – eine Typenlehre mit neuneckiger Struktur »zur Erforschung von Charakterfixierungen«.

Zusammen mit seiner Ehefrau Antoinette Varner betrieb er eine recht erfolgreiche Akupressur-Praxis, bis es ihn 1990 unwiderstehlich nach Indien zog. An seinem Geburtstag traf er dort seinen Guru H. W. L. Poonja, genannt

Papaji. »Ich setzte mich zu ihm auf das Bett, und er fragte mich: ›Warum bist du hier?‹ Ich antwortete: ›Ich bin bereit aufzuwachen, egal was es kostet!‹ Er lachte. Ich sah in seine Augen und wusste ohne Zweifel, dass ich mein eigenes Selbst erblickte.« Bei der nächsten Reise ins nordindische Lucknow nahm Eli seine Ehefrau mit. Sie wurde bei Poonja zur Satsang-Lehrerin Gangaji, die seither in den USA und Europa zu Ruhm gekommen ist.

Das Erwachen bei Poonja beendete die Suche, »doch die Dynamik des Lebens setzte sich fort«, berichtet Eli. »Es war so viel Stolz und Arroganz in mir gewesen. Das kehrte jetzt alles von außen zu mir zurück. Ich hatte mein Leben damit verbracht zu hassen, die Ignoranten zu hassen, die Mörder, die Umweltverschmutzer. Jetzt, wo das alles aufhörte, kam diese Projektion des Hasses auf mich zurück. Ich ertrug es. Ich hatte das Gefühl, Eisberge loszuwerden. Ganze große Stücke glitten von mir ab. Die innere Veränderung schmolz das Äußere. Lass alles verbrennen. Nimm nichts persönlich.«

Eli hat mittlerweile seine eigene Organisation, die »Leela Foundation«, und eine große vorwiegend weibliche Fan-Gemeinde. Zu Satsangs, oft im Zusammenhang mit spirituellen Festivals, reist er gemeinsam mit seiner Frau. Er ist dann ganz Gentleman und umsorgt sie beinahe mütterlich. Er wirkt wie ein freundlicher, rundlicher Bär mit weichen Schultern, rundem Gesicht, warmherzigen Augen. Doch seine Reden haben dramatischen Glanz. Mit seiner brillanten Beherrschung des Enneagramms hätte er auch

Motivationstrainer werden können. Und er stellt so spannend dar, wie sehr alle Unerwachten als gedrillte Schafe agieren, statt ihre Löwennatur zu leben, dass jeder denkt: Jetzt muss ich aufwachen.

»Irgendwann erkennst du, dass du dich nie durch das Außen finden wirst. Und wenn es Freiheit ist, was du wirklich willst, dann gibst du ihr alles. Alle Wünsche werden ein Wunsch. Sobald deine Bereitschaft hundert Prozent ausmacht, erkennst du die Wahrheit. Wenn deine Bereitschaft dreißig Prozent ausmacht, bekommst du einen Geschmack von der Wahrheit. Dann hast du spirituelle Erfahrungen. Die spirituellen Erfahrungen machen dich hungrig nach mehr. Denn du merkst: Jede spirituelle Erfahrung kommt und geht. Du versuchst sie festzuhalten, du bist enttäuscht, weil sie vergangen ist, aber du kannst nicht erzwingen, dass es geschieht. Irgendwann sagst du: ›Ich muss die Wahrheit erkennen, koste es, was es wolle.‹ Und es kostet genau das, was du nicht aufgeben willst ... Wenn du das verlierst, was du am meisten zu verlieren fürchtest, entdeckst du das, was nicht verloren werden kann. Alles was du verlierst, ist falsche Identifikation.«

www.leela.org
E-Mail: info@leela.org
Bücher: *Das Lied der Freiheit* und *Die Flamme der Wahrheit*, beide Alf Lüchow Verlag

Elke von der Osten

Elke von der Osten, 1944 geboren, studierte Primärtherapie am »Feeling Training Center« in Los Angeles und ließ sich in »Touch for Health« und Augenarbeit nach William Bates ausbilden. Sie begab sich in die *Enlightenment Intensives* von Charles Berner: Gegenübersitzende Partner malträtieren einander mit der Frage »Sag mir, wer du bist?«, und zwar drei Tage lang, immer von morgens bis mitternachts, was zu extremen Gefühlen und zu unanzweifelbaren Momenten eigener Wahrheit führt. Elke wurde Meisterin dieser Methode.

Im Jahre 1976 begann sie ihre Reisen durch Indien. Sie wurde Schülerin von Bhagwan Shree Rajneesh. 1988 begegnete sie ihrem letzten Lehrer Ramesh Balsekar. »Durch sein geduldiges Beantworten aller immer neu auftauchenden Fragen hat er mich zu der Klippe geführt, von wo aus, nach seinen Worten, nur der Sprung ins Nichts geschehen musste. Dieser Sprung ist passiert, und es ist kein Sprung in den Abgrund, sondern in das, was ist.«

Seit 1982 leitet Elke von der Osten *Enlightenment Intensives* in Erweiterung der Berner-Methode. In Advaita-Seminaren teilt sie, von Balsekar offiziell als »erwachte Schülerin« bestätigt, in herzlicher und unkomplizierter Art ihr Erleben und Verständnis der Wahrheit mit. Ohne

Ritual, ohne heilig-tiefen Blickkontakt oder musikalische Einstimmung. Die Atmosphäre in den Gruppen ist so entspannt und gelöst, dass auch der Schüchternste seine Frage stellt, ohne dazu aufgefordert zu werden.

Was Elke von der Osten von sich sagen kann, strahlt sie aus: »Da ist keine Angst mehr. Da ist ein Grundvertrauen und Friede. Und zwar Friede, wo immer ich bin und was immer ich mache. Der ist im stillen Kämmerlein genauso da wie mitten im Großstadtgewühl. Es ist so, als sei da der große Ozean Frieden, auf dem sich gelegentlich ein paar Wellen kräuseln.«

www.ost-seminar.de
E-Mail: E.vonderOsten@t-online.de
Elke von der Osten, Schralling 9, 83083 Riedering
Tel. 08053 2282

Francis Lucille

Francis Lucille wurde 1944 in Frankreich geboren. Er studierte Mathematik und Physik an der École Polytechnique in Paris und begann eine vielversprechende Karriere als Wissenschaftler und Diplomat. »Die Lektüre eines Buches von Jiddu Krishnamurti wurde Ausgangspunkt einer intensiven Suche, die zum ausschließlichen

Fokus meines Lebens wurde.« Das war 1973. Der skeptische Naturwissenschaftler, erzogen von materialistischen und antireligiösen Eltern, folgte nun dem »Duft der Grenzenlosigkeit« in den Texten von Krishnamurti, Zen und Advaita-Vedanta.

Die radikale »kopernikanische Wende« folgte 1975. »Dieses Ereignis oder eher Nicht-Ereignis steht für sich, unverursacht. Die Gewissheit, die von ihm ausgeht, ist von absoluter Kraft, einer Kraft, die von keinem Ereignis, Objekt oder Menschen abhängt.« In diesem Erwachen schien der Ich-Gedanke zu flackern »wie die Flamme einer Öllampe, der der Brennstoff ausgeht – um dann plötzlich in der ewigen Herrlichkeit des Seins zu verschwinden«.

Francis gab seine Karriere auf, um fortan seine Erfahrung »durch stille Präsenz und spontanes Antworten aus der inneren Quelle« mit anderen zu teilen. Als seine wichtigsten Lehrer nennt er Ramana Maharshi und den Schweizer Philosophen und Advaita-Lehrer Jean Klein. In seinen Satsangs beantwortet Francis die Fragen zuweilen in wenigen einfachen Sätzen, dann wieder in detaillierten, tief in die Philosophie greifenden Ausführungen. Kommt keine Frage, sitzt er schweigend auf seinem Stuhl.

»Wenn wir den ersten Blick auf unser wahres Selbst geworfen haben, wird eine mächtige Anziehungskraft geboren, die uns immer wieder zu dieser Nicht-Erfahrung zurückbringt. Jeder weitere Eindruck verstärkt den Duft von Freiheit und Glück, welcher dieser Dimension entströmt. Während unsere zeitlose Präsenz immer greifbarer wird, erfährt unser tägliches Leben eine Wende. Den Menschen, Ablenkungen und Aktivitäten, die eine starke Anziehung auf uns ausgeübt hatten, begegnen wir nun mit Gleichgültigkeit. Unsere bisherigen ideologischen Bindungen werden schwächer. Die Erforschung unseres wahren Wesens nimmt ohne unser Zutun an Intensität zu. Eine höhere Intelligenz kommt zum Tragen, vertieft unser intellektuelles Verständnis von der Wahrheit und bringt Klarheit in unsere Fragestellungen. Persönliche Konflikte werden weniger oder lösen sich ganz auf. Der Moment kommt, wo das Gefühl von Intimität, der wohlwollende Raum um uns herum nicht mehr verschwindet; wir fühlen uns überall zu Hause, selbst im überfüllten Warteraum eines Bahnhofs. Wir verlassen es nur, wenn wir uns in die Vergangenheit oder die Zukunft begeben.«

www.francislucille.com
E-Mail: Laura@francislucille.com
Tel. 001 7079872276 (Laura Lucille)
Buch: *Ewigkeit Jetzt. Dialoge über das Glück*, Kamphausen Verlag

Gaia

Michael Zipf, geboren 1960, gelernter Hotelkaufmann, arbeitet als Heiler und Körpertherapeut in München. Als der Vater eines Freundes Selbstmord beging, fragte sich der zwölfjährige Michael, ob ihn selbst wohl etwas zu einer solchen Tat treiben könnte. Er kommt zu einer erstaunlichen Erkenntnis: »Der Tod kann mir nichts anhaben, der Tod hat mit mir nichts zu tun.« Diese Einsicht hat zunächst keine Konsequenzen. Nach Abitur, Zivildienst, Ausbildung, Hochzeit, Karriere, Krebsdiagnose und Begegnung mit Heilern sagt Zipf 1990 der Wohlstandsgesellschaft Adieu. Er wandert mit Frau und Kindern auf die kanarische Insel La Gomera aus.

»Dort brandete die Esoterikwelle heftig, und ich sah mich mit Spinnern konfrontiert. Es begann die Suche nach dem, was ich im Innersten schon wusste. Ich suchte spirituelle Lehrer auf, reiste nach Indien und wollte die Erleuchtung, die man angeblich brauchte, um glücklich zu sein. Ziemlich verwirrt kehrte ich aus Indien zurück. Eine Woche nach der Rückkehr, im April 1996, begegnete ich zum ersten Mal Isaac Shapiro. Im Satsang nahm er mir auf liebevolle und kraftvolle Weise all meine Vorstellungen von Erleuchtung. Das Erkennen meiner wahren Natur beendete die Suche. Voller Dankbarkeit widmete ich mein

Leben der Wahrheit und reiste über vier Jahre mit Isaac von Satsang zu Satsang. 1999 gab ich meinen Wohnsitz auf Gomera auf. Meinen Lebensunterhalt verdiene ich hauptsächlich über meine Heilarbeit, sodass ich nicht darauf angewiesen bin, mein Geld mit Satsang zu verdienen. So komme ich gerne überall dorthin, wo ich eingeladen werde, Satsang zu geben, und das, bis heute jedenfalls, auf Spendenbasis.«

www.gaia-satsang.com
Gaia c/o Bohatsch, Ranhazweg 77, 85521 Ottobrunn
Tel. 089 6091269 und 0177 3557144

Gangaji

Antoinette Roberson Varner wurde am 11. Juni 1942 in Texas geboren und verbrachte ihre Kindheit in Mississippi. »Meine Mutter war Alkoholikerin und mein Vater trank mit ihr. Ich wuchs sehr unglücklich auf.« Sie studierte Psychologie, wurde Lehrerin in Memphis und engagierte sich in der Bürgerrechtsbewegung. In den frühen siebziger Jahren lernte sie ihren späteren zweiten Mann Eli Jaxon-Bear kennen und teilte sein politisches Engagement, bis der spirituelle Weg attraktiver wurde.

»Ich bemerkte, dass der Ausgangspunkt der meisten politischen Aktionen darin besteht, jemand anderem die Schuld zuzuschreiben, damit man nicht das überwältigende Gefühl der eigenen Leere, der eigenen Unzulänglichkeit und des eigenen Unrechts erfahren muss.«

Antoinette Varner eröffnete eine Praxis für Akupunktur. Sie übte sich in Zen, Vipassana-Meditation, legte ein Bodhisattva-Gelübde ab, betete schließlich darum, einem spirituellen Meister zu begegnen. Das geschah im April 1990 im indischen Lucknow. »In Papaji war das tiefste Licht, das ich jemals gesehen hatte.« Die Begegnung mit Poonja, genannt Papaji, bedeutete »das Ende der Suche und den Beginn einer nicht endenden Selbstverwirklichung«. Von diesem Meisterschüler Ramana Maharshis erhielt sie nach dem Ort ihrer Begegnung den Namen Gangaji. Im Übrigen erteilte er ihr den Auftrag, Satsangs zu geben. Das tat sie zunächst in verschiedenen Städten Nordamerikas und bald auch in Europa, Asien und Australien.

Gangaji hält zweistündige Meetings, Intensiv-Wochenenden und mehrtägige Stille-Retreats, einige davon, speziell in Deutschland, gemeinsam mit Eli Jaxon-Bear. Dann sitzen beide auf einem Sofa, der Fragende richtet sich an einen von ihnen, doch möglicherweise antwortet der andere; die beiden überlassen einander freimütig das Feld. Und zuweilen setzen sie auch einen Fragenden zwischen sich. Während Gangaji in ihren Büchern manchmal blumig erscheint, ist sie live brillant, kommt schnell auf den Punkt, ist klar, exakt und, wenn es sein muss, knallhart.

»Viele Menschen sind vor dir in die Falle von Ruhm, Geld und Anerkennung geraten. Solange du an einer Vorstellung von persönlichem Gewinn festhältst, solange du nach ›mehr‹, ›anders‹ oder ›besser‹ suchst, bist du in der Hölle. Gib deine Bewertungen auf. Hör auf, deinen Schmerz zu rechtfertigen oder jemand anderem die Schuld dafür zu geben. Du kannst endlos denken: Ich werde einen anderen Ort finden, ein anderes Land, ich werde einen anderen Lehrer finden, ich muss das tun oder jenes haben, dann bin ich zufrieden. Du kannst dir viele verschiedene Strategien ausdenken, bevor du endlich wie der Buddha sagen wirst: ›Ich werde hier aushalten und mich nicht bewegen.‹«

www.Gangaji.org
E-Mail: info@gangaji.org
Bücher: *Du bist Das* und *Freiheit und Entschlossenheit*, beide Alf Lüchow Verlag
Tapes, Videos, Info/Buchungen über www.gangaji.org und www.terralibra.de

Gertrud

Gertrud Schweikert wurde am 9. April 1937 in Heidelberg geboren. Sie war Heilerzieherin und arbeitete in Reintegrationsheimen, bis sie sich ein Sabbatjahr nahm und auf einem Wochenendkurs bei einem Schamanen feststellte: »So will ich arbeiten.« Eine zunächst auf zwei Jahre angelegte schamanische Ausbildung dehnte sich immer länger aus und endete mit einer harten Reifeprüfung. Die nach sieben Jahren verbliebenen Schüler, darunter Gertrud, wurden aufgefordert, alle gewohnten Strukturen hinter sich zu lassen, alle Beziehungen abzubrechen, aus dem Ort fortzugehen und anderswo, wo niemand sie kannte, völlig neu anzufangen. Gertrud hielt sich daran. So kam sie 1985 ins unbekannte Norddeutschland. In Hamburg lernte sie OM C. Parkin kennen, reiste mit ihm zu Gangaji und erlebte ihren ersten Satsang. Sie war tief beeindruckt. »Die Sprache der Liebe braucht keine Worte«, hörte sie. Sie pilgerte zu Gangajis Lehrer Poonja ins nordindische Lucknow. »Da bin ich auseinander genommen worden. Er konnte eine humorige Grausamkeit an den Tag legen. Und das war gut so. Wenn der Organismus alt ist, ist vieles schon festgelegt.« Papaji hatte auch einen Auftrag für sie: Sie solle zu den Lamas gehen und ihnen sagen, alle Übungen seien zu Ende, sie sollten schweigen. »Wenn der Guru das sagt, hat er dir auch die Kraft dafür gegeben«, versicherte ihr Gangaji. Und so reiste Gertrud zu tibetischen Lamas mit ihrer Botschaft: Keine Übungen, nur noch Stille. Und einige waren dankbar.

Es geht tatsächlich sehr still zu bei Gertrud. Aber ein paar Übungen sind auch dabei. Mit OM C. Parkin organisierte sie fünf Jahre lang in Hamburg das »Satsang-Haus« und leitete Gruppen unter dem Motto »Stille« und »Sein«. Von 1999 an lud sie reisend zwischen Freiburg und Flensburg zum Satsang. Mittlerweile betreut sie nur noch feste Jahresgruppen in Hamburg, Berlin, Kiel und Freiburg. »Die Teilnahme setzt deine Bereitschaft voraus, dich auf die Wahrheit in dir auszurichten und dich nicht mehr in die vergangene eigene Geschichte zu verstricken.« Diese »Herzgruppen« treffen sich alle zwei Monate mit Gertrud zu Meditationen, Atemübungen, Körperarbeit.

Gertrud ist das Inbild der weisen alten Frau. Nach allen Ausflügen in die Reiche von Schamanen, Lamas, Sufis und Advaita-Lehrern verkörpert sie so etwas wie ursprüngliche Christlichkeit. Warmherzig, mitfühlend, leise führt sie durch ihre spirituelle Therapie, die stets bodennah bleibt. Wer in einem Satsang selig abheben möchte, ist hier falsch. Es wird gearbeitet. »Lerne dein freies erwachsenes Leben zu leben«, mahnt sie.

Frauen übertreffen die Männer in den Gruppen im Verhältnis zehn zu eins. Gertrud ist besonders wohltuend für Frauen, die bei ihren eigenen Müttern Zuwendung vermisst haben. Diese Bindung an sie als Ersatzmutter hat

Gertrud zunehmend mit Skepsis gesehen. In der rapide wachsenden Satsang-Szene beschlich sie überdies das »Gefühl, nicht immer in der Wahrheit zu sein«. Mit ihrem letzten Lehrer John de Ruiter ist sie übereingekommen, vorerst die Lehrtätigkeit einzustellen und stattdessen bei ihm in Edmonton zu bleiben.

»Das Herz lehnt nichts ab. Der Mind will alles kontrollieren, aus kindlichen Ängsten. Das stille Herz schaut mit liebenden Augen auf Alles. Es ist der Ort der Vereinigung. Das Herz ist wissend. Es geht um die Bereitschaft, dieses Wissen zu empfangen und genährt und gestärkt zu werden. Die verdrängte Energie von früheren Verletzungen kann aufsteigen und steht als Potenzial zur Verfügung. Erlösung heißt einverstanden sein.«

Hamburg, Tel. 04188 7549 (Pieter Massmann)
Berlin, Tel. 030 6946966 (Uta Brünings)
Kiel, Tel. 04354 800902 (Isabella Jakubzik)
Freiburg, Tel. 0761 404281 (Dorothea Höfer)

Han

Der Arzt und Psychotherapeut Han Marie Stiekema erlebte als Dreißigjähriger etwas, das er heute eine »transzendente Vision des heiligen Grals« nennt. Eine Botschaft war auch damit verbunden: »Erstrebe die Erleuchtung, strukturiere dein Leben um und diene den anderen.« Das war 1974. Drei Jahre später traf ihn im Ashram in Poona »plötzlich der Blitz – das absolute Nichts –, die volle Erleuchtung«. In der darauf folgenden Nacht erfuhr er gar »das große Sterben samt Gang in die Unterwelt, Neugeburt und Rückkehr in die Welt«. Das reichte ihm. Bhagwans Schüler wurde Han nicht. Er sah sich nun »jenseits von Tod und Erleuchtung«.

Die Jahre zwischen 1977 und 1987 beschreibt er als Phase ununterbrochener Glückseligkeit. »Ich war wandernder Buddha, Narr Gottes«, ohne Ehrgeiz, ohne Besitz, feste Arbeit oder Wohnsitz. In dieser Zeit gründete er die »Lebende Zen-Schule«, organisierte das »Erste Niederländische Ketzerkonzil«, leitete Fasten-Meditationskreise mit Zen, Eutonie, Massagegruppen und die Fasten-Meditations-Friedensmärsche, wo hundert Leute in fünf Tagen 150 Kilometer zurücklegten.

Schwieriger gestaltete sich Hans Rückkehr in die Gesellschaft, die »Integration bestimmter Teile des kleinen Selbst in die neue Identität« oder umgekehrt. Die Zeit nach 1987 beschreibt er als Phase »schmerzhafter Konfrontationen, gesellschaftlicher Isolation und Einsamkeit«. Immerhin entstanden in dieser Zeit auch etliche Bücher, nachzulesen auf seiner voll gestopften Homepage unter den Themen »Vision einer neuen Kultur, neuen Spiritualität, neuen Gesundheitsfürsorge und neuen Gemeinschaft«. Seine jüngste Entdeckung: »die Große Mutter als das Letztendliche, das Vakuum. Gebärmutter des Universums, die das Licht hervorbringt, die Mutter aller Religionen«.

Das hört sich mindestens abgehoben an. Doch in seinen Satsangs im kleinen Kreis und privat wirkt Han überraschend geerdet und ist von nachbarschaftlicher Freundlichkeit. Ruhig und verständlich leitet er zur Meditation an. »Die Augen sind geschlossen. Ihr seht Dunkelheit. Doch was ist es, das diese Dunkelheit sieht?« In Gruppen und Retreats verbindet er Selbsterforschung und ganzheitliche Heilmethoden. Man kann ihn für ein Haus-Satsang buchen: »Ich bin für jeden ernsthaften Sucher verfügbar.« Außer der Fahrkarte für ihn entstehen keine Kosten.

»Höre auf, Krieg gegen dich zu führen. Umarme, was du abgelehnt hast – zunächst bei dir selbst. Den eigenen Schatten anzuerkennen ist die erste Notwendigkeit für jeden, der sich der unerschöpflichen Quelle der Liebe öffnet. Niemand kann lieben, der noch etwas in sich selbst verleugnet. Auch Erwachte durchleben harte Zeiten. Auch sie müssen unterdrückte Aspekte ansehen, wenn die erste Phase der Glückseligkeit abklingt. Teile des alten Selbst –

Furcht, Hass, Minderwertigkeitsgefühle – melden sich und wollen integriert sein. Das erfordert Arbeit und aufrichtige Reinigung. Wer ein überfliegender Ikarus zu sein vorgibt, muss schmerzhaft stürzen.«

http://welcome.to/thegreatlearning/
E-Mail: thegreatlearning@welcome.to
Tel. 0031 206624037 (Living Zen School)

Isaac

Isaac Shapiro verbringt den europäischen Winter mit Frau und Kindern in Byron Bay an der Ostküste Australiens. In jedem Frühjahr bricht er zu Satsang-Tourneen um die Welt auf. Mindestens alle zwei Jahre macht er dabei in Hamburg und München Station.

Isaac wurde 1950 im südafrikanischen Johannesburg geboren. Ein Medizinstudium brach er »nach einer ersten Erfahrung bedingungsloser Liebe« von einem Tag auf den anderen ab. Das Leben bis dahin erschien ihm nun nur noch schattenhaft. Eine unstillbare Sehnsucht nach Freiheit verdrängte alles andere. Er suchte in verschiedenen Therapieverfahren, Selbsterfahrungsgruppen, spirituellen Traditionen und ließ sich in den USA zum Therapeuten ausbilden. »Wie funktioniert der Verstand?« und »Wie können wir unsere Aufmerksamkeit nach innen lenken?«, wurden zu zentralen Fragen in seiner Arbeit mit Klienten. Ein Freund, der von einer Reise zu einem indischen Guru zurückkehrte, beeindruckte ihn durch seine Veränderung derart, dass Isaac seine Antipathie gegen Gurus überwand und diesen Meister im Oktober 1991 aufsuchte. Es war H. W. L. Poonja, der Schüler Ramana Maharshis. Ein Jahr später bestätigte Poonja, Isaac habe »den Diamanten gefunden«. Von nun an solle er Suchern im Westen helfen.

So wurde Isaac zu Poonjas Botschafter. Seit 1993 ist er auf Reisen. Mittlerweile braucht er große Säle für seine Satsangs. Stets sind mehrere hundert Leute anwesend. Isaac wirkt ruhig, bodenständig und vorurteilslos offen. Was er sagt, ist einfach und führt stets in den Moment.

»Satsang hat seine Wirkung. Du kommst zum Satsang, das ist genug. Du brauchst nichts zu tun, einfach hier sein genügt. Ein natürlicher Prozess setzt ein, sobald du auch nur einen Augenblick davon gekostet hast. Ganz von selbst packt es dich auf eine Art und Weise, die du nie erwartet hättest. Dinge, die so wichtig schienen, scheinen es plötzlich nicht mehr zu sein. Freunde, Beziehungen, verschiedene Aktivitäten, die dich immer interessiert haben, fallen auf ganz natürliche Weise weg. Du gibst nichts auf. Es fällt von allein weg. Du registrierst es kaum. Und was dich vorher verrückt gemacht hätte, lässt dich auf einmal ganz entspannt. ›Ist es denn die Möglichkeit?‹, wunderst du dich, ›was mich sonst komplett zum Ausrasten gebracht hat, berührt mich jetzt nicht einmal. Da sind immer größere Abstände zwischen meinen Gedanken, und ohne dass es mir bewusst war, vertieft sich dieser Prozess.‹ Ganz einfach: Die Gnade hat dich geküsst.«

www.isaacshapiro.de
E-Mail: info@ isaacshapiro.de
Deva Stadler, Huttberger Str. 14 b, 85256 Pasenbach
Tel. 08139 92052 (Deva Stadler)
Bücher: *Wellen des Friedens* und *Es geschieht ganz von selbst,* Alf Lüchow Verlag
CDs und Videos über die Website

John de Ruiter

Der Kanadier John de Ruiter ist ein Superstar der Satsang-Szene. Wenn er ein Gastspiel in Europa gibt, reisen Fans aus allen Ländern herbei. Er wird verehrt wie eine zeitgemäße Version von Jesus, und so ähnlich sieht er auch aus. Seine Auftritte nennt er nicht Satsang, sondern schlicht *Meetings*. Er hat nie einen indischen Guru besucht und steht in keiner spirituellen Tradition, er hat nicht einmal meditiert. Er ist einfach so erwacht, völlig unvorbereitet, mit 17 Jahren.

John de Ruiter wurde 1960 als Sohn holländischer Einwanderer im kanadischen Saskatchewan geboren. Er machte eine Lehre zum orthopädischen Schuhmacher. Die schlichte Abweisung bei einer Bewerbung wurde zum Anlass, in der folgenden Nacht allen Glauben und alles Bemühen aufzugeben. »Plötzlich öffnete sich alles, das ganze Universum außen und innen zugleich. Es war grenzenloses Wohlwollen, unendliche Liebe. Ich wusste sofort: Das ist wirklich. Es öffnete sich immer weiter, und ich wurde zu dem, als würde ich mich in die Unendlichkeit strecken, ohne jeden Widerstand.«

Die Erfahrung blieb für ein Jahr. Noch nicht zwanzigjährig, lebte John in einem Gefühl unantastbarer Reinheit, Vollkommenheit und Stille. Dann klang dieses Gefühl ab. Die folgenden zwei Jahre versuchte er es zurückzugewinnen, durch intellektuelles Verstehen, durch inneres Graben in einem »nicht endenden Brunnen voller Dreck«, auf dessen Boden am Ende nichts zu finden war. Da ergab er sich. Keine Suche mehr nach jenem außergewöhnlichen Gefühl. »Es überkam mich eine Art wonnevoller Resignation.«

Seither ist er selbst zu einem Brunnen geworden, in den – wie es von Ramana Maharshi gesagt wurde – »die Gedanken der anderen fallen können«. Fragesteller haben nicht selten das Gefühl, als würden ihre Worte in einen Trichter gesogen oder als löste sich ihr Körper samt Persönlichkeit auf.

Aus der kleinen Schar, die sich in den achtziger Jahren um den stillen Mann im kanadischen Edmonton sammelte, ist in den letzten Jahren eine Community von mehreren hundert Schülern geworden. Dreistündige Meetings finden in Edmonton samstags, sonntags und montags statt. Die Verehrung ist derjenigen für Osho Anfang der achtziger Jahre vergleichbar, mit dem Unterschied, dass John de Ruiter in der Öffentlichkeit kein Aufsehen erregt. Er schweigt.

Auf dem Podium sitzt er mit seinem Headset wie ein zum Buddha erstarrter Wikinger. Die Augen blicken geradeaus. Die Gebärden sind von mechanischer Sparsamkeit. Meist ruhen die Hände auf den Oberschenkeln; gelegentlich weist die eine auf sein Herz, oder er dreht die Handfläche nach oben, um bedingungslose Offenheit zu veranschaulichen. Für Zuschauer, die weiter hinten sitzen, kann die Veranstaltung zur Härteprüfung werden, zumal John auch auf ausgiebige Fragen meist wenig antwortet, und das Wenige bewegt sich stets auf der Grenze zum Unsagbaren.

Es geht um die Präsenz des Meisters, also der Stille, Worte sind zweitrangig, weshalb es auch keine Übersetzung gibt. Vollkommen schweigend geht es zu, wenn der Fragesteller einfach nur Augenkontakt wünscht. Dieser Kontakt ist entscheidend und zuweilen verwandelnd. Wer sich John gegenüber in den freien Stuhl in die erste Reihe setzen möchte, meldet sich bei Assistenten, die den Namen in einen Laptop tippen. Die Reihenfolge wird ausgelost. Wer als Nächster dran ist, sieht seinen Vornamen wie bei einem Reklameband in roter Leuchtschrift über die Bühne flimmern. Das ist der Aufruf zu einer der erstaunlichsten Begegnungen im Leben.

»Ich gehöre nicht mir, sondern der Wahrheit. Ich bin weder an Macht noch an einer persönlichen Identität interessiert. Da ist nur die Liebe zum wahren Sein, aufrechterhalten von der absoluten, inneren Aufrichtigkeit des Herzens. – Die Wahrheit kann nur durch Aufrichtigkeit erkannt werden. Durch offene und zarte Hingabe an das, was die Aufrichtigkeit offenbart. Wahrheit bedeutet: die Realität mit offenen Händen lieben – statt zu versuchen, sie unseren Vorstellungen gefügig zu machen. Wir haben die Wahl. Wir können Mauern der Vorstellung errichten. Oder wir können die Tür öffnen und die Wahrheit einlassen. Wir können zulassen, dass ihre Güte und Reinheit uns vollkommen einnimmt. In dem Augenblick, da wir die Tür öffnen, und sei es nur einen Spalt weit, wenn wir also unsere Aufrichtigkeit zulassen, dann wird das, was wir finden, vollkommen unwiderstehlich sein.«

www.johnderuiter.com
E-Mail: truth@johnderuiter.com
Bücher: *Unveiling Reality*, bisher nur auf Englisch
Tapes, CDs, Videos über die Website

Karl Renz

Karl Renz ist eine Mischung aus Immanuel Kant und Heinz Erhardt. Er redet abstrakt bis zur Unverständlichkeit von Sein, Freiheit, Leere und Nichts – und jongliert dann vergnügt mit Kalauern, Wortverdrehungen und Paradoxien. Guten Rat fürs Leben oder Tipps zum Erwachen gibt es bei ihm garantiert nicht. Dafür Entspannung, Spaß und geistige Schwebezustände.

Karl Renz wurde 1953 als Bauernsohn im Weserbergland geboren. Von 1976 an arbeitete er als freischaffender Künstler, Musiker und Maler mit Ausstellungen im In- und Ausland. Zur Zeit lebt er in Berlin, falls er nicht in Indien oder im amerikanischen Indianerland unterwegs ist.

Als Heranwachsender fühlte sich Karl zwischen Euphorie und Verzweiflung hin und her gerissen. Auf seiner Suche nach dauerhaftem Glück hakte er Sex, Drogen, Anerkennung von Freunden und spirituelle Literatur ab. Zu einem ersten Erwachen Ende der siebziger Jahre verhalf ihm die Castaneda-Übung des bewussten Träumens. »Plötzlich wurde etwas wach in mir, das scheinbar geschlafen hatte, und in diesem Erwachen fingen erst meine Hände, dann der ganze Körper an sich aufzulösen. Eine unerklärliche Kraft war im Begriff, mich auszulöschen, wobei sich diese Kräfte als unendliches schwarzes Nichts in der Wahrnehmung zeigten. Obwohl ich im Bett erwachte, hörte der Kampf nicht auf. Dann geschah die plötzliche Akzeptanz dieser Auflösung, und aus dem dunklen Nichts wurde gleißendes Licht, ein in sich selbst leuchtendes Licht, und ich war das.«

Karl bietet in regelmäßigen Abständen zweistündige »Abend-Talks« an. Diese Gespräche stellt er jeden Abend unter ein anderes Thema: Angst, Religion, Tod, Leidenschaft, Krankheit, Stille, spirituelle Erfahrungen, Verlust und Gewinn. Doch das bedeutet nicht, dass Fragen und Antworten allein darum kreisen. Es sind kleine Gruppen, die sich – vor allem in Berlin und München – dazu einfinden. Es gibt weder feierliche Begrüßungen noch musikalische Einlagen. Auch keine Fotos von Erleuchteten. Karl selbst hatte keinen Lehrer und sieht sich in keiner Tradition. Es soll fröhlich zugehen, nicht heilig. Und so ist es auch. Ohne Drogen entsteht eine leicht bekiffte Atmosphäre, in der am Ende über alles gelacht wird.

»Erleuchtung geschieht vollkommen unvorbereitet, trotz und nicht wegen der Suche nach Erkenntnis. Alle Konzepte von Weg, Entwicklung und sogar Erkenntnis tauchen mit dem ersten Ich-Gedanken auf. Diese erste Idee kreiert die Zeit, den Raum und somit das gesamte Universum. Und solange dieser Ich-Gedanke real erscheint, was Trennung bedeutet (Zweiheit, Leiden), ist auch der Wunsch nach Einheit da und somit das Verlangen nach einem Ausweg, einem Ende des Leidens. Also bedingt diese erste ›falsche‹ Idee des Ichs alles Falsche, was danach folgt. Nur die absolute Erkenntnis, vor dem Ich-Gedanken zu sein und damit die Wurzel aller Probleme zu entfernen, bedeutet das zu sein, was du bist.«

www.karlrenz.com
E-Mail: info@karlrenz.com
Tel. 08170 7778 (Holger Bierwirth, Angela Mender)

Madhukar

Dieser Lehrer, der seinen bürgerlichen Namen nicht verraten will, wurde am 4. November 1957 in Stuttgart geboren und wuchs in einer neu-apostolischen Familie auf. Als Junge, erzählt er, spürte er die Gegenwart Gottes in der Natur. Als Teenager wurde er zum Skeptiker und studierte Philosophie und Naturwissenschaften. Bei einem Himalaya-Trekking erlebte er eine erste überwältigende Erfahrung der Einheit. Zwei Jahre wanderte er allein durch Indien. Zum Studium kehrte er nach Deutschland zurück, wurde Journalist und Fernsehredakteur und erhielt zugleich spirituelle Unterweisung durch den tibetischen Lama Namkai Norbu. Er besuchte Schamanen in Südamerika, übte intensiv Yoga und erfuhr etwas, das andere das Aufsteigen der Kundalini nennen: »Es leuchtete gewaltig, doch wer ich wirklich bin, wusste ich nach wie vor nicht.« Das erkannte er schließlich in Lucknow, beim Meister Poonja. Der gab ihm den Namen Madhukar – »honigsüßer Geliebter« – und scherzte: »Die Menschen werden auf dich fliegen wie Bienen auf Honig!«

Madhukar tritt sportlich und selbstsicher auf. Er ist es gewohnt, vor großem Publikum zu reden, und genießt seinen erhöhten Sitz im Zentrum der Aufmerksamkeit. Falls er nicht gerade in Verehrung für Poonja eine Wollmütze trägt, nimmt er Rücksicht auf modische Kleidung. Er wirkt wie der Sprössling einer Schnöselgesellschaft, dem diese Gesellschaft jetzt zum Halse heraushängt. Wie einer, der mal angepasst gewesen ist und jetzt Spaß daran hat, alle zu verblüffen, die sich immer noch um Anpassung bemühen. Er hat einen ruhigen, durchdringenden Blick und eine schöne sonore Stimme, mit der er gelegentlich unvermittelt das *Gayatri*-Mantra anstimmt. Wenn alle ein andächtiges »Om« summen, beweist er den längsten Atem. Er achtet sehr genau auf Sprache. Frager müssen sich darauf gefasst machen, beim Wort genommen zu werden. Weil er zugleich Spaß an Scherzen hat, haben seine Satsangs oft etwas von einer lässigen Plauderei.

»Satsang ist kostbar. In meiner Kenntnis gibt es nirgendwo sonst diesen Diamanten des Friedens und der Wahrheit so unspirituell, unreligiös und unprätentiös präsentiert. Im wahren Satsang geht es nicht darum, Menschen in irgendeiner Religion oder in Philosophie einzubinden, sie zu belasten mit neuen Übungen. Es ist eine einmalige Chance, in diesem Leben herauszufinden, wer du wirklich bist. Gedankenstrukturen werden hinterfragt, Belastungen und Illusionen fallen ab, du ruhst dich aus wie in einer Oase. Wenn du in deinem Alltag nicht in Frieden sein kannst, dann gibt es Strukturen in dir, die verhaftet sind an etwas anderes als Frieden. Und die schauen wir uns an. Ein wahrer Meister will, dass du frei bist. Nicht im nächsten Leben, nicht im Himmel, nicht nach zehn Jahren harten Übens. Jetzt. Was ist dir wichtiger als Frieden und Freiheit?«

www.madhukar.org
E-Mail: madhukar_sat@hotmail.com
Tel: 08152 6649 (Eva Urban)
Buch: *Wake up to Freedom – Meeting with Madhukar* über die Website
Satsang-CDs und Videos über die Website

Mikaire

Michael Crawford wurde am 28. Oktober 1955 in Port Nicholson auf Neuseelands Nordinsel geboren. Er bevorzugt die Maori-Namen; danach heißt sein Geburtsort Poneke auf Aotearoa. Als elternloses Kind wurde er herumgereicht und schließlich von einer anthroposophischen Schule aufgenommen. Die düsteren Erfahrungen der frühesten Jahre weckten eine tiefe Sehnsucht nach Liebe. Als 22-Jähriger wurde er Schüler von Bhagwan/Osho und war fortan Swami

Anamo. Er erlebte Erfahrungen von Einheitsbewusstsein durch Meditation und prozessorientierte Psychotherapie, er erlernte Harry Palmers *Avatar*-Methode zur Untersuchung von Glaubenssätzen und übte Ramana Maharshis *Atma Vichara* – die ständige Selbsterforschung mit der Hauptfrage: »Wer bin ich?«

Einer »schmerzhaften Periode des Verlustes von allem, was mir wichtig war«, folgte der Tag des Erwachens am 24. Januar 1993 am St. Heliers Beach von Auckland: »Ich hatte mir immer wieder die Frage gestellt: Bin ich in der Welt oder ist die Welt in mir? Und wer bin ich? Plötzlich fiel mein Kopf auseinander, eine überwältigende Leere strömte hinein. Um zwei Uhr am folgenden Morgen schien ein gigantischer Stern am Himmel zu explodieren. Ein tiefes Wissen stieg in mir auf, dass eine Essenz von Sri Ramana Maharshi in mein Sein gekommen war.«

Danach begann die Arbeit. Mikaire räumt mit der Wunschvorstellung auf, es gebe ein einmaliges Erwachen und von da an sei alles ganz einfach. Vielmehr geht die eigentliche Arbeit erst nach dem Erwachen richtig los. Er empfiehlt dafür die von seiner Lebensgefährtin Isa Luerssen betreute *Avatar*-Methode. Wirkliche Erleuchtung bedeute die vollständige Durchleuchtung aller Denk- und Verhaltensmuster, ständige Übung in Achtsamkeit und Mitgefühl, und bis zum wahren Meister sei es weit, sagt er.

In seinen *Darshans* – englisch mit Übersetzung – tritt Mikaire genauso auf wie im Internet: eindringlich, machtvoll, mit einem Hang zur Dramatik. Diese Dramatik ist nicht aufgesetzt. Mikaire wirkt verwundet und verwundbar. Bisweilen spricht er zunächst mit geschlossenen Augen. Dann wieder unterbricht er seinen Monolog zu hypnotischen Blicken in die Augen der Zuhörer. Wer Fragen stellen will, muss ihm ins Wort fallen. »Ich neige dazu, viel zu reden.« Er hat eine zwingende Präsenz. Es ist unwahrscheinlich, dass bei ihm jemand einnickt; dazu bleibt kein Raum. Die Atmosphäre ist nicht entspannend, sondern von unausweichlicher Intensität. Mikaire predigt Wahrhaftigkeit und Entschiedenheit, und bei Zuhörern, die sich etwas weniger aufrichtig fühlen, kommt dabei leicht ein Gefühl von Furcht oder Schuld auf. Wer sich darauf einlässt, ist bereits auf dem Sprungbrett in Mikaires »alchemisches Feuer der Transformation«.

»Entweder klammerst du dich aus Gewohnheit an das, wie es sein sollte, und lebst in der Hölle. Oder du gibst dich immer wieder hin und gehst in Gott auf. Wenn du dich bewusst in die Gegenwart eines Menschen begibst, der kein individuelles ›Ich‹ mehr ist, sondern eine lebendige Präsenz, dann ist ein Quantensprung möglich aus dem durchschnittlichen Geist, der am Rand des Lebens lebt, hinein in das Zentrum deines Seins. Dann bist du in jedem Moment bereit, wach, präsent, durchströmt von der herrlichen Intelligenz, die aus dem Quell des Lebens sprudelt.«

www.mikaire.com
E-Mail: data@mikaire.com
Tel. 0700 06452473 (Simone Nolte)

OM

Cedric Parkin, 1963 in Norddeutschland geboren, hatte bereits einige therapeutische und schamanische Ausbildungen hinter sich, als er 1990 durch einen Autounfall ins Koma fiel. Er durchlebte es bewusst, erzählt er, und erkannte die Natur seines Selbst als reines, leeres Bewusstsein. Seine Lehrerin Gangaji half ihm, diese Erkenntnis in sein Leben zu integrieren, und ermutigte ihn, öffentlich zu lehren. Das tut er seit 1994 in Deutschland und einigen angrenzenden Ländern. Er gründete die »Satsang-Allionce« in Hamburg, ist Herausgeber des *Advaita-Journals* und eines Kalenders mit »Buddha Faces« (eines dieser Gesichter ist seines) und leitet fortlaufende Gruppen zum Enneagramm und zur »inneren Arbeit«.

Im astrologischen Sinne ist OM eine Waage, doch als Wahrzeichen hat er sich den Löwen gewählt. Er schätzt materielle Werte, schnelle Autos, luxuriöse Häuser, schöne Frauen. Selbst kein Schüler von Bhagwan/Osho und eher in kritischem Abstand zu dessen Schülern, lassen sich bei ihm doch gewisse Parallelen zu Osho beobachten: der unbekümmerte Einsatz von PR, die Anwendung therapeutischer Methoden, das zuweilen provokative Auftreten, die Widersprüchlichkeit der Person, schließlich die Kompromisslosigkeit in der Aussage.

OM war einer der ersten deutschen Satsang-Lehrer. Heute lauten die offiziellen Ankündigungen nicht mehr »Satsang mit OM«, sondern »Darshan mit OM«. Denn er ist der Ansicht, dass der Begriff Satsang durch das überreiche, teils sogar inkompetente Angebot inzwischen verwässert ist: »Das ist nur noch die Suppe von der Suppe von der Suppe.« In seinen früheren Satsangs versuchte OM zu zeigen, dass jedes Problem letztlich darauf beruht, dass wir uns mit einem dual gepolten Verstand identifizieren: Dies ist gut, das ist schlecht; hier bin ich, dort bist du. Er ist ein glänzender Redner. Doch inzwischen geht es in den zweistündigen Darshans – dem »Schauen der Wahrheit« – schweigend zu. Geboten wird der direkte und stille Kontakt mit dem Meister. In mehrtägigen Retreats wird dagegen beleuchtet, was am Schüler noch Person, also unfrei ist – und das geschieht direkt und schonungslos.

»Es gibt viele Bücher, in denen steht: Du brauchst es dir nur stark genug zu wünschen, dann wird es in Erfüllung gehen. Aber gehe zwei Monate weiter: Ohne dass es dir aufgefallen wäre, ist aus der Erfüllung des einen Wunsches bereits die Unerfüllung des nächsten Wunsches geworden. Immer scheint dir irgendetwas oder irgendjemand das Recht abzusprechen, in vollkommenem Frieden zu sein. Aber es gibt nichts, was dich in Wahrheit davon abhält, nichts und niemanden, außer du selbst. Und es kommt der Moment, in dem du das Bettlerdasein satt hast, den vergeblichen Kampf um Anerkennung, den Kampf um Macht, um Überlegenheit und was auch immer der Geist dir an Erfüllung vorgaukelt. Jetzt kannst du herausfinden, was dein wirklicher Wunsch ist. All deine Energie, alles Sehnen muss für den Wunsch nach Befreiung zur Verfügung stehen.«

www.satsang-allionce.org
E-Mail: satsang@satsang-allionce.org
Tel. 040 4108585
Buch: *Die Geburt des Löwen*, Alf Lüchow Verlag
Tapes und Videos über die Satsang Allionce

Pyar

Es gibt wenige Autobiografien von Erwachten. Pyar Troll hat eine geschrieben: *Reise ins Nichts – Geschichte eines Erwachens*. Der persönliche Zugang, den sie damit geöffnet hat, kennzeichnet auch ihre Satsangs. Während andere Lehrer hinter einer unsichtbaren Wand bleiben, sitzt Pyar mitten unter ihren Schülern wie eine Mutter im Kreis ihrer Kinder. Und es sind viele Kinder. Wenn es eine Beliebtheitsskala der Satsang-Lehrer gäbe, stände Pyars Name sehr weit oben.

Franziska Troll wurde 1960 in Oberbayern geboren und arbeitet heute als homöopathische Ärztin und Akupunkteurin in München. Ihre Jugend schildert sie als eine Geschichte der »Filmrisse«. Nach dem Tod ihrer Mutter 1974 kam es zu Stunden, Tagen, sogar Wochen, in denen es keine Ich-Erfahrung mehr gab. »Es geschah manchmal mitten bei der Arbeit, ganz plötzlich. Immer war es verbunden mit einem Gefühl der Vernichtung und Öde. Der Verstand beharrte darauf, die Erfahrung der Leere abzulehnen.« Und das blieb so, bis sie ein Video von Osho sah, »und da war sofort die Gewissheit: Das ist mein Meister«.

Sie reiste Ende der 80er Jahre nach Poona und hörte Osho noch live. Sie bekam den Namen Pyar und besuchte fortan das Münchner Osho-Center. »Ich hörte die Worte, schmeckte die Wahrheit und konnte doch nicht wirklich verstehen. Immer wieder war da nur noch Nichts, war da Leere, war ich nicht mehr zu finden, keine Pyar mehr da, immer wieder Grauheit und Öde, unendlicher Raum ohne Grenzen, ohne Mitte und kein Ich.« Das änderte sich, als sie den erwachten Osho-Schüler Samarpan traf. »In den zehn Minuten, die wir im Satsang geredet haben, zerstörte er alle Vorstellungen, die mein Verstand sich in Bezug auf Meditation, auf Erleuchtung und diese Zustände zusammengebastelt hatte. Die Realisation geschah am Abend darauf, in einem Moment der Gnade.«

Das war 1996. »Erst nach diesem ersten Moment der Wahrheit, aus dieser Klarheit, diesem Sein heraus war es möglich, wirklich all die Strukturen wahrzunehmen, an denen ich noch haftete und die sich dann in der Folge höchst unangenehm äußerten.« Es begann etwas, das Pyar einen Subtraktionsprozess nennt. »Ungefähr drei Jahre danach kam ein Punkt, ab dem es keinen Zweifel mehr gab, keine Frage mehr und kein Leiden, kein Wünschen, kein Ablehnen, keine Trennung, kein Ich – nichts, niemand. Und das blieb so seither.«

Und seither, seit 1999, gibt sie Satsangs. Sie stellt die Treffen meist unter ein Thema, »Mut«, »Fluchtversuche«, »Verletzlichkeit und Empfindsamkeit«, »Projektion und Reflexion« und liest nicht selten Texte aus Sufismus oder Buddhismus zum Einstieg. Ihre nicht von Fragen unterbrochenen Einführungen sind gesammelt auf CDs zu haben. Wachsamkeit und ernsthaftes Engagement sind ihr wichtig: »Satsang ist kein Happening.«

Ein bisschen Happening ist aber doch dabei. Pyar hat viel Humor, antwortet auch mal auf Bayerisch oder Wienerisch, und das trägt dazu bei, dass sich bei ihr mehr Zuhörer zu fragen trauen als bei anderen Lehrern. Sie steht auf dem Boden und mahnt auch ihre Schüler dazu: »Bleibt auf der Erde.« Sie entmystifiziert die Erleuchtung. »Dieser Körper raucht nach wie vor, trinkt nach wie vor gerne Wein und isst Fleisch.« Und: »Erwachen heißt nicht, eine versalzene Suppe zu essen, wenn man auch eine andere haben kann.«

Sie begegnet jedem Frager offen und individuell – »Das Erkennen dessen, was immer war, ist für jedes Individuum verschieden.« Sie leistet hier praktische Lebensberatung oder legt dort den Finger in die Wunde, stets warmherzig, doch im Aufzeigen der Wahrheit kompromisslos. Ihre Menschenkenntnis und ihr Mitgefühl sind offensichtlich;

man glaubt ihr, dass sie alle Wege und Leiden kennt. Sie bietet Erleuchtung zum Anfassen, was sich in vielen Umarmungen, Tränen und Gelächter äußert.

Pyar Troll ist verheiratet. Ihr Mann Nirdoshi sorgt für einen buddhahaften Internetauftritt und leitet bei den Satsangs die beachtliche Musikgruppe.

»Mit äußeren Umständen hat es nichts zu tun. Die jeweiligen Umstände – Beruf oder Arbeitslosigkeit, Höhle im Himalaja oder geschäftiges Leben im Westen, Partnerschaft oder monastisches Leben, Gefängnis oder Freiheit – sind letztlich immer die richtigen, sind genau die Umstände, die du brauchst um aufzuwachen. Da musst du nichts verändern. Worum es geht, ist, jeden Hauch von Ich, von Trennung aufzugeben. Und dieses Ich zeigt sich in jeder Ablehnung dessen, was ist, zeigt sich in jedem Wunsch nach etwas anderem, in jedem Wunsch, etwas Besonderes zu sein.«

www.pyar.de
E-Mail: pyar@pyar.de
Buch: *Reise ins Nichts,* Kamphausen Verlag
Monatliche Beantwortung von Leserfragen in der Zeitschrift *Mensch & Sein*
CDs, Tapes und Videos über die Website

Ramesh Balsekar

Ramesh S. Balsekar wurde 1917 in Bombay geboren, wo er heute noch lebt. Er gilt als einer der bedeutendsten Lehrer der Advaita-Tradition. Sein Leben erscheint wie eine stetige Aufwärtskurve, ohne Dramatik. In jungen Jahren fuhr er als Sportler Erfolge ein, studierte dann in London, machte Karriere als Banker bis zum Leiter der Bank of India in Bombay. Und seit mehr als 50 Jahren ist er glücklich verheirateter Familienvater.

Ebenso unspektakulär nimmt sich die Schilderung seines Erwachens aus. Schon annähernd im Pensionsalter wählte er Nisargadatta Maharaj als seinen Guru und übersetzte Fragen und Antworten im Satsang. Bei einem dieser Satsangs erlebte er sich plötzlich als Beobachter. Seine Worte kamen mit ungewohnter Autorität aus einer ihm selbst unbekannten Quelle. Die Zuhörer reagierten verblüfft, der Guru schmunzelte. Dieses Wissen, »alles geschieht von selbst«, das Ramesh bereits als Kind geahnt hatte, blieb von nun an stets präsent. »Es gibt keine Person, kein selbstständig handelndes Ich.«

Auf Wunsch des Meisters Nisargadatta trat Ramesh an die Öffentlichkeit, zunächst durch Bücher, dann durch tägliche Gespräche mit Suchern in seiner Wohnung in Bombay (heute Mumbai). Anfang der neunziger Jahre reiste er zum ersten Mal zu »Talks« in die USA. In den Jahren seit 1998 kam er jeweils im Sommer für drei Wochen nach Deutschland und sprach zu Hunderten von Menschen, die bis aus Amerika anreisten. Das wird sich seines Alters wegen vermutlich nicht wiederholen. Er hält seine Meetings nun im südindischen Kovalam und in seiner Wohnung in Candy Beach, Mumbai. Jeder Besucher ist dort willkommen, an jedem Tag der Woche.

Ramesh ist berührend menschlich, bescheiden im besten Sinne. In seiner so einfachen, liebevollen und zugleich wissenschaftlich nüchternen Art des Sprechens wirkt er nie provozierend. Doch seine Botschaft erregt Kritik und Fragen wie kaum eine andere. Sie lautet: Ich, alles was ich von mir weiß oder zu sein glaube, bin nur ein Automat. Wer mich geschaffen hat und lenkt, kann ich so wenig wissen, wie eine Figur in einem Gemälde wissen kann, wer sein Maler ist oder was er beabsichtigt. Doch es gibt die Erkenntnis, dass alles Bewusstsein ist. Sie geschieht unabhängig von meinem Wollen oder Tun – aus Gnade.

www.ramesh-balsekar.com
Tel. 08731 329053 (Heiner Siegelmann)
Bücher: *Erleuchtende Gespräche,* Alf Lüchow Verlag, und *Wen kümmert's?!,* Kamphausen Verlag

Raphael

Um herauszufinden, wie Raphael aussieht, muss man sich zu einem seiner raren Vorträge begeben. Die Veröffentlichung von Fotos lehnt er ab. »Raphael ist das Symbol für einen Bewusstseinszustand. Auf einer gewissen Ebene sind wir alle Raphael.«

Immerhin gibt es auch einen freundlichen, bescheidenen Gelehrten, der unter diesem Namen auftritt, und der ist hier gemeint. Er ist Italiener, muss spätestens in den dreißiger Jahren geboren worden sein und hat bereits 1975 in Rom einen Ashram nach altindischem Vorbild gegründet. Später ist eine Einsiedelei dazugekommen, wo Sucher in völliger Abgeschiedenheit sich selbst erforschen können. Bei dieser Einsiedelei wohnt auch der unscheinbare Mann, der wie kein Zweiter in der westlichen Welt in der Lehre der Nicht-Dualität, Advaita-Vedanta, zu Hause ist.

Im Gegensatz zu den meisten Satsang-Lehrern kennt er die Tradition und übersetzt und kommentiert seit vierzig Jahren die wichtigsten Schriften – die alten und die neuen, die indischen und die griechischen, deren Einheit ihm wichtig ist. Zwei Dutzend Bücher sind von Raphael erschienen. In den von der Außenwelt abgeschirmten Hochburgen des Vedanta, etwa in den von Shri Shankaracharya gegründeten Klöstern von Shringeri und Kanchi, aber auch im Ramana-Ashram im südindischen Tiruvannamalai ist Raphael als erleuchteter Advaita-Meister anerkannt.

Raphael hält Vorträge und leitet Retreats in Amerika

und Europa. In jedem April finden sich etwa fünfzig Menschen zu einem Wochenende mit Raphael im Westerwald ein. Dort gibt es ein »Vedanta-Haus«, in dem meditiert, gelehrt, disputiert wird. Die Dialoge zwischen Lehrer und Schülern ähneln klassischen Lehrgesprächen. Fachbegriffe wie Brahman oder Atman sind selbstverständliches Vokabular. Doch niemand muss mithalten können. »Es handelt sich um eine zu verwirklichende Philosophie, was bedeutet, dass sie nicht auswendig gelernt, sondern praktisch erfahren werden soll«, beruhigt Raphael. »Der Körper ist wie ein Tongefäß. Innen ist dieselbe Luft wie außen. Findet heraus, was das bedeutet. Im nächsten Jahr möchte ich hören, was ihr entdeckt habt.« Raphael spricht Italienisch und wird parallel übersetzt.

Asramvidya.italia@tiscalinet.it
Bücher: u. a. *Jenseits des Zweifels,* Alf Lüchow Verlag, und *Tat Tvam Asi – Das bist Du*, Kamphausen Verlag

Samarpan

Samarpan ist der lässigste aller Satsang-Lehrer. In seiner Gegenwart kann man leicht auf die Idee kommen, dass es so etwas wie Erwachen oder Erleuchtung gar nicht gibt und dass einschüchternde Begriffe wie Wahrheit, Sein, Nichts ziemlich unbedeutend sind. Gleichwohl ist er derjenige, der in Deutschland die meisten erwachten Schüler hat. Zumindest berufen sich viele jüngere Satsang-Lehrer auf ihn.

Sam Golden wurde am 27. August 1941 in San Francisco geboren und wuchs in einem katholischem Elternhaus auf. Als Teenager beschäftigte er sich so kritisch mit den traditionellen Glaubensvorstellungen, dass er am Ende gar nichts mehr glaubte. Er fühlte sich als Agnostiker, blieb allerdings auf der Suche. Die brachte ihn Ende der siebziger Jahre nach Poona und trug ihm den Namen Prem Samarpan ein. »Ich erkannte Bhagwan sofort als meinen Meister. Seitdem bin ich mit ihm oder besser: Er ist mit mir.«

Nach einer starken Energieerfahrung fühlte er sich wach, doch »da war immer noch die Idee, dass es jemanden gibt, der diese Erfahrung macht«. Erst 14 Jahre später in einem Satsang mit Gangaji geschah »ein sehr stilles und klares Sehen, dass es niemanden gibt und auch nie gegeben hat, der Samarpan heißt«. Dieser Niemand verließ nun Familie und Beruf: »Es ist kein Zufall, dass das Göttliche mich nach Europa brachte, um Satsang zu geben.«

Nun wohnt er mit seiner Frau Marga in Frankfurt. Kinder und Enkel der ersten Ehe sind fern und halten nicht viel von Satsang oder schlauen Sätzen wie: »Halte einfach an, entspanne dich in dein Sein!« Seit 1996 reist Samarpan durch die deutschsprachigen Länder und hält auf Englisch – mit paralleler Übersetzung – seine Satsangs und Stille-Retreats. Als Lehrer grüßen von großen Fotos Jesus, Ramana, Poonja, Osho und Gangaji. Samarpan beginnt mit einer anekdotischen Einführung, die den Kauf eines neuen Videorecorders oder seine letzte verkorkste Golfrunde zum Ausgangspunkt haben kann. Er ist warmherzig, humorvoll und lacht über seine eigenen Scherze länger als jeder andere, und dieses Lachen schon wirkt befreiend.

Wenn Frager nach vorne kommen und sich zu ihm setzen, seufzt er gern mit ihnen oder kommentiert ihre Erzählungen mit freundlichen Brummgeräuschen, nickt bestätigend und hält ruhig ihre Hand. Doch er lässt sich nichts vormachen und überrascht immer wieder mit scharfer Intelligenz. Nur streng ist er nie. Seine breite Lässigkeit und Großzügigkeit ermutigen jeden. Seine Retreats sind früh ausgebucht, die Satsangs stets brechend voll, und alles geschieht entspannt.

»Das Einzige, was du entscheiden kannst, ist: worauf du deine Aufmerksamkeit richtest. Richtest du sie auf den Verstand, bist du unzufrieden. Der Verstand ist immer woanders, immer in der Vergangenheit, in der Zukunft, nie hier. Richtest du deine Aufmerksamkeit auf diesen Moment, erlebst du Erfüllung. Es spielt keine Rolle, womit dieser Moment gefüllt ist. Er kann voller Schmerz sein. Wenn du ihm die volle Aufmerksamkeit gibst, ist das Glückseligkeit. Du musst also nichts unternehmen, um diesen Moment zu verändern. Nichts, was den Inhalt dieses Moments angeht, nichts, was die Umstände angeht. Genieße ihn einfach. Sei mit diesem Moment. Das ist alles, was benötigt wird. Über nichts sonst brauchst du dir Sorgen zu machen. Es ist ohnehin nicht in deiner Kontrolle. Dein Erwachen wird zum perfekten Moment stattfinden. Das ist unvermeidbar. Du kannst dem Ziehen des Göttlichen nicht widerstehen. Du kannst nicht zum Satsang kommen, ohne aufzuwachen. Das ist unausweichlich.«

www.samarpan.de
E-Mail info@samarpan.de
Tel. 069 444881 (Marga Golden)
Tapes, CDs über die Website

Torsten

»Torsten ist für mich ein Klang, ein Name; ich bin jenseits davon, unberührt von Name und Klang.« Nennen wir ihn dennoch so: Torsten gehört zu den Satsang-Lehrern, die wenig reden. »Schweigen ist die direkteste Art der Vermittlung.« Weil Suchende sich gern gut beraten fühlen, sind seine Satsangs nie brechend voll.

Fragende bekommen also statt einer ausgefeilten Antwort zunächst einen langen oder noch längeren Blick. Falls sich die Frage dabei nicht auflöst, was zuweilen geschieht, führt Torsten mit Gegenfragen kurz und knapp in den Moment: »Was ist jetzt? Geh nicht in die Geschichte. Bleib bei dir. Woher kommt der Gedanke? Wo geht er hin?« Wer seine Geschichte partout erzählen möchte und mehr wissen will, kann jedoch auf liebevolle Zuwendung zählen und dem Lehrer ausführlichere Antworten entlocken. Dabei zitiert Torsten gern Worte des Buddha; schließlich erwachte er auf einem buddhistischen Retreat.

Torsten Brügge wurde am 4. Januar 1968 in Hamburg geboren. Er arbeitete nach dem Abitur als Altenpfleger, ließ sich zum Heilpraktiker und Shiatsu-Therapeuten ausbilden und studiert jetzt Psychologie. Die Suche nach Glück, Wahrheit, Leidfreiheit führte ihn zur Vipassana-Meditation. Im Sommer 1991 kam es auf einem Schweige-

Retreat zu einer inneren Krise. »Ich sah, wie der Verstand funktioniert, und das führte zu einem Punkt tiefster Verzweiflung. Beim Innehalten im tiefsten Schmerz und in der schrecklichsten Angst stellte sich das Leiden als substanzlose Illusion bloß. Kein Kampf mehr! Kein Irgendetwas-sein-Wollen! Kein Irgendwohin-Wollen! Es war der Augenblick der Klarheit, das Erleben der Freiheit. Ich wusste nun, was Zuhause ist.«

Die wenigen, denen er von seinem Erlebnis erzählte, konnten damit nicht viel anfangen, seine buddhistische Lehrer eingeschlossen. Er selbst verstand es ebenfalls nicht. »Auf einer Ebene hatte ich den Durchbruch erlebt, auf einer anderen konnte ich es nicht begreifen. Der Apfel war vom Baum gefallen, aber er war noch nicht reif.« Es folgten Jahre heftiger emotionaler Schmerzen, meist verbunden mit Beziehungen, »doch die Stille war immer da«. Erst beim Anhören von Tapes von Poonja und Gangaji verstand er, was geschehen war. Er machte sich auf nach Lucknow und besuchte 1996 Poonja, zwei Jahre darauf Gangaji, die ihn aufforderte, Satsang zu geben.

Das tut er seitdem regelmäßig an jedem ersten und zweiten Mittwoch im Monat, dazu kommt monatlich ein Wochenendblock. Der Rahmen ist stets bescheiden. Die buddhistische Schule wirkt nach. Wie bei allen regelmäßig tagenden Satsang-Lehrern hat sich um Torsten eine Schülerschaft gesammelt, die man irrtümlich für eine verschworene, nach außen abgeschottete Gemeinschaft halten könnte. Neuankömmlinge brauchen bisweilen zwei oder drei Anläufe, um zu entdecken, dass die Warmherzigkeit ihnen genauso gilt.

»Die Stille macht süchtig. Wenn du das einmal geschmeckt hast, wirst du immer dahin zurückkommen. Dein Leben wird mehr und mehr von dieser Stille gefärbt. Du saugst sie auf, wie ein Schwamm. Gewöhnlich wird Stille durch die ständige Beschäftigung mit Vergangenem und Zukünftigem überdröhnt. Aber deine Fähigkeit, im Moment zu sein, wächst. Deine wahre Natur offenbart sich als das von allen Erscheinungen unberührte Gewahrsein. Du selbst bist die Quelle der Liebe und des Friedens.«

www.satsang-mit-torsten.de
E-Mail: infos@satsang-mit-torsten.de
Tel. 040 498444 (Torsten Brügge)

Tyohar

Ein deutsches Boulevardblatt hat Tyohar zum »neuen Bhagwan« ausgerufen. Völlig abwegig ist das nicht. Der 1969 in Israel geborene Satsang-Lehrer hat Charisma. Den Namen Prem Tyohar erhielt er von Bhagwan/Osho, den er als seinen Meister betrachtet. Nachdem Osho im Januar 1990 gestorben war oder zumindest seinen

Körper verlassen hatte, fanden in Poona weiterhin »Video-Satsangs« für die Schüler statt. Während eines solchen Fernsehnachmittags trafen Oshos Worte »Let totally go!« den 26-jährigen Tyohar »mitten ins Herz«. Er begann, Satsangs zu geben, ausgerechnet in Poona, nicht hundertprozentig zur Freude der Ashramleitung.

Das war 1995. Heute wohnt Tyohar mit seiner Gemeinschaft in Costa Rica. Man betreibt ein ökologisch-spirituelles Projekt namens *Pacha Mama* (»Mutter der Erde«). Hier wird emsig aufgeforstet, recycelt und die Natur geschützt. Wie Osho vermittelt Tyohar die Vision eines lebendigen, wachen, liebenden, risikofreudigen Menschen. In seinen Satsangs, die er regelmäßig in Europa, Israel und Indien hält, wird viel musiziert und gesungen. Fragen, die das alltägliche Leben betreffen und praktische Antworten erfordern, scheinen Tyohar besonders zu gefallen. Die Atmosphäre ist entspannt und herzlich.

»Gewöhnlich glauben wir, plötzliches Erwachen und Entwicklung seien Gegensätze. Doch das stimmt nicht. Die Entwicklung macht das plötzliche Erwachen möglich. Die Entwicklung lässt einen reifen. Sie ermöglicht das Akzeptieren der Wahrheit und das Eintreten der Stille. Wenn es nur ein plötzliches Erwachen ohne Entwicklung wäre, hätte es keine Tiefe, keine Intelligenz. Wenn es nur Entwicklung ohne Plötzlichkeit wäre, käme es nicht zum Sprung vom Verstand zum Herzen. Verstand und Herz laufen parallel. Sie treffen sich nie. Im Sprung vom Verstand zum Herzen vervollständigen sich Entwicklung und Erwachen gegenseitig. Dieser plötzliche Moment, der einen aus Zeit und Raum in die Ewigkeit bringt, ist der Höhepunkt der Entwicklung. Von dort ist es unmöglich, wieder zu fallen.«

www.tyohar.org
E-Mail: tyohar@tyohar.org

Vijai Shankar

Wird er zu seiner Person befragt, hält er sich bedeckt. Seine Homepage gibt zum Geburtsdatum so viel preis: »In kopflastigen Unterlagen ist eine Geburt registriert, die in den späten vierziger Jahren Mr. und Mrs. B. Sohanlal in Südindien widerfuhr.« Neueren Unterlagen ist zu entnehmen, dass Dr. Vijai Shankar bis 1995 in London als Arzt praktizierte. In Ramana Maharshi und dem indischen Advaita-Lehrer Nisargadatta sieht er seine wichtigsten Lehrer.

Eine »intensive Phase des Erwachens« überlebte er nach eigener Auskunft nur mit Hilfe von Freunden. In der Nähe von Houston, Texas, begründete er 1997 in einer kleinen Garagenwohnung einen Ashram, den Kaivalya Shivalaya Ashram (»Sitz des Absoluten«). Eine kleine Gruppe von Suchern war damals schon beisammen. Heute ist der Ashram ein großes, einladendes Haus in stiller Natur. Angeboten werden in diesem Haus Yoga, Ayurveda und Selbsterforschung.

Alle bekannten spirituellen Zeitschriften rund um die Welt haben sich um Interviews mit dem Doktor bemüht, herausgekommen sind fast immer Kuriositäten. Denn Vijai Shankar findet eigentlich keine Frage einer Antwort wert. Aber er liebt die Worte. Er dreht sie um, spielt damit wie ein Kind mit Bauklötzen und hat Vergnügen an Trotz und Spiel. Auch wenn er sich partout nicht festlegen lassen will – es gebe keine Lehrer, natürlich auch keine Lehre, er selbst sage überhaupt nichts –, die meisten Satsang-Besucher fühlen sich von ihm bereichert.

Zwar spricht er Englisch mit einem schwer entschlüsselbaren indischen Akzent. Doch er ist ein begnadeter Entertainer mit einer beachtlichen Live-Produktion eigener Witze. Obendrein lehrt er mit Herz. Seine Schüler schart er wie eine Familie um sich, und wo immer er zum Satsang weilt, lädt er zum lustigen Essen ein. Dazu braucht er eine große Küche und viel Personal.

Vijay Shankar möchte die Unschuld des Kindes wiedererwecken: »Mit der Sprache beginnt die Identifikation, und das reine Schauen hört auf. Ein Kind sieht, aber denkt nicht. Erwachsene denken, doch sie sehen nicht.«

www.ksashram.org
E-Mail: B.Lauter@t-online.de
Tel. 089 916338 (Barbara Lauter)

Yod

Udo Kolitscher wurde 1944 als Sohn eines Arztes in Österreich geboren. Seit den sechziger Jahren befasste er sich mit verschiedenen Heilmethoden, therapeutischen Verfahren und spirituellen Traditionen. Motto: Nicht glauben, sondern prüfen und probieren. Während seines Studiums der Medizin und Psychologie begann er Ursache und Heilung in feinstofflichen Bereichen zu orten. Seit 1978 ist er als spiritueller Therapeut und Gruppenleiter tätig. In dieser Zeit entstanden ein Seminarzentrum in Österreich und ein weiteres auf Teneriffa. In beiden finden seit einigen Jahren Satsangs statt. Poonja und Osho nennt Yod als seine wichtigsten Lehrer.

Seit seinem Erwachen möchte Yod Menschen in die »vierte Dimension« führen und darauf vorbereiten, ihren nächsten Körper, nämlich den »feinstofflichen«, zu verwirklichen. Dann sei Aufwachen echt, andernfalls bleibe es Einbildung.

»Der physische Körper ist das Fundament. Wenn dieser Körper nicht total bewusst ist, kann die zweite Ebene nicht erreicht werden. Die Wissenschaft ist heute schon bis zur dritten und vierten Ebene vorgedrungen. Das ist gefährlich, weil es ›gewusst‹ wird, aber nicht entwickelt ist. Es macht schizophren. Es zerreißt dich zwischen dem, was du zu sein glaubst, und dem, was du in deiner Entwicklung tatsächlich bist. Erst wenn jede deiner Körperbewegungen bewusst ist, wird der Körper zum Objekt, und du kannst über ihn hinausgehen in die zweite Ebene. Ich möchte dich nicht entmutigen. Ich möchte dich zu deinem Ursprung zurückführen, zum Anfang, zum Fundament. Was sich in der richtigen Reihenfolge und natürlich entwickelt, ist leicht.«

www.biotic-institute.com
E-Mail: biotic@eunet.at
Biotic Institute, A-3900 Schwarzenau
Tel: 0043 28495000

Sieben empfehlenswerte Bücher zum Weiterlesen

Byron Katie: *Lieben, was ist*, Goldmann Verlag, München 2002
Eckhart Tolle: *Leben im Jetzt*, Goldmann Verlag, München, September 2002
Francis Lucille: *Ewigkeit Jetzt – Dialoge über das Glück*, Kamphausen Verlag, Bielefeld 2001
Nisargadatta Maharaj: *Ich bin*, Kamphausen Verlag, Bielefeld 1998
Pyar Troll: *Reise ins Nichts – Geschichte eines Erwachens*, Kamphausen Verlag, Bielefeld 2000
Ramesh Balsekar: *Wen kümmert's?!*, Kamphausen Verlag, Bielefeld 2001
Ramana Maharshi: *Sei, was du bist*, hrsg. v. David Godman, O. W. Barth Verlag, München 2001

ARKANA
GOLDMANN

Spirituelle Wege

Varda Hasselmann,
Die Seele der Papaya   21522

M. Scott Peck,
Der wunderbare Weg   13220

Thich Nhat Hanh, Das Glück,
einen Baum zu umarmen   13233

Kathleen Norris,
Als mich die Stille rief   21535

Goldmann • Der Taschenbuch-Verlag

Energie und Ekstase

D. v. Weltzien (Hrsg.),
Das Tantra-Praxisbuch 12229

Margot Anand,
Magie des Tantra 13231

Osho,
Mann und Frau 13280

Osho,
Tantra 21520

Goldmann • Der Taschenbuch-Verlag

ARKANA
GOLDMANN

Osho – Medidation & Energie

Meditationsführer 21609

Was kann ich tun? 21561

Liebe, Freiheit, Alleinsein 21599

Meditation 21521

Goldmann • Der Taschenbuch-Verlag

Der Nr.1-Bestseller in den USA zur Schattenarbeit:

Debbie Ford, Die dunkle Seite der Lichtjäger.
Kreativität und positive Energie durch die
Arbeit am eigenen Schatten   14167

Neben den lichtvollen Seiten gehört zu unserer Persönlichkeit auch der »Schatten« - Charakterzüge, die wir nicht wahrhaben wollen und daher verdrängen. Erst wenn wir die Schattenseiten unseres Wesens anerkennen und heilen, können wir Zufriedenheit, innere Ausgeglichenheit und tiefes Wohlbefinden erlangen. Debbie Ford ermutigt jeden, sich den Abgründen und Ängsten der eigenen Psyche zu stellen.

Das Arbeitsbuch zu »Jetzt!«

Das Arbeitsbuch »Leben im Jetzt« präsentiert in gestraffter und
überarbeiteter Form die Essenz aus »Jetzt!«. Es enthält
Tolles fundamentale Erkenntnisse und seine konkreten Anleitungen,
wie wir durch Achtsamkeit zu einem befreiten
Leben finden können.

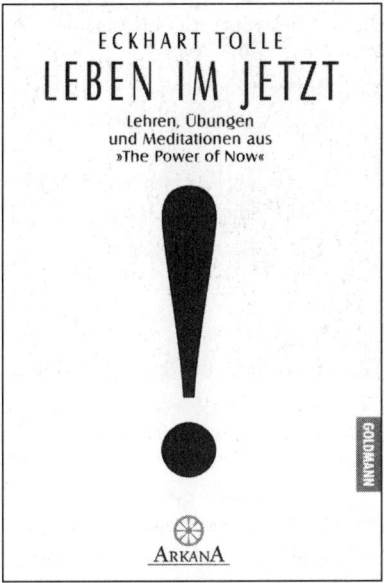

Eckhart Tolle
Leben im Jetzt
Lehren, Übungen und Meditationen aus »The Power of Now«
ISBN 3-442-33680-5
Erscheint im September 2002

GOLDMANN

*Das Gesamtverzeichnis aller lieferbaren Titel erhalten Sie
im Buchhandel oder direkt beim Verlag.
Nähere Informationen über unser Programm erhalten Sie auch im Internet unter:*
www.goldmann-verlag.de

★

Taschenbuch-Bestseller zu Taschenbuchpreisen
– Monat für Monat interessante und fesselnde Titel –

★

Literatur deutschsprachiger und internationaler Autoren

★

Unterhaltung, Kriminalromane, Thriller
und Historische Romane

★

Aktuelle Sachbücher, Ratgeber, Handbücher und
Nachschlagewerke

★

Bücher zu Politik, Gesellschaft, Naturwissenschaft und Umwelt

★

Das Neueste aus den Bereichen
Esoterik, Persönliches Wachstum und Ganzheitliches Heilen

★

Klassiker mit Anmerkungen, Anthologien und Lesebücher

★

Kalender und Popbiographien

★

Die ganze Welt des Taschenbuchs

★

Goldmann Verlag • Neumarkter Str. 18 • 81673 München

Bitte senden Sie mir das neue kostenlose Gesamtverzeichnis

Name: _____

Straße: _____

PLZ / Ort: _____